25ers

트웬티 파이버스

트웬티 파이버스25ers

초판 1쇄 발행
2022년 10월22일

지은이 박병기, 김영은, 김영태, 김지연, 김지원, 김지혜,
　　　　김혜미,송동향, 안소영, 유수현, 이지윤, 전용선, 정선월,
　　　　정은애, 장선영, 전주영, 최선영, 최경옥, 하민혜, 홍송은
교정 뉴저널리스트 아카데미
펴낸곳 뉴저널리스트 투데이 & 거꾸로미디어
표지 및 편집디자인 컬러브디자인
인쇄 예원프린팅
출판등록 2017년 5월12일 제353-2017-000014호
연 락 처 031) 242-7442
홈페이지 http://newjournalist.today
전자우편 gugguro21@gmail.com
카카오톡 ID gugguro

ⓒ 거꾸로미디어

ISBN 979-11-92334-01-1(03070)

25ers
트웬티 파이버스

New Journalist Today & Gugguro Media

25

Twenty-Fivers

TABLE OF CONTENTS

FORWORD

- BY Dr. H.K. Kim

뉴저널리스트 투데이newjournalist.today가 운영하는 뉴저널리스트 아카데미NJA는 학문·예술·미래교육· AI디지털미디어리터러시가 중심이 되는 기관이다. 학문學問, academia은 배울 '학'과 물을 '문'이다. 배우고 질문하는 것이다. 저널리즘에 대해 배우고, 저널리즘에 대해 질문하는 곳이 뉴저널리스트 아카데미, 즉 NJA 다.

10년 이상 저널리스트로서 활동한 리더십학 박사인 박병기 교수가 디자인한 NJA 프로그램에서는 지정의知情意학습과 미래저널을 유난히 강조한다. 뉴저널리스트 후보생들은 자연스럽게 지정의知情意를 배운다. 지정의知情意는 단순한 정보를 습득하는 수준의 공부가 아닌 깨닫고, 분별하고, 감정적으로 느끼고, 손으로 실천하는 공부이다. 세상에 대해 지정의知情意로 학습함의 의미가 무엇인지를 NJA분들은 배웠다.

뉴저널리스트 아카데미에서는 미래저널을 강조한다. '내가 누구인지' 아는 것은 뉴저널리스트의 기본이기 때문이다. 미래저널은 또한 메타인지를 높이는 데 결정적인 역할을 한다. '자기 자신을 잘 아는 것'이 메타인지에서 가장 중요하기 때문이다. 미래저널은 자기 자신을 깊이 탐구하도록 하는 저널링이다. 미래저널은 자신에 대한 탐구력을 높이기에 자연스럽게 학문을 잘하도록 기초 근육을 만들어 준다. 뉴저널리스트 아카데미는 총 24주 동안 진행되는데 그 첫 8주인 1단계의 내용은 다음과 같다.

1. Beginner 과정8주

수업진행 및 과제물: 이 과정은 강의, 토론, 발표가 핵심이다. 좋은 토론, 발표를 하려면 독서와 소그룹 토론 준비가 기본적으로 되어 있어야 한다. 매주 독서하는 것을 목표로 하고 책을 읽은 후에 전체 논지에 대한 토론이 진행된다. 원우들은 1단계에서 '학문'이란 무엇인지에 대해 주로 배우고 나누게 된다. 주간 과제는 구글 클래스룸이나 온라인 교육 플랫폼에서 진행되며 라이브 강의 출석은 필수이다. 매주 펼쳐지는 수업의 제목은 다음과 같다. 이 제목은 다른 기수에서는 약간의 수정이 있을 수도 있다.

[Week 1] 저널링의 중요성, 왜 미래저널인가?
[Week 2] 지정의 학습의 중요성
[Week 3] 저널리즘에 대해 I
[Week 4] 저널리즘에 대해 II
[Week 5] 디미리시I 디지털미디어리터러시I
[Week 6] 컨텐츠의 미래 I
[Week 7] 컨텐츠의 미래 II
[Week 8] 컨텍스트는 신이다

1단계에서 평균 93점 이상을 받으면 뉴저널리스트 Certificate for Beginner[1 단계 수료증]을 받게 된다. 그리고 NFT 플랫폼에서 평가단이 될 후보 자격을 얻게 된다. 다음 단계로 가는 것은 수료와는 약간 차이가 있다. 수료는 평균 93점을 받아야 하지만 다음 단계로 가려면 비기너 과정[1 단계]에서 모든 과제를 마감일 안에 작성하고[1회만 늦은 제출 허용] 과제점수 평균 95점을 받아야 한다. 앞서 나눈 것처럼 매주 수업이나 과제에서 미래저널과 지정의[知情意] 학습은 계속 강조된다.

다음 단계는 뉴저널리스트 2단계로 Intermediate[인터미디엇] 과정이다. 아카데미는 학문·예술의 중심이 되는 단체·기관이다. NJA는 뉴저널리즘이라는 학문과 새로운 시대 예술이 중심이 되는 아카데미가 되기를 원한다. 1단계가 학문을 중심으로 한 저널리즘, 디지털미디어리터러시, 컨텍스트, 연결 등이 핵심이었다면 2단계에서 원우들은 학문과 예술을 병행해서 배운다. 예술은 기술의 발전과 함께 논의된다. 예술이라면 보통 그림, 음악을 연상하지만 저널리즘도 예술과 뗄래야 뗄 수 없는 분야라는 것을 참가자들은 알게 된다. 발터 벤야민은 기술의 발전이 대중의 예술 향유에 도움을 준다고 생각했는데, 우리는 그 관점에서 뉴저널리즘을 다룬다.

2. Intermediate 과정8주

수업진행 및 과제물: 이 과정 역시 강의, 토론, 발표가 핵심이다. 이전 단계와 마찬가지로 좋은 토론, 발표를 하려면 독서와 소그룹 토론을 할 준비가 기본적으로 되어 있어야 한다. 매주 독서를 하는 것을 목표로 하고 책을 읽은 후에 전체 논지에 대한 토론을 한다.

1단계에서 미래저널과 지정의知情意학습을 가볍게 다뤘다면, 2단계에서는 본격적으로 두 기초가 무엇인지를 설명하게 된다. 주간 과제는 구글 클래스룸이나 온라인 교육 플랫폼에서 진행되며 참가자들은 주간 과제 수행과 라이브 강의 출석이 필수이다. '2025년의 사람들'이라는 의미의 트웬티 파이버스Twenty Fivers가 본격적으로 소개되는 단계이기도 하다.

[Week 1] 학문과 예술로 본 저널링의 중요성
[Week 2] 학문과 예술로 본 지정의 학습의 중요성
[Week 3] 아우라로 본 <저널리즘>에 대해
[Week 4] 협업 지성 <저널리즘>에 대해
[Week 5] 뉴저널리스트 피라미드와 디미리시
[Week 6] 거꾸로 봐야 보이는 컨텐츠의 미래 III
[Week 7] 트웬티 파이버스와 컨텐츠의 미래 IV
[Week 8] 트웬티 파이버스는 컨텍스트 전문가다

이 과정에서 평균 93점 이상을 받으면 참가자들은 뉴저널리스트 Intermediate Certificate2단계 수료증을 받게 된다. 그리고 NFT 플랫폼에서 평가단이 될 후보 자격을 얻게 된다. 다음 단계로 가는 것은

수료와는 약간 차이가 있다. 수료는 평균 93점을 받아야 하지만 다음 단계로 가려면 인터미디엇 과정2단계에서 모든 과제를 마감일 안에 작성하고1회만 늦은 제출 허용 과제 점수 평균 95점 이상을 받아야 한다. 다음 단계는 뉴저널리스트 3단계로 Advanced어드밴스드 과정으로 명명된다.

3. Advanced 과정8주

1단계가 학문이 중심이었다면 2단계에서는는 학문과 예술을 병행한다. 그리고 3단계에서는 학문과 예술을 품고 AI인공지능와 협업의 형태로 새 시대를 풀이하고 내 안에 잠재된 것을 밖으로 표출하는 것에 원우들은 집중한다. 인공지능을 어떻게 적절하게 활용하며 디지털 미디어 리터러시소위 '디미 문해력'를 높일 것인가가 3단계에서 강조하는 바다.

3단계를 통과한 뉴저널리스트들은 뉴저널리스트 투데이온라인 언론사에서 인턴 및 객원기자로 일할 기회를 얻는다. 정규직으로 임용된다는 보장은 없지만 아카데미 출신이 자신의 역량을 잘 발휘하고 회사의 여건이 허락할 경우 임용 가능성은 외부 지원자보다 크다고 말할 수 있다. 언론사 규모가 커질수록 더 많은 뉴저널리스트들과 일을 할 수 있게 된다. 저널리스트가 되려면 모든 과제를 마감일 안에 작성하고1회만 늦은 제출 허용 과제 점수 평균 95점 이상을 받아야 한다. 그리고 인터뷰를 통과해야 한다.

[Week 1] 오리엔테이션 및 AI 디미리시

[Week 2] 인공지능 웹툰과 트웬티 파이버스

[Week 3] 웹소설과 트웬티 파이버스

[Week 4] AI 챗봇과 트웬티 파이버스

[Week 6] 취업/창업/창직 아이디어와 트웬티 파이버스

[Week 5] AI 윤리와 트웬티 파이버스

[Week 7/Week8] AI 디미리시 총정리 및 NJA 과정 총정리

<김희경(뉴저널리스트투데이 발행인)>

25ers
트웬티 파이버스

Prologue

Prologue
: 우리는 문명사회에 살고 있다

'미국을 움직이는 네 가지 힘'의 저자 김봉중 박사미국 샌디에이고시립대 사학과 교수/현 전남대 사학과 교수는 미국의 역사는 안정을 유지하려는 세력과 끊임없이 도전하는 세력의 투쟁의 역사라고 했다.

미국 동부에서 안정된 삶을 영위하려는 기득권층과 거친 서부, 미지의 세계로 향해 가는 프런티어 정신을 가진 시민들의 싸움의 역사였다고 역사학자 김 박사는 설명했다.

프런티어 이론의 대가이자 20세기 초반 하버드대 역사학 교수였던 프레더릭 J. 터너는 1920년에 쓴 'The Frontier in American History'에서 '미국 사회 개발은 끊임없이 프런티어에서 반복되어 진행되었다'고 강조했다.

미국은 프런티어 정신을 가진 자들이 승리했다는 결과물을 보여주는 나라이다. 미국 서부 개척이 되지 않았더라면 지금의 미국은 없을 것이다.

많은 주민이 서부로 무모하게 내달렸기에 오늘날 캘리포니아가 있게 되었고 샌프란시스코, 로스엔젤레스 등이 탄생하게 되었다. 싫건 좋건 우리는 샌프란시스코 인근의 실리콘 밸리, 로스엔젤레스의 할리우드에 영향을 받고 살았다. 그들의 영토 확장은 서부에서 마무리되었지만 온라인을 통한 영토 확장은 2022년 현재에도 진행되고 있다.

우리가 지금 하고 있는 일은 프런티어 정신을 갖고 새로운 분야를 개척하는 일이다. 힘겹고 외롭고 눈앞에 확실한 게 보이지 않는 길이다. 프런티어 정신을 가진 사람들이 서부로 달려 갔을 때 미국 동부에 있는 사람들은 손가락질을 했을 것이고, 비판과 비난을 했을 것이고 비웃었을 것이다.

미국은 그런데 도전정신을 가진 이들에 의해 만들어졌다고해도 과언이 아니다. 동부에 있던 사람들도 사실은 유럽에서 도전정신으로 아메리카 대륙으로 넘어온 조상의 후예였다. 미국은 도전 정신 그 자체라고 할 수 있다.

나는 새로운 길을 개척 중이다.

나는 지난 6년 동안 새로운 길을 개척했고 온갖 비난과 의심과 비웃음과 공격을 당했다. 그러던 중 놀랍게 최근에 금광이 보이기 시작했다. 함께 가고자하는 사람들, 희생을 하는 사람들, 이런 동료가 있으면 좋겠다고 생각한 사람들, 이런저런 경험과 기술을 가진 사람들을 만나기 시작했다.

나는 그들을 '21세기형 포티 나이너스49ers' 또는 '트웬티 파이버스25ers'로 부른다.

역사학자들은 1849년에 미국 서부로 향했던 이들을 기념하며 '포티 나이너스49ers'로 부른다. 49년의 사람들이라는 의미다.

나는 금광을 찾는 사람들이 2025년에 꽃을 피울 것이기에 25년을 미리 기념해 '트웬티 파이버스25ers'로 그들을 불렀다.

'트웬티 파이버스25ers'의 특징은 당장 눈에 보이고 손에 잡히지 않아도 미지의 세계를 담대히 걸어간다는 것이다. '트웬티 파이버스25ers'는 미래 세계에 어떻게 살아야 할지가 보이는 사람들이다. '트웬티 파이버스25ers'는 극도의 어려운 상황을 인내하며 버텨내는 사람들이다. 당장의 이익이 없어도 기다리는 사람들이다.

그리고 그들은 2025년에 선두주자가 된 것에 대한 열매를 누릴 사람들이다. 트웬티 파이버스25ers의 롤모델은 누구일까? 그가 누구인지 소개하고자 한다.

우리는 트웬티 파이버스25ers라고 쓰고 '포티 나이너스' 또는 '아방 가르드'라고 읽는다. '아방 가르드Avant-Garde'의 뜻은 '혁신적 경향의 전위 예술'이다. 이 단어에는 '예술 세계에서 첨단적으로 앞선 활동을 하는 사람'이라는 의미도 있다. 아방Avant은 '~앞에'라는 의미이고 가르드Garde는 '보호'라는 뜻이 있어 '전방으로 나아가며 뒤에 오는 이들을 보호하는 역할을 하는 사람예술'이 아방 가르드이다.

트웬티 파이버스25ers라고 쓰고 아방 가르드라고 읽는 이유가 바로 이것이다. 트웬티 파이버스25ers는 전방으로 나아가고 후방에서 따라오는 자들을 보호하는 사람들이다. 아방 가르드는 '앞서 나가 활동'을 하기에 온갖 공격과 파편을 맞아야 한다. 그래서 아방 가르드 후보는 힘들고 외롭다. 그 힘듦과 외로움을 잘 견뎌내는 후보가 비로소 아방 가르드로 등극하게 되는 것이다.

비틀즈의 존 레넌은 비디오 아티스트 백남준에 대해 '아방 르가르드 Avant-regarde'라고 표현한 바 있다. 가르드 앞에 re-를 추가했다. 끊임없이 아방 가르드를 했던 사람이라고 해서 반복의 의미로 re-를 붙인 것이었다. 그렇다. 아방 르가르드다. 트웬티 파이버스25ers의 롤모델은 바로 백남준이다. 전위 예술의 선봉장 백남준. 그는 반복해서 전위 예술을 향유했다. 그는 아무도 가지 않은 길을 선택했다. 1960년대에 백남준은 전자적 이미지 제작, 컴퓨터 프로그램과 시각실험, 전자 오페라 등을 실험하며 고달픈 삶을 살았다. 21세기가 아닌 1960년대에 이런 일을 벌인다는 것은 상상을 초월하는 일이다.

그는 이미 1970년대에 미래사회의 영상 미디어 세계를 통찰했다. 그는 영상을 일방향성에서 쌍방향성의 소통 수단으로 변화시켜야 한다고 주장했고 이것을 비디오 혁명의 정점으로 보았다TV실험실, 백남준 아트센터 인터뷰 프로젝트. 그는 또한 미디어의 보편적 사용을 카메라의 예시를 통해 설명했다. 그는 "10년 역사의 카메라 시장이 5,000년 역사의 예술 시장보다 훨씬 더 크게 성장한 이유는 카메라가 모든 이들을 예술가로 만들 수 있음이라고 언급"했다 TV실험실, 백남준 아트센터 인터뷰 프로젝트.

백남준은 21세기의 영상 혁명을 예상한 것이나 다름 없다. 엄밀히 말해서 문화 혁명이다. 영상의 파워가 문화 전체를 흔들어 놓았다. 모든 사람이 영상 아티스트가 될 수 있는 지금, 우리는 백남준의 비디오 아트 세계를 되짚어보지 않을 수 없다. 서양에서 발터 벤야민을 연구했던 것처럼 우리는 한국이 낳은 세계적인 아티스트 백남준, 영상 철학가 백남준의 세계를 들여다봐야 한다. 그러면 트웬티 파이버스 25ers가 누구인지 보일 것이다.

경기도 용인에 있는 백남준 아트 센터를 가보면 가장 먼저 눈에 띄는 작품이 다음 사진에 있는 작품이다. 제목은 '칭기즈 칸의 복권'. 백남준 아트 센터 홈페이지에 들어가면 다음과 같이 설명이 나온다.

"칭기즈 칸의 복권: 동양과 서양을 잇는 실크로드가 광대역 전자 고속도로로 대체된 것을 형상화한 작품으로 1993년 베니스 비엔날레 독일관에 전시되었다. 20세기의 칭기즈 칸은 말 대신 자전거^{삼천리}를 타고 있으며, 잠수 헬멧으로 무장한 투구와 철제 주유기로 된 몸체, 플라스틱 관으로 구성된 팔을 가지고 있다. 자전거 뒤에는 텔레비전 케이스를 가득 싣고 있으며, 네온으로 만든 기호와 문자들이 텔레비전 속을 채우고 있다. 네온 기호들은 전자 고속도로를 통해 복잡한 정보들이 축약되어 전달될 수 있는 가능성을 시사한다. 텔레비전 영상에서는 병에서 피라미드로, 도기에서 주전자로 변형되는 여러 가지 마스킹 기법이 쓰이고 있으며 추상적인 기하학 패턴이 지속적으로 교체된다. 백남준은 〈마르코 폴로〉, 〈칭기즈 칸의 복권〉, 〈스키타이 왕, 단군〉, 〈알렉산더 대왕〉 등의 로봇을 통해, 교통 및 이동수단을 통해 권력을 쟁취하거나 지배하던 과거에서 광대역 통신을 이용한 소프트웨어의 발전을 통한 새로운 패러다임의 미래가 올 것을 강조한다."

그는 이 작품을 통해 디지털 영토확장의 미래를 예고했다. 이동수단을 통해 오프라인에서 세상을 지배했던 칭기즈 칸과는 달리 미래의 사회에는 디지털 통신과 기구를 통한 영토확장이 이뤄질 것으로 그는 내다본 것이다.

그리고 그 영토확장 전쟁에서 실리콘 밸리가 전 세계를 장악하며 승리했다. 그 대표적인 인물은 실리콘 밸리의 스타인 애플의 스티브 잡스다. 그는 총성 없는 전쟁에서 실리콘 밸리가 승리를 거두는 데 결정적인 역할을 했다. 21세기 초반의 칭기즈 칸은 어쩌면 스티브 잡스일지 모른다.

미국은 이미 영상으로 전 세계를 석권한 바 있다. 할리우드 영화를 통해 전 세계로 전자 고속도로를 냈고 세계 각 도시와 가정의 스크린을 공략했다. 'Hollywood Embassies: How Movie Theaters Projected American Power Around the World'의 저자인 로스 멜닉 교수UC 산타바라라는 할리우드 영화가 전 세계 많은 나라를 향해 이슈 메이킹을 하고 문화에 지대한 영향을 미친 것은 부인할 수 없는 사실이라고 강조한 바 있다. 할리우드 영화는 "최첨단 테크놀로지와 막대한 자금력을 통해 좋은 품질의 앞서가는 영화를 만들"어 전 세계로 퍼뜨려 호소력을 갖게 되었고 세계 정치, 경제, 문화, 사회의 이슈에 영향을 미치게 되었다슈뢰더, 미디어 문화들, 김성곤; 영화로 보는 미국, 재인용.

할리우드 영화 다음이 실리콘 밸리의 소프트웨어 및 플랫폼으로 이 지역의 리더들은 소프트웨어/플랫폼에 텍스트, 음성, 영상을 담아 전 세계를 지배했다. '실리콘 제국'의 저자인 루시 그린은 "문화에 대한 실리콘 밸리의 영향력은 정부, 학계, 심지어 할리우드마저 능가한다"라고 선포할 정도로 대단하다. 실리콘 밸리는 라이프스타일 영역에서 이미 전 세계를 장악했고 "보건, 인프라, 에너지, 우주여행, 교육, 우편 시스템" 분야 마저도 지배했다고 그린은 강조했다. 당분간은 실리콘 밸리의 리더들이 칭기즈 칸'들'이 될 전망이다. 미래 전문가인 그린에 의하면 실리콘 밸리의 리더들은 단순한 확장적 사고에서 뛰어넘어 "새로운 사회 모델, 시스템, 도시 계획, 미래 세계의 비전을 제시하는 활동"으로 영역을 넓히고 있는 것으로 나타났다.

백남준은 이를 이미 오래전에 예고한 바 있다. 그가 살아 있다면 그는 어떤 미래를 예상할까? 그는 이미 90년대에 자유롭게 표현하는 로봇에 대해 거론한 바 있는데 미래에는 인간과 유사한 로봇이 커뮤니케이션에서 중요한 미디어로 등장하고, 정지된 로봇이 아닌 움직이며 말하는 로봇이 또다른 칭기즈 칸이 될 것으로 예견하지 않았을까?

뉴저널리스트 아카데미 수업과 각종 미래교육 관련 수업에서 강의를 한 후에 늘 따라오는 질문이 있다. "왜 자꾸 새로운 게 나와서 우리를 괴롭히지요?"

우리는 문명사회에 살고 있다. 문명사회와 원시 사회의 차이점에 대해 역사학자 아놀드 토인비는 다음과 같이 말한다.

"우리가 알고 있는 '문명사회'와 '원시 사회'의 근본적인 차이점은 모방mimesis 또는 모방이 취하는 방향입니다. 모방mimesis은 모든 사회생활의 일반적인 특징입니다. 중략 원시 사회에서 모방은 노년층과 죽은 조상을 향하여 강화됩니다. 따라서 모방이 과거로 향하는 사회에서 관습 규칙과 사회는 고정되어 있습니다. 반면 문명화가 진행되는 사회에서 모방은 선구자이기 때문에 추종자를 지휘하는 창조적인 성격을 지향합니다. 그러한 사회에서 관습은 깨지고 사회는 변화와 성장의 과정을 따라 역동적으로 움직입니다."

우리는 문명사회에 살고 있기에 피하는 것보다 새로운 것에 대한 선구자가 되는 것이 필요하다.

트웬티 파이버스25ers가 될 것인가 과거에 머물러 사는 것에 만족할 것인가. 트웬티 파이버스25ers가 되길 원하는 이들의 글을 이 책에서 소개한다.

<서울 한티역에서 박병기>

25ers
트웬티 파이버스

PREFACE

아래 글은 트웬티 파이버스25ers가 되기로 결심한 뉴저널리스트 아카데미NJA 원생들이 선포한 내용이다. 이들은 왜 트웬티 파이버스25ers가 되기로 결심했을까. 그 이야기를 들어보기로 하자.

함께 만드는 설레는 미래
김지혜

21세기의 IT강국인 미국을 있게 한 건 미국의 실리콘 밸리라고 한다. 그리고 실리콘 밸리를 있게 한 건 20세기 미국인들의 서부 개척이다. 미국 서부를 개척한 사람들은 1849년 캘리포니아에 금광이 있다고 믿고 프런티어리즘과 도전정신으로 미지의 세계인 서부로 향했던 이들이다.

역사학자들은 이들을 기념해 '포티 나이너스49ers'라고 부른다고 한다. 당시 동부에서의 생업을 다 내려놓고 한번도 가보지 못하고 알려지지 않은 미개척지로 가는 여정이 얼마나 길고 막연한 여정이었을지 지금으로선 상상조차 되지 않는다.

뉴저널리스트 아카데미의 박병기 교수는 이를 모티브로 지금 프런티어리즘을 가진 선두주자들이 2025년에 꽃을 피울 것임을 확신하여 우리들을 '트웬티 파이버스25ers' 라고 부른다고 했다.

몇 년 전까지만 해도 미래가 '설렌다'는 생각은 들지 않았다.

나는 딱히 미래에 꼭 어떤 '성공' 이 있어야 한다고 생각하지 않았고 꼭 어떤 열매가 있어야 한다고 생각하는 편도 아니었다. 강물이 자연히 바다로 흐르듯이 미래란 그냥 지금 이순간이며 자연의 순리대로 흐르는 길 따라 가는 것이라고 나는 생각했다.

그래서 '미래'란 딱히 설렌다기 보단 내가 만들어 놓은 안전지대 Comfort zone 안에서 예견되는 길로 진행될 뿐이란 느낌을 줬다. 다만, 흘러가면서 현재에 순간순간 최선을 선택하며 즐겁게 살려고 노력했을 뿐….

하지만 지금은 2025년의 미래가, 몇년 후의 미래가 어떻게 펼쳐질지 무척 기대되고 설렌다. 여전히 현재의 순간이 중요하지 않은 건 아닌데 현재에 중독되어 있는 느낌이 아니라, 미래까지도 현재에 담겨진 느낌이라고나 할까.

또 미래가 설레는 건, 지금 내가 삶의 the Why이유를 찾아가며 또다른 하고 싶은 일들이 생기고, 배우고 성장하며, 미래를 준비하게 되면서 기대되는 일들이 생겨나기 때문이며, 무엇보다 주변에 좋은 사람들이 생겨나며 함께 하기 때문인 것 같다.

내가 '트웬티 파이버25er'인지는 잘 모르겠다. 지금도 이 길이 내가 진정으로 원하는 길인지, 나는 어디로 가고 있는지, 문득 문득 스스로에게 질문할 때가 많다. 하지만 그럴 때마다 나는 생의 마지막에 있는 순간을 떠올린다.

마지막이란 위치에서 삶 전체를 내려다보며 선택을 하게 되면 흔들림이 줄어들고 선택이 좀 더 쉬워지는 것 같다. 나를 좀 더 오픈해서 한발한발 나아갈 수 있는 용기가 내 안에 생기는 것 같다. 열매라는 것은 마지막에 오는 것이 아니라 내가 원하는 길을 한발 한발 내딛어 가는 그 과정 자체라고 나는 생각한다.

한발한발 내 딛는 과정에서 '트웬티 파이버25er' 이고 싶다. 그리고 그 길에… 혼자가 아니라 좋은 사람들과 함께라 더 든든하고 즐거운 여행일 것 같다.

●

사고의 전환이 이뤄지면 변화 일어나: 트웬티 파이버스25ers
김혜미

내 삶의 최고의 벗은 자연이다. 어릴 적 나는 이런 생각을 종종 했었다. 나무는 왜 나무일까? 하늘은 왜 하늘이라고하지? 바다는 왜 바다일까? 산을 오르고나면 산의 정상을 올라가는 곳곳 마다 주변의 소리에 귀를 기울여본다.

살랑살랑 바람에 흩날리는 잎사귀 소리, 여기저기 곤충들의 울음소리…. 그 와중에 아주 작은 움직임으로 꿈틀거리며 자신의 성장을 위해 나아가는 애벌레. 나는 그 작은 움직임, 작은 생명들에게서 너무나 큰 위로를 얻는다. 하나하나 소중하지 않은 것이 없다.

그 모습 그대로 귀하고 존중받을 가치가 분명하게 있다고 생각한다. 우리 삶도 그러하다. 잠시 멈춰보면, 잠시 머물러있다 보면 다양한 것들을 보게되고, 확산적인 사고를 할 수 있다.

뉴저널리스트 아카데미 1기로 합류해서 나를 찾아가는 일에 힘쓰면서 나는 나에 대한 오해들을 하나씩 벗겨내기 시작했다. 나는 사람들의 이야기를 잘 들어주는 사람이라고 생각했다. 나만의 착각이었다. 나를 돌아보는 훈련, 나의 하루를 점검하고 삶을 진단해보는 시간들을 NJA에서 갖지 않았더라면 나는 착각의 늪에 빠져 사람들의 말을 경청하는 사람인 척 살았을 것이다. 또 하나의 오해는 나는 무언가 하고자 할 때는 집중하지만 그 외에는 참으로 게으른 사람이라는 생각이다. 나는 실제 그렇지 않다는 걸 알게 되었다. 전에는 몸을 일으키는 것 자체가 쉽지 않았는데 NJA에서는 스스로 채찍질을 하고, 구슬려보고, 거울 앞에 나를 세워보곤 했다. 과제수행을 하며 내 자신을 마주하니 게으르지 않은 내가 보였다. NJA에서 원우들과 함께 하는 것은 천운이라는 생각이 들었다.

미래저널 쓰기 전후의 삶이 분명 달라졌다. 마음의 거울을 매일 깨끗이 닦아내지는 못하지만, 뿌연 먼지는 조금씩 닦아지는 것 같았다.

바라트 아난드 교수가 쓴 '콘텐츠의 미래'에서 나는 관심을 갖고 있던 온라인 교육에 대한 챕터를 찾아 읽었다. '교실학습과 온라인 학습의 결합이 열어갈 교육 신세계'라는 내용을 읽게 되었다. 코딩강사 관련 면접 재고용에서 수업 교안 제출 과제가 있었다. 지금까지 다른 사람이 만든 강의자료들을 가지고 수업을 했다면, 이 과제만큼은 내 생각대로 수업들을 기획해볼 수 있는 기회였다. 그래서 나는 '언플러그드'를 주제로 교안을 작성하기로 마음 먹었고, 그렇게 해서 수업 교안을 제출하였다. 새로운 내용의 교안을 만든 이유는 단 하나였다. 4차 산업혁명시대를 이야기하며 코딩이 무엇인지 잘 모르면서 다들 해야 된다니까 아무 생각 없이 참여하는 경우가 많은데 나도 코딩 교사이면서 그런 부모 중에 하나였기에 새로운 교안의 필요성을 절실히 느꼈다.

코딩 수업을 할 때 대부분 단순히 보여지는 결과물에만 집중하는데 나는 뉴저널리스트 아카데미에서 배운 것처럼 창의적으로 생각하고 깊게 사고하는 시간을 학생들에게 가르쳐주고 싶었다. 주어진 시간 안에 무언가를 프로그램해 내는 것에만 집중하는 것이 아닌 생각하는 수업을 진행하고 싶었다.

이런 종류의 수업은 인기가 없을 수도 있고, 인정받기도 어려울 수 있다. 수업시간에 진도에 맞춰 빠름빠름으로 실행하는 것이 아닌, 느림느림의 미학으로 생각하는 시간들로 채워가는 수업이 인기가 없을 수도 있다.

'언플러그드'는 뉴저널리스트 아카데미처럼 사고력에 기반을 둔 학습이다. 학생들은 컴퓨팅 사고력을 통해서 생각할 수 있는 힘을 기르게 되고, 그로 인해 지식 성장이 이루어지게 된다. 충분히 생각하고 고민하고, 그것을 나누고 서로의 이야기 속에서 서로 배우고 성장하는 수업을 꿈꾼다. 이는 뉴저널리스트 아카데미에서 진행되는 방식이다.

하지만 막상 그렇게 그림을 그린다 하여도 현실적으로는 쉽지 않은 부분들이 있다. 온라인 플랫폼들이 온라인 전략과 타깃을 세밀하게 만들어가는 과정에서 매번 격언처럼 내놓는 말이 있다. 하나는 '최대한 광범위하게 영향을 줘라,' 다른 하나는 '최대한 많은 사람들에게 도달하라.'이다. 그리고 이 목표에 도달하는 방법으로 늘 언급되는 것은 '스타 강사진을 갖추고 뛰어난 강의를 제공하라. 그러면 학습자들이 따라오게 될 것'이라는 말이다. 터무니없는 말은 아니다. 하지만 학습자가 누구인지 또는 학습자가 진정으로 관심을 갖는 것이 무엇인지를 이해하는 데에는 거의 도움이 되지 않는 말이다. 뉴저널리스트 아카데미와도 맞지 않는 말이다.

'답을 구하기 전에 단순하지만 중요한 질문을 하라.'

바라트 아난드의 책 '콘텐츠의 미래'에서 위 소제목으로 된 챕터를 읽으면서 박병기 교수의 학습법이 소름 돋게 이해가 되었다.

아난드에 따르면 1990년대 말 인기 있었던 '태양의 서커스'가 세계 여러 도시에서 동시에 공연하는 놀라운 확장성을 보여줄 수 있었던 이유는 더 많은 사자와 조련사를 구했기 때문이 아니다. 오히려 이들을 없앴기 때문에 가능했다고 한다. 그들은 오래전부터 가졌던 생각, 즉 멋진 서커스 경험을 선사하기 위해서는 사자가 필요하다는 전제 조건에 의심을 품었다. 사자 없이도, 많은 조련사 없이도 멋진 서커스가 가능하다는 사고의 전환이 이뤄지면서 동시 공연이 가능해졌다.

뉴저널리스트 아카데미에서는 끊임없이 사고의 전환을 시도한다. 그중 하나가 디스코드Discord에서 서로의 과제에 대한 질문들과 답안들을 정의하고 그것에 대해서 서로의 생각들을 통해 지정의知情意로 이야기를 나누게 하는 것이다. 이는 사고의 전환을 이끄는 학습법이다. 이 학습법을 우리에게까지 닿을 수 있도록 고된 길을 묵묵히 걸어와주신 박병기 교수께 진심으로 감사드린다. 나 또한 그 길에 함께 힘이 되어드리는 뉴저널리스트가 되어야겠다는 생각을 한다.

●

청지기 정신과 서번트 리더십을 갖춘 미래 탐험가: 트웬티 파이버스25ers
김지연

나는 생후 8개월된 아기를 품에 안고 무엇에 홀리듯 뉴저널리스트 아카데미에 등록했다. 처음엔 무슨 정신으로 했는지 몰랐지만 지난 시간을 돌아보니 분명 축복의 시간이었다. 나는 포기하지 않고 인내의 열매를 먹기로 결심하기에 이르렀다.

'트웬티 파이버스25ers'는 프런티어 정신과 청지기 정신, 서번트 리더십의 합작품이다. 21세기형 프런티어 정신은 웹 3.0 시대를 맞이하고 살아가야 하는 우리 모두가 가져야 할 정신이고 이를 위해 앞장서고 헌신한 분들이 세상에 외치는 개방과 자유는 사명이었다. '트웬티 파이버25er'인 나 또한 미래의 새로운 분야를 개척創造하는 일을 사명으로 여기며 즐기게 되었다. 나와 우리 아이들과 미래의 모두에게 개방과 자유를 안겨주고 싶다. 이것이 뉴저널리스트의 정신이다.

프런티어 정신은 반드시 그 안에 청지기 정신과 서번트 리더십을 품고 있어야 한다. 그렇지 않으면 이기적인 집단이 만들어지고 건강한 세계관을 세워가지 못한다. 신대륙의 발견이 개척자들에게는 영광의 사건이었을지 모르지만, 원주민에게는 침략과 약탈이었다. 박병기 교수가 뉴저널리스트 아카데미의 '선점'은 먼저 선先임과 동시에 착할

선善이라고 한 이유가 이것이다. 목적과 방향을 바로잡고 간다고 해도 사람이 일하다 보면 생각하지 않은 난관을 만나기도 하고 좌절도 하게 되고 포기하고 싶은 마음도 솟구치며 처음의 선한 마음과 다르게 변하기도 한다.

'트웬티 파이버스25ers'는 세상을 연결하고 사람을 연결한다. 그러기 위해 혼란스럽고, 정돈되지 않은 시간을 견딜 줄 알고 자기 의심 또한 배움과 창조의 과정임을 받아들여야 한다. 멀리서 바라보기만 하면 낯설고 새로운 것은 신비롭고 아름다워 보인다. 하지만 그 중심에 가까이 가려고 시도하는 사람은 두렵고 혼란스럽다. 이럴 때 두려움에 집중하지 않고 함께 성장하고 공유하는 것에 집중해야 한다. 미국 서부 개척자들을 통해 배운 개방과 자유는 그들 자신과 미국뿐 아니라 정치, 경제, 금융, 철학, 건설 등 분야의 경계 없이 전 세계에도 큰 영향력을 끼쳤다. 금광을 찾는 사람들은 단순히 부를 좇는 사람들이 아니다. 새로운 분야를 개척하는 일에 인내하며 헌신하는 사람들이다.

눈에 보이지 않는 미지의 세계를 탐험하러 나선 나의 모습을 상상해 보았다. 두렵고 부담스러웠다. 지금까지 나에게는 현실에 안주하는 것이 안락함과 안정감을 느끼게 해줬다. 살던 둥지를 벗어나야 한다는 것은 즐겁고 흥분되기도 하지만 얼마나 그 자리에 오래 머물러 있었는지에 따라 망설임이 더 크게 느껴지기도 한다. 시대의 흐름과 판의 변화를 알게 되면서 반강제적으로 개척자 공동체에 합류했다. 어린아이가 조심히 걸음마를 떼는 묘한 기분이었다. 아직은 낯설게 느껴지는 길이지만 개척자의 걸음마를 떼고 걸으며 달리는 미래의 모습을 상상하면 마음이 통쾌해진다.

　같은 마음으로 모인 뉴저널리스트 아카데미 식구들은 참 소중한 인연이다. 겸손한 마음으로 그들의 이야기를 잘 귀담아듣고 생각을 나누는 일에도 적극적으로 임해야겠다. 미래 사회는 디지털 활용 능력을 키우는 것 또한 중요하므로 낯선 영역에 익숙해지도록 디스코드Discord, 노션Notion 등을 자주 들여다보고 기록도 남겼다. 그리고 영상 등을 만들 때 기술이나 눈에 보이는 화려함보다 연결이 주는 힘을 잊지 않도록 노력했다.

●

기술 연마보다 존재 인식을 강조하는 뉴저널리스트 아카데미
이지윤

　생각과는 달리 뉴저널리스트 아카데미는 단순 기술을 연마하는 곳이 아니었다. 나를 제대로 알고, 다른 사람의 의견에 귀 기울이고, 사회 현상을 공감하고, 이를 다시 나와 연결지어 해석해 글이나 영상을 발행하는 '나, 이웃, 세상, 기술과 소통하는 공간'이었다. 그리고 그 소통을 통해 가장 나다운 작품, 아우라Aura가 풍기는 그 무엇을 만들어 낼 수 있는 사람으로 성장해나가는 공간과 시간을 공유하는 아카데미였다. 나를 아는 것이 왜 중요한가? 지금은 글을 쓰면 인공지능 성우가 각국의 언어로 번역해서 내레이션을 해준다. 더 나아가서는 내가 두 줄 정도 적으면 그 글을 이어서 소설을 적어주는 인공지능도 있다. 강의를 들으면 강의 종료와 동시에 AI가 정리한 리포트가 텍스트와 오디오로 나오는 세상이다. 이전에 창조라고 생각했던 그 모든 것이 기술로서 대체될 수 있는 시대가 온 것이다. 결국은 내 경험, 내 느낌, 내 생각, 내 의지와 접목되어야만 가치있고 창의적인 컨텐츠를 생산할 수 있다는 결론에 다다르게 된다. 우리는 자기 자신의 생각을 모르고 있다는 것을 깨달았다. 사회가 알려주는 대로 지내왔기 때문에 좋은 것은 모두가 '좋다'라고 인정하는 것이 좋은 것이지, 나에게 맞는지, 내가 진짜 그것을 좋아하는지를 생각해보지 않았던 것이다. "왜 그 일을 하는데?"라는 질문에도 '그냥 하기로 했으니 하는 거지 이유가 중요한가'라고 생각하는 시대에 자란 나는 "왜"라고 질문을 던지는 것이 부담스러웠다. 미래저널을 가족과 함께 쓰면서 아이들도 불편함을 느끼고 짜증을 냈다. 미래저널은 왜 자꾸만 질문을 하느냐고 했다.

'나는 누구인가'를 생각해 보는 시간이 있었다. 나는 누구인가라는 질문에 답을 적을 때 "나는 과학자이다." "나는 엄마이다." "나는 기독교인이다" 등 현재 내 직업이나 사회적 위치를 적곤 했다. 좀 더 나은 버전이라고 한다면 "나는 발전하는 사람이다." "나는 끈기있는 사람이다." "나는 걱정이 많은 사람이다." 정도였다. 이 모든 것은 '역할' 또는 '태도'에 기반하여 나를 정의하는 말들이었다. 그러나 수업 때 함께 본 동영상에서는 '나는 가치있는 사람이다.' '나는 이땅에 태어난 이유가 있는 사람이다.' '나는 용기있는 사람이다.' '나는 사랑받아 마땅한 사람이다.' '나는 우연히 생겨난 존재가 아니다.' 등이 진짜 나임을 알게 되었다. 이땅에 태어나 존재하는 그 자체로 귀하다는 내용을 보며 나는 큰 감동을 받았다. 이제까지 나는 내 자신을 소중한 존재로 봐주지 못했던 것 같다. 내 아이들을 보는 시선도 존재 자체의 소중함을 잃어버릴 때가 많았다. 이번 수업을 통해 나는 본질적으로 내가 어떤 사람인지를 깨닫는 것이 나의 자존감을 높이는 일이고, 더 나아가 나다운 삶을 사는 첫 걸음이라고 생각했다.

"당신은 누구입니까?" "왜 당신은 그 일을 합니까?"

이 두 가지 질문은 나의 본질을 찾는 비밀의 문이라고 생각했다. 그리고 뉴저널리스트 아카데미 식구들은 이 문을 발견한 사람들일 것이다. 이 질문에 대한 답이 명확할 때 우리는 다른 사람도 있는 그대로 받아들일 수 있는 마음이 될 것이라고 본다. 내가 소중하듯 타인도 그만큼 그 존재 자체로 소중함을 알게 되었기에 말이다.

이 기초작업이 제대로 이루어진 후에 기술이 접목되어야만 진짜 가장 나다운 작품을 만들어낼 수 있을 것이다. 뉴저널리스트 아카데미가 그렇다고 기술을 다루지 않는 건 아니다. 우리는 다양한 플랫폼과 앱을 경험했다. 우리는 기술 자체를 연마하려고 그 플랫폼과 앱을 접한 것이 아니라 서로 연결되기 위한 하나의 툴로서 기술을 사용하고 있었다. 나는 이것이 진짜 웹 3.0시대를 제대로 이해하는 과정이라는 생각을 하게 됐다. 기술이 먼저가 아니라 나다움과 소통이 먼저임을 알고 필요시 언제든 기술을 가져다 쓸 수 있는 역량을 만들어 나가는 것 말이다. 이것이 가능하다면 우리는 2025년을 막연히 두려워하는 사람이 아니라 2025년의 주역이 될 것을 기대하는 트웬티 파이버스 25ers가 될 수 있지 않을까?

진정한 배움의 목적을 잃지 않는 사람들: 트웬티 파이버스25ers
송동향

이번 아카데미 수업을 처음에는 나를 위한 배움이라고 했지만 어쩌면 타인의 잣대에 나를 맞추기 위한 공부는 아니었을까 하는 생각을 했다. 배움은 지식의 깊이 이전에 나를 들여다 보고 나의 잠재적 능력 이상의 가치를 만들어 내는 것이다. 자신의 깊은 내면의 성장을 만들어 가는 것이 진정한 배움이다. 나는 깊이 있는 나의 성장을 위한 배움의 기회를 계속해서 만들어 갈 것이다.

프런티어 정신은 아무도 걸어가지 않는 길을 두렵지만 묵묵히 걸어가는 스피릿이다. 처음엔 프런티어의 과정들이 낯설었다. 이런 배움은 처음이라 포기하고 싶은 마음도 들었다. 새로운 것을 만드는 일은 엄청난 자신과의 싸움을 동반한다. 나는 이 싸움을 두려워하지 않아야 한다는 것을 배웠다. 두려움을 이겨내는 트웬티 파이버25er가 나는 되었다고 생각했다.

도전정신과 꼭 하겠다는 마음: 트웬티 파이버스25ers로 이어져
하민혜

인공지능은 평생을 학습해도 모자랄 지식 수준은 물론 감정 지능까지 지니고 있다고 한다. 지금처럼 롤 플레잉에 매달려 주변에 묻혀 살아간다면 곧 인간의 존엄성까지 위협받게 되는 것이 인공지능 시대다. 낡은 물건을 버리고 새 물건을 사듯 인간이 대체 가능한 존재가 되는 일은 막아야 한다. 눈에 보이지 않는 내면의 성장이 가장 필요한 시점이다. 트웬티 파이버스25ers는 인간성을 회복하도록 도우며 인공지능에 대체되지 않는 지성을 키우는 일에 힘을 싣는 사람들이다.

피할래야 피할 수 없는 변화 앞에, 우리는 아우라를 꺼내고 옥석을 가려내는 눈을 키워야 한다. 그것이 트웬티 파이버스25ers의 사명이고 존재의 이유다. 우리 모두 트웬티 파이버스25ers가 될 수 있다. 아무것도 보장되지 않은 미국 서부로 향했던 이들이 지녔던 것은 돈이나 기술이 아니었다. 기회를 잡는데 필요한 것은 오직 도전 정신과 잘해내리라는 용기였다.

2025년에 꽃을 피울 트웬티 파이버스25ers
정은애

온몸에 기운이 빠지고 의욕을 상실하게 되었을 때 나는 프런티어 정신과 뉴저널리스트 공부를 하며 회복이 조금씩 되어감을 느꼈다. 그리고 지금까지와는 다른 새로움을 찾아 고민을 하던 중 나는 새로운 아이템을 찾게 되었다. 바로 '트웬티 파이버스25ers'다. 당장 이익은 없어도 미래에 잘될 것을 기다리며 실망스러운 결과가 나와도 다시 일어서는 게 트웬티 파이버스25ers 정신이다. 나는 내가 가는 길에 혼자가 아닌 동료가 있다면 금상첨화가 아닐까 하는 생각이 들었다. 배움을 '의意'로 실천하는 프런티어 정신을 놓지 말아야겠다. 2025년에 꽃을 피워낼 트웬티 파이버 정은애를 응원한다.

●

금광을 캐내어 가는 트웬티 파이버스25ers
김지원

지금 당장 이익이 없고, 눈 앞에 보이지 않아도 묵묵히 어려운 일을 해내는 사람들이 트웬티 파이버스25ers다. 우리의 높은 가치들은 눈으로 확인되지 않는다. 내가 나의 자녀들을 사랑하는 마음의 크기, 나의 열정, 믿음 등은 눈으로 보이지 않지만 중요하고 힘든 것을 견딜 수 있는 힘을 준다. 나는 항상 10년 뒤의 내 모습을 자주 그려본다. 그러면 지금 힘든 일들을 끈기있게 견디는 힘이 생기게 된다. 새로운 개척의 길은 험난하고 외롭다. 박병기 교수는 미래교육을 향한 열망으로 지난 2016년부터 한국 생활을 시작하였지만, 돌아오는 건 비난과 의심, 비웃음, 공격이었다고 했다. 그때 마음이 어땠을까 생각하니 안타까운 마음이 들었다. 포기하지 않았던 박병기 교수의 남다른 열정과 헌신에 박수를 보내드리고 싶다. 지금 하나씩 금광을 캐어나가는 것처럼 함께 할 사람들을 만나고, 진행되는 모든 것에 희망이 가득하다고 그는 말했다. 험난한 여정이 기다리고 있지만, 2025년에는 우리 모두 꽃을 피워 열매를 맺게 될 트웬티 파이버스25ers가 될 것을 생각하니 기쁘다.

뇌가 말랑말랑해질 트웬티 파이버스25ers
김영은

뉴저널리스트 아카데미 박병기 교수의 강의방식 자체가 미지의 세계의 무엇이었다. 정말로 낯설었다. 뉴저널리스트 아카데미 1기가 처음 시작할 때 우리는 줌Zoom에서 수업을 받았다. 수업에서 뉴저널리스트들은 소그룹으로 연결해 서로의 소감을 발표했다. 낯설고 신기한 경험이었다. 그리고 과제가 영상을 만드는 일이었다. 여기에 토론을 통해 생각을 정리해서 말하는 것, 합의점을 찾기 위해 의견을 하나로 모으는 것, 디스코드Discord를 사용하여 5분 동안 두 명을 초청해 강의하는 것, 블로그, 인스타그램, 트위터에 과제 링크를 다는 것, 과제를 노션에 공유하고 협업하는 것 등등.

우리는 단순 과제를 한 것이 아니라 새로운 것을 창조했다. 과제를 단순히 하는 게 아니라 창조하는 일처럼 느껴졌던 것이다. 나는 '이것이 진정한 공부이지'라고 생각했다. 그러면서 '우리의 자녀, 즉 미래의 주역들이 이렇게 공부해야하는데'라고 생각했다. 나는 설레이고 쿵쾅쿵쾅 심장이 뛰는 경험을 뉴저널리스트 아카데미에서 했다. 나는 20년간 아이들의 놀이교육을 한 교사다. 우리가 했던 과제가 창의성과 문제해결능력을 향상시킨다는 걸 너무나 잘 아는 1인이다. 교사주도의 수업으로는 아이들의 뇌가 말랑말랑해지지 않는다.

진정한 배움의 즐거움을 느끼는 트웬티 파이버스25ers
최선영

나는 주부로서 육아를 하며 정신없이 보내다가 경력이 단절된 여성이 되었다. 웹 2.0 시대에 SNS 분야에 뒤늦게 합류했지만 적응하기 쉽지 않았다. 온힘을 다해 노력했지만 나와 맞지 않는 듯하다는 생각이 들었고 뒤늦게 합류한 것이 핸디캡이었다. 그리고 나는 웹 3.0 시대를 선점하기 위해 뉴저널리스트 아카데미에 합류했다. 선점이 얼마나 중요한지를 알기에 중요한 시도였다. 뉴저널리스트 아카데미 수업과정이 나에게 매순간 도전이었다. 나의 성향과 맞지 않는 시도를 해야 했기 때문이다. 하지만 시간이 지나면서 박병기 교수의 수업방식에 합당한 이해가 되고 그게 맞는 방향이라는 것을 알게 되었다. 나는 자연스럽게 더 노력하게 되었다. 중략 미래저널을 쓰면서 평소 생각하는 것이 잘되지 않았는데 수업을 받으며 생각이 많아졌다. 이런저런 생각들, 가족관계, 인간관계에서의 반성들 등등. 저널링을 하면서 많이 솔직해졌다. 신기한 것이 나를 똑바로 객관적 시선을 넣어 바라보기 시작했다. 가족들도 돌아보게 되었고, 부모님도 생각하게 되었고, 자주 만나지 못해 소홀했던 나의 소중한 친구들 생각도 많이 났다. 저널링이 왜 중요한지 왜 매일 써야 하는지 내가 직접 느끼고 깨달았다. '이게 진정한 배움이구나'하고 감탄했다. 중략 뉴저널리스트 아카데미에서 배우면서 불투명한 미래이지만 다른 어떤 것들을 공부할 때보다 마음 편안하고 믿음직하고 나다운 그런 느낌이 들었다. 좋은 분들과 좋은 가치를 향해 함께 나아가기에 가능했던 것 같다. 트웬티 파이버 25er가 되기 위해 주변 사람들 말에 휘둘리지 않고 내 길을 꿋꿋이 갈 것이다. 끝까지 뉴저널리스트 아카데미에 남아 함께 트웬티 파이버 25er가 될 것이다.

We are the frontiers
정선월

내 나이 20대 초반이었다. 소리엘이란 CCM가수의 'We are the frontier'라는 제목의 음반 테이프가 인상적이었다. 그때 많이 놀랐던 기억이 있다. 그 글귀를 처음 접하고 두 배의 시간이 흘러 2022년 박병기 교수로부터 홍익인간, 프런티어 정신이란 말을 들었다. 20대 때 기억이 새록새록 솟아 올랐다. 온몸에 전율이 느껴졌다. '이렇게 달려온 분이 계시구나.'라고 생각했다. 외로움과 인정받지 못함을 견뎌내야 하는 인고의 시간을 버텨낸 박병기 교수의 힘의 근원은 무엇일까? 나는 그것이 궁금해서 뉴저널리스트 아카데미에 합류하게 되었다. 나는 오픈마인드로 살아왔다고 생각했는데 뉴저널리스트 아카데미를 만나고서는 그것도 착각이었음을 알았다. 나는 닫힌 사람임을 깨닫게 되었다. 그리고 나는 내 자신에 대한 만족함이 없이 살았다. 나는 나의 부족함, 소심함, 완벽해지지 않으면 나서려고 하지 않는 마음이 있는 사람이었다. 그래서 늘 앞서기보다는 뒤에 남겨진 사람들을 챙기는 마음으로 살았다. 그런데 이제는 안다. 그런 마음만으로는 프런티어가 될 수 없다는 것을. '내가 프런티어다'라고 표현하기에는 아직 부족함이 있지만 나는 프런티어가 되어가는 과정 안에 있어야겠다는 생각을 했다. 그리고 누군가 무얼해보자고 멍석깔아줄 때 뒤로 빼지 말아야겠다고 생각했다. 그리고 마음의 부정적인 소리를 줄여나가야겠다고 생각하게 되었다. 좋은 습관 만들기라는 틀에 나를 두고 이른 기상, 독서, 운동, 미래저널 꾸준히 쓰기를 시작했다. 어제보다 나은 삶을 위해, 어제보다 나아지는 세상을 응원하기 위해, 그 세상 안에 빛이 나기 위해 함께 손잡고 숲을 보기 위해 트웬티 파이버스25ers가 되기 위해 오늘도 나를 다듬어간다.

●

한알의 밀이 땅에 떨어져…
유수현

멀리 가려면 함께 가라는 말이 있다. 나는 뉴저널리스트 아카데미 안에서 함께 공부하며 함께 이야기 하고 생각을 나눌 때 이전에는 보지 못한 것을 보고 이전보다 생각이 확장되어짐을 느꼈다. 이전에는 프런티어 정신 하면 콜럼버스 신대륙 발견같은 거창한 것만 떠올렸다. 대단한 사람, 특별한 사람만 할 수 있는 일 같았다. 소수의 특별한 사람만 갖는 것이라고 생각했다. 뉴저널리스트 아카데미 수업을 받으며 나는 우리 모두에게는 프런티어 정신이 있고 우리 모두는 프런티어가 될 수 있다고 생각이 바뀌게 되었다. 내가 꿈꾸는 세상으로 바꾸고자하는 마음 그것이 선한 영향력이고 같은 마음을 가진 사람들이 모여 생각을 확장하고 실천할 때 그들이 그 분야의 프런티어 팀이 되는 것이고 그런 사람들로 세상이 변화되기 시작한다는 것을 배웠다.

나는 뉴저널리스트 아카데미와 비슷한 가치관을 갖고 일하시는 다른 분들과도 함께 일하고 있다. 아카데미의 박병기 교수의 말을 들을 때 마다 그곳의 가치가 떠오른다. 그리고 이곳의 가치와 방법이 세상에 전파되고 이 가치가 중심이 됐을 때, 이상적인 세상이 되겠구나 하는 생각이 든다. 경쟁의 프레임속에 개인의 고유성을 인정하지 않고 상처받는 세상에서 모두가 자신만의 능력으로 꿈을 펼치며 사람 냄새나는 서로 돕는 사회를 만들고 싶다는 생각이 든다.

나는 지금 이끌어 주시는 분들로 인해 아무도 관심도 없었던 새로운 길을 걷고 있다. 하지만 이 길이야 말로 선하고 아름다운 세상을 만드는 길이구나 하는 길이라는 생각이 든다. 바꾸고자 하는 마음은 있었지만 능력이 부족한 내게 능력있는 분들이 손을 내밀어 주셔서 '좁은 길로 가길 힘쓰라'는 명령에 따라 그 길을 가는 중이다. 평탄하고 쉬운 길만 가고자 한다면 내가 꿈꾸던 삶은 없다. 한 알의 밀이 땅에 떨어질 때 비로소 상상도 못했던 열매를 맺듯 그 열매를 꿈꾸며 어떤 험난한 길이어도 가리라 다짐하며 오늘도 걷는다.

뇌가 말랑말랑해지는 경험
최경옥

주입식 교육에 익숙해져 있는 나에게 뉴저널리스트 아카데미에서의 소그룹 나눔과 5분 토론은 도망가고 싶은 충동을 일으키게 하는 아주 불편한 시간이었다. 나는 보는 것에만 익숙해져 있는 사람인데 영상 만들기 과제는 화를 넘어서 황당함을 느끼도록 했다. 이전에는 단 한 번도 사용하지 않던 디스코드Discord나 구글 클래스룸, 트위터까지도 연결하며 경험한 네트워크 효과와 거꾸로 읽기는 내 한계를 뛰어넘게 하는 동시에 환희와 절망의 순간들을 넘나든 카오스의 시간이었다. 그 동안 책을 읽고 정보를 받아들이며 '물음표'를 잘 달지 않은 인생을 살았다. 그런데 이 아카데미에서 미래저널과 지정의知情意학습은 내 생각을 정리하고 나의 언어로 재생산하는 '나의 이야기'를 위해 계속해서 질문하게 하고, 다른 사람과 협력하는 집단지성을 키우게 했다. 다시 말해, 앵무새처럼 되뇌이는 단순 복화술에서 벗어나 뇌가 말랑말랑해지고 세상을 바라보는 관점을 변화시켜 준 것이다. 박병기 교수께서 꿈꾸고 있는 독창성과 아우라의 회복, 이를 통한 건전한 생태계 구축을 할 '트웬티 파이버스25ers'가 내 꿈이 될 수 있기를 꿈꿔 본다.

두려워하며 기다리기보다 준비하는 것에 감사
전주영

나는 뉴저널리스트 1기 1단계가 끝나고 수료식에 참석하기 전에는 솔직히 2단계는 나에게 맞지 않는 길이라 생각했다. 고민 끝에 2단계에 참여했고 2단계가 시작되면서 박병기 교수는 더 깊은 것들을 알려주고 노션, 트위터, 페이스북, 디스코드Discord에 과제링크와 글을 올리라고 했다. 그는 협업지성 저널리즘을 하는 것을 과제로 내어주었다. 한가지 주제에 대해 다양한 생각과 자료들이 모아지면 더 완벽한 저널리즘이 된다고 그는 강조했다. 실제 그랬다. 다른 사람의 의견을 읽으며 공감하고 내가 생각치 못한 것을 깨달으며 생각이 확장됐다. 그리고 전에는 듣지도 보지도 못한 과제를 했다. 책을 거꾸로 읽기, 왼손으로 저널링 하기 등을 과제로 내어 주셔서 이를 시도해보니 새로웠고 나의 뇌의 다른 회로가 움직이는 것을 느꼈다. 인공지능 시대가 왔고 앞으로 어떤 세상이 올지 상상하기 무서웠지만 가만히 기다리는 것보다는 이렇게 준비할 수 있는 것이 감사했다. 무엇보다 인공지능과 공존할 수 있는 세상을 꿈꾸고 프런티어 정신으로 세상에 기여할 수 있는 기회를 주셔서 감사하고 설렜다. 한국에 오셔서 6년 동안 묵묵히 한 길을 걸어오신 박병기 교수님과 동기분들에게 감사하다.

선친의 독립운동 DNA가 내 안에 솟구치다
안소영

나는 내 안에 있는 DNA가 이끌어가듯 또는 나의 몸에 흐르고 있는 피가 이끌어가듯 개혁의 자리에 들어와 있다. 혼자 가는 게 아니라 미래교육에 앞장서는 뉴저널리스트 아카데미와 함께 있다. 프런티어 정신을 바탕으로 선한 영향력을 주고자 뜻을 함께 하는 사람과 함께 있다. 올바른 개척의 길은 마음만으로는 만들어질 수 없다. 체계적인 시스템과 연구가 뒷받침 되어야 하며 갈등이 있을 때 그 갈등을 해소 하는 정신까지 있어야 한다. 개척을 하는 것은 단순히 봉사를 하는 것이 아니다. 내가 살아 있는 이유이며 풍성하게 누린 삶에 대한 감사의 회답이다. 미숙하지만 지금부터 시작이다. 2025년의 트웬티 파이버스25ers를 가슴 벅차게 만낄 할 것을 상상하고 감동과 함께 감사의 눈물을 흘리며 오늘도 개척자의 피를 느끼며 미래의 개척에 동참할 것을 선언한다.

생방송 중인 트웬티 파이버스 드라마
전용선

나는 뉴저널리스트 아카데미의 깊은 여정 중에 있다. 미국에서 한국으로 돌아와 외로운 길을 걸었던 박병기 교수의 손을 뉴저널리스트 아카데미 1기 수강생들이 잡았다. 박병기 교수가 '트웬티 파이버'의 길을 홀로 걸었을 때 얼마나 외롭고 힘들었을까? 지금 우리에게는 미래에 대해 알려주고 또한 미래에 대한 준비도 알려주는 교수자가 있고 함께하는 동기가 있다. 그래서 미래를 준비하는 수고가 버거운 가운데 즐겁다.

뉴저널리스트 아카데미 과정은 단계별로 이동1단계, 2단계, 3단계하면서 좀 더 깊고 다양한 배움과 경험을 하도록 한다. 3단계로 가면 1, 2단계에서 쌓은 우리의 수고에 미래기술이 접목된다. 3단계에서는 인공지능 기술을 직접 체험할 수 있다. 트웬티 파이버스25ers는 미래에 대한 글귀에서만 머무르는 사람이 아니고 직접 체험하며 수고하며 인내하며 미래를 준비하는 사람들이다.

뉴저널리스트 아카데미 1기로서 우리가 박병기 교수의 손을 잡은 것처럼 트웬티 파이버스의 길을 걷고 있는 우리들의 손을 잡고 함께 갈 사람들이 지금 나의 눈에 안 보여도 어디인가에 있을 것이다.

트웬티 파이버스25ers의 인생은 생방송 중이다.

●

가보지 않으면 모르는 길 트웬티 파이버스25ers의 길
장선영

2022 칸 영화제에서 남우 주연상을 탄 송강호 배우는 인터뷰에서 자신은 "영화제에서 상을 타기 위해 연기를 해온 것은 아니고 끊임없이 연기에 도전해온 결과 상을 받게 된 것"이라고 말한 바 있다. 그의 도전정신이야말로 트웬티 파이버스25ers 정신이 아닌가 하는 생각이

들었다. 트웬티 파이버스25ers가 되기 위해서는 자신이 가는 길에 대한 확신을 갖고 있어야 한다. 트웬티 파이버스25ers는 지금 당장 눈에 보이는 결과나 성과가 없더라도 계속 꾸준히 걷는 자이다.

서울역에서 18년 동안 거리에서 노숙생활을 하던 사람이 내가 속했던 공동체의 봉사 활동을 통해 노숙생활을 청산하고 노숙인들을 도우며 살아가는 모습을 본 적이 있다. 나는 그때 생각을 바꾸면 사람은 반드시 변할 수 있다는 것을 알았다. 고정관념과 편견을 내려놓고 행동을 하다보면 눈에 보이지 않는 것이 보인다.

경험하지 않으면 모르고, 가보지 않으면 가물거리는 길, 트웬티 파이버스25ers의 길도 그러했다. 이제 생각의 한계를 넘어 다가올 미래의 새로운 세상을 만나기 위해서는 새로운 도전, 행동을 해야 함을 잘 안다. 오랫동안 바뀌지 않던 생각을 바꾸고, 우리에게 한계가 없음을 알고, 부정적인 생각을 긍정적으로 전환하며 행복한 삶을 살아가는 것, 그리고 그 방법을 사람들에게 공유하는 것, 그것이 트웬티 파이버 25er로서 내가 나아가야 할 삶의 방향이다.

내가 누구인지를 아는 것에서 출발해 나를 이해하고 타인을 이해하는것, 나를 사랑하듯 내 주변의 사람들을 사랑하는 것으로 연결된다. 트웬티 파이버스25ers는 도전을 통해 시작할 용기를 가지고 생각한 것을 바로 실행에 옮기는 사람들이다.

3년짜리 적금을 들었다고 생각하자
김영태

2025년. 3년 후의 오늘. 언뜻 들으면 아직 먼 시간이듯 하지만, 반대로 뒤돌아서 3년 전인 2019년을 생각하면 그리 먼 시점이 아니다. 초행길을 처음 갈 때의 체감 시간과 돌아올 때의 체감 시간이 다른 것처럼, 지난 시간과 마주할 시간의 느낌 차이일 수도 있겠지만, 어쨌든 3년이라는 시간은 그리 먼 시간은 아니다. 내가 만약 3년 전에 무언가를 계획하고 꾸준히 해왔다면, 지금 모습은 어땠을까? 조금은 더 좋은 모습이지 않았을까?

요즘 '출발점'과 '도착점'에 대한 이야기를 자주 듣고 생각하는 시간을 갖는다. 원하는 지점에 도달하기 위해서는 현재 지점의 위치를 명확하게 알아야 한다. 내가 원하는 목표가 있다면 현재 내 상태와 위치를 명확하게 파악해야 한다는 거다. 그리고 꾸준히 이어갈 무언가를 선정하고 실천하는 게 필요하다. 트웬티 파이버스25ers 이야기를 들으면서 다음과 같이 생각했다. '그래! 3년짜리 적금하나 들었다고 생각하자!' 지금까지 적금 만기를 채운 적이 거의 없었다. 의지 문제일 수도 있지만 형편이 그리 좋지 않았기 때문에 어쩔 수 없었다. 하지만 지금 드는 적금은, 내 의지와 시간 그리고 노력만 하면 되니 해볼 만하다는 생각이 든다. 이번 적금은 정말이지, 중간에 깨질 말고 끝까지 도달해서 만기상환을 받도록 하자!

미지의 세계를 담대히 걸어가는 사람: 25ers
홍송은

미래에 대한 막연한 두려움으로 나는 코딩, 빅데이터, NFT, 주식, 유튜브 등 요즘 핫하다는 것을 배우기 시작했다. 기술을 많이 배우면 배울수록 마음속에 두려움이 가득했다. 왠지 더 배워야만 미래가 보장될 것만 같았다. 그러다가 우연히 알게 된 커리어 코치로부터 뉴저널리스트 아카데미를 소개받았다. 처음에는 NFT와 웹 3.0을 배우기 위해서 도전했다. 더 새로운 기술을 배울 것 같았던 이 교육에서는 미래저널 쓰기, 지정의知情意학습이 주된 교육으로 진행됐다. 여태까지 배워보지 못한 과목이었기 때문에 신선한 충격이었다. 뉴저널리스트 아카데미 1기 1단계 수업을 둘째를 품에 안고 밤낮으로 열심히 달렸다.

2단계, 3단계로 가면서 협업해서 글 쓰고, 토론하고 내 생각을 말하고, AI 기술을 배웠다. 그러나 나와 타인에 대해서 잘 모르기에 따라가기가 벅찼다. 이 교육을 시작했을 때 박병기 교수께서 미래저널과 지정의知情意학습을 강조한 이유를 알 것 같았다.

AI를 활용한 글쓰기, 번역, 책 쓰기, 영상 만들기, 채팅하기, 그림그리기 등을 이 과정에서 배웠는데 이 내용들을 알아두면 내 삶이 더 풍족하고, 잘만 활용하면 빠른 시간에 좋은 결과물을 낼 수 있겠다는 생각이 들었다. 하지만 AI를 활용하기 위해서는 '나는 누구인가'를 아는 것이 중요하다. 깨닫고, 느끼고, 실천하면서 AI와 협업해야 한다. 그리고 인격적으로 대해야 AI도 더 나에게 친절하게 대한다. 메타버스 툴인 이프랜드에서 인플루언서로서 한 달 동안 NFT 책 한 권을 밋업하면서 공부했다. 처음에는 이미 앞서가는 분들의 책의 내용을 따라 하다 보면 나도 NFT 전문가가 될 수 있다고 생각했다. 하지만 NFT 역시 작가들만의 세계관과 그 가치관이 높아서 구매로 이루어지는 것을 발견했다. 작품보다는 사람을 보는 것이었다. 박병기 교수께서 강조하시는 미래저널 쓰기와 지정의知情意학습을 꾸준히 해야 미래의 시대에 거대한 파도 속에서 서핑할 수 있을 것 같다는 것이 현실로 다가왔다.

트웬티 파이버스25ers는 당장 눈에 보이지 않지만, 미지의 세계를 담대히 걸어가는 사람들이다. 박병기 교수께서 지금까지 담담하게 걸어와 주셨고 나는 뉴저널리스트 NJA 1기와 함께 가고자 한다. 육아로 인해 하루하루가 고되게 다가오고 포기하려는 순간 함께 가자며 손을 내밀어준 지연님 선월님 여러 동기에게 감사의 말씀을 전한다.

25ers
트웬티 파이버스

Chapter I

Chapter I:
웹 3.0 시대가 원하는 기본 철학

"사람이 이룰 수 있는

가장 위대한 발견, 가장 놀라운 일은,

그가 해내지 못할까 두려워하던 일을 사실은

해낼 수 있다는 사실이다."

-헨리 포드-

들어가는 말

사람은 왜 배우는가? 사람은 얻은 지식을 어느 시기가 되면 기억하지 못하거나 일부밖에는 기억하지 못하는데도 왜 고생해서 배우고 지식을 얻으려 하는가?

히로나카 헤이스케는 '배움이라는 노력을 통해 지혜를 얻기 위해서'라고 이 질문에 답한다. 배움을 통해 지혜를 얻고 그로인해 창조적인 삶을 사는 것이라고 그는 부연한다. 창조하는 인생이야말로 최고의 인생이라고 그는 강조한다.

창조의 기쁨이란 무엇일까? 자기 안에 잠자고 있는 재능이나 자질을 찾아내는 것이다. 즉, 새로운 나를 발견하고 그것을 통해 자신을 깊이 이해하면서 기쁨을 누리는 것이 진정한 배움이다.

4차 산업혁명시대, 웹 3.0시대가 이미 우리 코 앞으로 다가왔다. 대부분의 사람은 여전히 인공지능, 빅데이터, 사물인터넷, 메타버스, 블록체인, NFT 등 기술적인 용어들이 생소하다. 이런 용어들을 듣기만 해도 "아! 몰라몰라"라고 말하며 고개를 흔드는 사람이 대부분이다. 이제까지 알고 있던 지식을 기반으로는 도저히 이해할 수 없는 신 기술, 신개념이기 때문에, 전 세계 사람들이 모두 새로 태어난 기분으로 어린 아이가 되어 용어 익히기, 개념 정리부터 다시 해야 하는 상황이다.

우리는 지레짐작 겁을 먹고 '이 나이에 내가 뭘 또 배울 수 있을까?'라는 생각으로 새로운 시대를 아예 이해하려 들지 않는다. 쳐다보지도 않는 경우가 허다하다. 그런데 내가 쳐다보던, 아예 보지 않던 세상은 계속 진화한다. 그것이 '프롤로그'에서 소개했던 토인비가 말한 문명사회의 모습이다. 문명사회는 원시사회와는 다르게 과거의 것을 모방하지 않고 미래의 것을 향해 질주한다. 문명사회에서 웹 3.0 시대는 우리 삶으로 다가오게 된다.

우리는 선택해야 한다. 문명사회인으로 살지, 아니면 원시사회인으로 살지. 어떤 것을 선택하든 괜찮다. 다만 그 선택의 결과는 크게 달라지게 된다.

"사람이 이룰수 있는 가장 위대한 발견, 가장 놀라운 일은 그가 해내지 못할까 두려워하던 일을 사실은 해낼 수 있다는 사실이다."

자동차의 왕 헨리 포드의 이 명언은 우리에게 도전과 희망을 준다. 사실 우리는 정체 모를 두려움에 사로잡혀 있는 경우가 대부분이다.

아직 일어나지도 않은 일이 일어날까봐 미리 걱정하고, 행여 도전한 것이 실패로 끝날까봐 걱정한다. 그러나 정작 우리가 두려워 해야하는 것은 망설이다가 결국 아무것도 시도하지 않는 것이다.

누구나 실패할 수 있다. 그리고 실패가 많을수록 좀 더 현명한 방법으로 다시 시작할 수 있는 기회가 생긴다. 실패를 두려워하지 않고 계속 도전하며 미래의 문을 끊임없이 두드리는 사람은 결국에는 새로운 세상의 주인공이 될 수 있다.

이 챕터에서는 앞이 전혀 보이지 않는 미래를 두려워하지 않고 그 길을 향해 한 발자국이라도 내딛기를 결심한 사람들의 이야기를 담고 있다.

또한, 다가올 미래에 대해 불안해하고 두려워하는 마음이 있지만, 그렇기 때문에 더욱 변화를 마주하고 그 속으로 전진해보기로 마음먹은 사람들의 생각이 소개된다.

변화라는 말馬에 올라 타기로 마음먹은 사람들은 개척자로 불린다. 없는 길도 만들어내는 개척자 정신은 웹 3.0시대를 준비하는 사람들에게 필요한 가장 중요한 덕목 중 하나이다.

아직도 마음먹는 것조차 어려워하는 사람들에게 미래에 대한 막연한 두려움에서 벗어나 변화를 기대하는 사람으로 삶의 방향을 조금이라도 바꾸어 갈 수 있는 계기가 되기를 기대한다. 도전하는 사람들의 이야기를 들어보자.

머무를 것인가, 도전할 것인가
유수현

4차 산업혁명 시대에 떠오르는 기업 하면 테슬라가 가장 먼저 생각 난다. 테슬라는 자동차와 모바일의 만남을 뛰어넘어 차 안이라는 컨텍스트에 맞춘 서비스를 계획하고 있다. "지금까지 운전자는 운전하는 동안 운전에 집중해야 했기 때문에 음악을 듣는 것이 전부였지만, 앞으로 자동차 산업은 자동차 안에서 어떤 여가활동을 할 수 있게 할 것인가의 싸움으로 진행될 것"이라고 했던 안유화 교수의 말이 생각 난다.

이러한 싸움에 일론 머스크와 같은 천재들만 참여하게 되는가. 평범한 우리는 기여할 것이 없는가. 우리는 도전의 상황에 우리를 넣어야 하는 것인가, 평범한 삶을 그대로 살아가야 하는 것인가. 우리는 새로운 도전에 응하며 우리의 생각을 공유하고 나눌 수 있어야 한다. 집단 지성 테스트 결과에서도 알 수 있듯이 평범한 사람들이 모여 갖고 있는 생각을 나누고 서로 융합할 때 한두 명의 천재가 생각한 것보다 더 좋은 것을 끄집어낼 수 있다.

문제는 대부분의 사람이 이러한 방식에 익숙해져 있지 않다는 것이다. 그런 일은 천재나 큰 기업이 할 일이고 우리는 그저 수동적인 태도로 살아가는 게 맞다고 생각하는 사람들이 대부분이다.

특히 웹 3.0 시대나 4차 산업혁명 시대에 우리는 지금까지는 없었던 길을 향해 나아가기 때문에 더욱 험난해 보인다. 때로는 넘어질 것으로 생각하는 사람이 많다. 이럴 때 트웬티 파이버스25ers가 중요하다. 이들은 익숙하게 해왔던 방식만을 고집하면서 익숙함이 편하고 안전하다고 느껴 변화하지 않는 사람이 아닌 새로운 것을 적극적으로 맞이하며 변화하려는 사람들이다. 트웬티 파이버스25ers가 되는 것은 옵션이 아니라 필수다. 트웬티 파이버스25ers가 되지 않으면 식민지 시대 피지배국과 같은 결과를 맞이하게 될 것이라는 것은 역사속에서 이미 수도 없이 증명되었다. 우리는 새 시대를 맞이하면서 나를 변화시키기로 결단하고 파격적인 의사결정을 해야 한다. 가지 않은 길에 발을 내디딜 때 신대륙을 발견하는 것처럼 우리는 역사를 다시 쓰는 주인공이 될 수 있을 것이다.

세계는 지금도 디지털화에 따라 새로 만들어지는 공간에서 영토 전쟁을 하고 있다. 눈에 보이지 않는 증강 세상에서 예전보다 더 활발하고 치열하게 총성없는 전쟁을 벌이고 있는 것이다. 우리는 선택해야 한다. 머무를 것인가? 아니면, 도전할 것인가?

다시 강조하지만 이 길은 아무도 가보지 않은 길이라 찾는 이가 적고 자갈밭의 길이다. 그러나 인내하며 나아갈 때 이 길의 끝에 있는 열매를 손에 넣을 수 있다. 멀리 가려면 함께 가라는 말이 있다. 트웬티 파이버스25ers들이 함께 길을 걸어가면 함께 열매를 맛보게 될 것이다.

이전에는 프런티어 정신 하면 콜럼버스 신대륙 발견같은 거창한 것들이 떠올랐다. 대단한 사람, 특별한 사람만 갖고 있는 정신이라는 생각을 했다. 그것은 '소수의 특별한 사람만 갖는 것'이 아니다. 우리 모두에게는 프런티어 정신이 있다. 특히 한국 사람에게 내재된 도전정신이 있다. 우리 모두는 프런티어가 될 수 있다.

나는 뉴저널리스트 아카데미의 트웬티 파이버스25ers들과 함께 일하고 있다. 뉴저널리스트 아카데미의 가치와 방법이 온세상에 전파되고 이 가치가 세상의 중심이 됐을 때, 이상적인 세상이 되겠구나 하는 생각이 든다. 극심한 경쟁구도에서 개인의 고유성이 인정되지 않는 세상에서 자신만의 능력으로 꿈을 펼치며 사람 냄새나는 서로 돕는 사회가 만들어질 수 있음을 우리는 꿈꾼다.

나는 지금 이끌어 주시는 분들로 인해 아무도 관심조차 가져주지 않는 새로운 길을 걷고 있다. 하지만 이 길이야말로 선하고 아름다운 세상을 만드는 길임에 틀림없다는 확신이 든다. 평탄하고 쉬운 길만 가고자 한다면 내가 꿈꾸던 삶은 없을 것이다. 한 알의 밀이 땅에 떨어질 때 비로소 상상도 못했던 열매를 맺듯이 그 열매를 꿈꾸며 어떤 험난한 길이어도 가리라 다짐하며 오늘도 걷는다.

미래의 중심 바로 너, 나, 우리

전용선

미래를 어떻게 준비해야할까? 어떤 미래가 온다는 것일까? 요즘 화두가 되는 메타버스, NFT, 기후변화, 소득의 양극화, 인공지능은 미래와 연결된 단어들이다. 이와 관련하여 많은 책이 나오고 많은 강의가 쏟아져 나온다. 나는 이와 관련한 책도 읽고 여러 형태의 강의도 들었다. 그리고 2022년 나는 특별한 과정에 들어갔다. 뉴저널리스트 아카데미라는 과정이다. 처음에는 뉴저널리스트 아카데미 교육과정의 모든 것이 낯설었다. 이 교육에서 자주 거론되는 미래저널, 지정의知情意학습, 뉴저널리스트라는 내용과 그 개념이 낯설었다. 구글 클래스룸, 디스코드Discord와 같은 툴도 새로웠다. 24주의 과정이 끝난 후 돌아보니 완벽하지 않으나 나는 새로운 것에 익숙해져 있었고 변화도 있었다. 낯섬이 익숙함으로 내면화되는 과정이었기에 얼마 전 시청한 TV프로그램에서 어느 배우에 관한 질문이 유독 귀에 들렸다.

출연자는 배우의 길을 접고 다른 길을 선택한 사람이었다. 배우라는 직업을 가졌던 당시를 되짚어보면서 선배 배우가 다음과 질문을 했다. "배우를 하려는 이유가 무엇이었나?" 이 질문에 그 전직 배우는 즉시 답을 못하고 멈칫했다. 그리고 그에게서는 의외의 답이 흘러 나왔다. 배우로서의 개인 역량을 키우기보다 스탭들과의 친목 도모에 관심을 뒀다는 것이었다. 친목도모는 배우로서 가치와 본질에서 벗어난 것이라는 사람들의 평가에 그 전직배우는 스탭들과의 친목이 배우가 할 일

중에 가장 중요한 일이었고 그에 대한 후회는 없다고 말했다.

뉴저널리스트 아카데미에서 '왜 그 일을 하는가'라는 질문을 접했다. '왜 그 일을 하는지를 정확히 아는 것은 매우 중요하다.'고 했다. 나는 뉴저널리스트 아카데미 과정을 수행하면서 이 질문에 대한 답이 조금씩 확장되었다. 일을 하는 이유는 인생의 단순한 목적을 이루는 것에만 있는 것이 아님을 나는 발견했다. 이 질문에 답하면서 나는 다른 사람의 삶과 조화롭게 연결되기 시작했다. 내 삶을 통해, 내 일을 통해 세상에 선한 영향력을 끼치고 싶어졌다. 또한, 나는 내가 일하는 이유를 돈을 넘어선 더 높은 가치를 이루는 것으로 확장시키고 있었다.

건국대 박창규 교수는 4차 산업혁명시대를 주도하는 사람이 되기 위해서는 근면과 성실함 뿐 아니라 혁신, 개척, 도전정신이 필요하다고 강조했다. 또한, 시키는대로 하는 사람이 아닌 세상의 주인이 되는 사람이 필요하다고 그는 부연 설명했다. 박창규 교수가 말하는 세상의 주인이 된다는 것의 의미는 무엇일까? 내가 생각하는 세상의 주인은 세상의 변화에 끌려다니지 않고 세상의 변화에 민감하게 반응하며, 그 변화를 나와 접목하는 사람이다. 그렇게 하기 위해 해야 할 일이 많다. 디지털 역량도 쌓아야 하고, 기술도 공부해야 한다. 하지만 그보다 더욱 중요한 것은 평균치의 잣대로 나를 평가하지 않는 나만의 독특성을 가지고 살아가는 삶이다. '새로운 지식과 기술을 받아들여 나만의 아우라를 창조해 내는 것'이 바로 미래시대의 주인이 되는 방법이다. 나는 트웬티 파이버스25ers의 일원으로서 격변하는 사회속에서 새로운 것을 유연하게 받아들이며, 가장 나다움을 발견하기 위해 매일 깊이 성찰하고 배움과 실천을 통해 인공지능으로 대체될 수 없는 리더로 성장하고자 한다. 가보지 않은 길이지만 두렵지는 않다. 뉴저널리스트 아카데미의 동기들과 함께 길을 걸어가며 서로에게 좋은 영향력을 미치고, 함께 성장하며 다양한 좋은 기술들을 잘 이용해서 좋은 문화, 좋은 생태계, 좋은 세계관, 좋은 철학을 만들어갈 수 있을 것이라 기대한다.

한 사람, 한 사람이 정말 중요하게 여겨질 수 있도록 트웬티 파이버스25ers인 우리가 열린 생태계를 준비하는 리더로 우뚝 성장해 나갈 수 있을것이라 믿어 의심치 않는다.

●

진정한 배움을 잃지 않는 트웬티 파이버스25ers
김지원

'개척자'의 사전적 의미는 거친 땅을 일구어 쓸모 있는 땅으로 만드는 사람이다. 나는 가난한 지방 변두리 농가에서 자랐다. 나의 부모님은 말 그대로 흙을 파고 농작물을 수확해 생계를 이어가는 개척자였다. 세월이 흘러 논밭이 무성하던 촌동네가 재개발 도시로 탈바꿈하였다. 삶이자 터전인 곳에서 묵묵히 농사짓던 동네 어른들은 다 엄청난 부를 거머 쥐었다. 반면, 귀가 얇고 자신만 옳다고 생각하시는 나의 아버지는 일찌감치 외부인들에 현혹되어 헐값에 몇 만평을 넘겨준 상태였다.

내가 직접 경험한 첫 번째 의미의 개척자는 이처럼 어려움을 참고 견디는 자이다. 또 다른 개척자의 의미는 새로운 영역, 운명, 진로 등을 앞장 서서 열어 나가는 사람이다. 나는 누구보다 가난한 환경에서 벗어나고 싶었고, 꽉 막힌 사고로 자녀의 날개를 일찌감치 꺾어 버리는 아버지에게서 벗어나고 싶었다.

그로 인해 결핍에서 오는 열망과 함께 개척의 마음을 마음 속 깊숙이 키웠던 것 같다. 현실이 녹록치 않은 20~30대를 거쳐 자녀를 키우면서도 많은 도전과 실패를 거듭하면서 나는 개방적이었고 새로운 것에 호기심이 많았다. 그래서 심리공부, 미술, 예술경영 등 꿈 실현을 위한 공부를 놓지 않았다. 그리고 코로나19 발발 이후 급변한 생활 방식을 경험하고, 낯설지만 웹 3.0의 미래를 준비하는 선두주자가 되기로 결심하였을 때, 해야하는 첫 번째가 앞으로 변화에 대해 알아가는 공부였다.

나는 새로운 기술인 블록체인과 NFT에 대하여 커뮤니티 활동을 통한 배움을 동시에 진행했다. 혼자보다 커뮤니티 안에서의 활동이 중요하고, 여러 분야의 사람들과 협업, 상황 맥락 능력, 공감과 배려 등 인간적인 능력이 오히려 강조되고 있기 때문이다.

온라인에서의 공동체 활동은 수동적인 자세에서 벗어나 능동적으로 참여하는 자세가 되어야 하고, 이것은 새로운 것의 습득이며 자신을 개척하는 일 중 하나이다.

기존의 방식으로 미래를 맞이하기에는 우리에게 닥친 위험한 요소들이 너무나 많다. 지구 온난화 등 기후 변화가 심각하고, 그로 인한 식량 문제, 전쟁, 경제 침체와 인플레이션이 동시에 닥쳐오고 있고, 신생 기술의 여러 가지 큰 이슈로 많은 어려움이 한꺼번에 몰려오고 있다. 그러나 이러한 어려움이 지나고 나면 곧 꽃이 피는 시절이 다시

올 것이란 것을 믿는다.

웹 3.0에 관한 공부는 막연한 불안감을 해소시켜 준다. 나는 다양한 미래 예측 도서와 자료 영상 등을 접하면서 눈에 보이지 않는 가치를 알아보고 프런티어가 되기로 결심하였다. 그 중 뉴저널리스트 아카데이의 교육은 4차 산업혁명 이후, 인공지능AI이 절대 이루어 낼 수 없는 일을 하는 것에 집중되어 있다. 그래서 지정의知情意학습, 서번트 리더십 등 인간다움을 키워내는 교육을 진행한다. 이 가치를 진정 알게 된다면 미래를 두려워하지 않고, 한 발 앞서 나가는 선두주자가 될 것으로 나는 생각한다.

2025년을 기대하는 트웬티 파이버스25ers 개척자가 되기로 결심한 후 나는 다양한 사람과의 연결이 무엇보다 중요하다고 생각했다. 혼자보다는 그룹과 커뮤니티 안에서 정보를 공유하고 활동을 강화하고, 함께 이뤄갈 선한 미래의 꿈을 실현시키기 위해 협력하는 것이 중요하다. 그리고 동료가 되어 서로 진실한 관계로 도움을 주고받을 때 성공의 커다란 열매를 맺을 수 있다는 것을 잊지 않으려고 한다.

진정한 나다움을 찾는 길: 뉴저널리스트 아카데미
최경옥

웹 3.0으로 인해 출렁이는 거센 파도를 즐기는 자가 될지 그저 관망하는 자가 될지를 선택해야 하는 기로에 우리는 서 있다. 인간의 지능을 뛰어넘는 인공지능 시대에 '나다움'을 잃지 않고 잘 살아낸다는 건 어떤 의미일까? 무엇이 나다움이고, 어떻게 해야 나다움과 가까이 다가가는 것일까? 지금의 삶을 유지하며 안전을 추구하는 것이 나다운 것일까? 끊임없이 새로움에 도전하며 '실패와 일어서기'를 반복하는 것이 나다운 것일까? 이러한 질문이 쏟아져 나온다.

돌아보면 호기심과 새로움에 대한 성장욕구가 강하지만 불우했던 어린시절로 인해 나는 실패에 대한 두려움과 불안으로 앞으로 나가는 걸 망설였다. 바로 위의 언니에겐 유모가 있었지만 4년 뒤에 태어난 나는 동네 길바닥에서 잠을 청하기 일쑤였던 기억 저편의 트라우마로 가난의 상황을 끔찍하게 싫어하는 안정주의자가 됐다. 물고기 잡는 법을 가르치기 보다는 가시까지 발라 먹여주시던 조부모님, 그 덕에 경제적으로 가족을 책임지지 못했던 아버지, 그 사이에서 무릎으로 자식들을 위해 헌신하다 일찍 돌아가신 엄마. 하고 싶은 공부, 가고 싶은 학교에 진학하지 못하고 어렵게 배움의 욕구를 충족해야 했던 나는 나의 자녀에게는 하고 싶은 공부를 지원해 주지 못해 안타까워하지 않겠다는 굳은 결심을 인생목표로 삼았다. 그래서 변화와 성장, 큰 파도가 두려웠다. 그런 내가 언제부터인가 타인이 아닌 내 안

의 변화와 성장에 대해 더 큰 관심을 갖게 되었음을 발견했다

　아이들을 잘 가르치기 위해 집중되었던 지출은 나의 대학원 지출로 일정부분 바뀌었고, 이를 통한 취업과 기관장 승진까지 나는 나를 성장시키는 프런티어로서 삶을 살았다. 프런티어의 삶이 안정이란 울타리에서 유유자적하고 있을 때 웹 3.0의 바람이 거세게 불었다. 모두가 플랫폼의 주인이고 가상공간에서 수익을 창출하고 온라인 빌딩을 짓는 N잡러가 되어야 한다는 '미래예측 폭풍우'가 거셌다. 내가 올라탈 파도는 무엇인지, 어떻게 올라타야 할지 자꾸 두려워졌다. 그래서 여기저기 발을 담그고 공부를 했다. 그러다 나는 우연히 뉴저널리스트 아카데미를 만났다. 이곳에서는 이해되지 않는 표현이 쏟아졌다. 홍익인간과 프런티어 정신이라는 표현. 전에 들어는 봤지만 이 표현이 지나칠 정도로 강조되었고 새로운 길이 계속 제시되었다. 불편했다. 주입식 교육에 익숙해져 있는 나에게 소그룹 나눔과 5분 토론은 도망가고 싶은 충동을 일으키게 하는 아주 불편한 수업 방식이었다. 보는 것에만 익숙해져 있는 나에게 영상 만들기 과제는 화남과 황당함 그 자체라고 생각했다. 이전에는 단 한 번도 사용하지 않던 디스코드 Discord나 구글 클래스룸, 트위터까지도 연결하게 하는 과제가 있어 절대적인 혼란의 시간을 지나갔다. 여기에 책을 거꾸로 읽게 하는데 이는 나를 한계점으로 도달하게 했다. 지금까지는 책을 읽고 정보를 받아들이며 '물음표'를 잘 달지 않은 인생을 살았다. 그런데 이 아카데미에서의 미래저널과 지정의知情意학습은 내 생각을 정리하고 나의 언어로 재생산하는 '나의 이야기'를 계속해서 쓰게 하고 다른 사람과 협력하는 집단지성을 키우게 했다. 다시 말해, 앵무새처럼 되뇌이는 단

순 복화술에서 벗어나 머리가 말랑말랑 해지고 세상을 바라보는 관점을 변화시켜 준 것이다. 뉴저널리스트 아카데미에서 제시한 우리만의 독창성과 아우라의 회복, 그리고 이를 기초로한 건전한 생태계 구축이 나의 꿈이 되기를 기대하고 있다.

●

새 시대의 리더로 성장하는 삶
정선월

　요즘 아침마다 함께 운동하는 이웃이 있다. 그 이웃 덕분에 혼자 가지 못할 오솔길도 찾아가 보고, 길이 없는 맹지이지만 도랑을 따라 지나가보기도 한다. 주인 없는 땅의 오디와 산딸기도 그냥 지나치지 못한다. 말그대로 새로운 시도를 하고 있다. 그 시도속의 마지막은 늘 감탄이다. '어머, 이런 길도 있었네, 물가를 벗어나 숲속에 거북이가 있는 이유는 무엇일까?', '콘크리트 길에 생긴 발자국은 새일까 닭일까?', '이 숲에 뱀은 없을까?' 등의 여러 질문을 서로 하게 된다. 이는 어린아이들이 할 만한 질문이 아닌가?

　그런 질문과 답을 서로에게 하다 보면 자연의 신비에 놀라게 된다. 함께 할 수 있는 이웃이 있다는 것에 감사함을 느끼게 된다. 그 길을 걷다보면 주변인들이 따라온다. '거기로 가면 뭐가 있나요? 저 열매는 무엇인가요? 저는 이 길로 가봤는데 더 좋은 광경을 볼 수 있어요'라며 좋은 장소를 소개해주기도 한다. 함께 그 길에 동참하는 사람이 많아진다.

'연결'이 중요한 사회라고 말한다. 처음엔 연결을 어떻게 해야 하는지, 두려움이 많은 나는 어떻게 시도해 볼 수 있는지 염려가 많았다. 박창규 박사는 '컨텍스트를 수집하고 파악하고 대응하는 자가 미래를 지배한다'고 했다. 그는 이어 '세 번에 걸쳐 산업혁명이 있었지만 우리는 그 주역이 되지 못했다. 새롭게 시작되는 4차 산업혁명에서는 조력자나 관객에 만족하지 않고 리더십을 발휘할 수 있는 존재로 부상해야 한다'고 강조했다. 한국교육개발원에서 제안하는 리더십의 구성요소에는 목표달성능력, 재창조능력, 통솔력, 인간관계능력, 목적의식이 있다고 한다.

목표달성능력의 하위요소는 목표달성능력, 자기능력개발노력이 있고, 재창조능력은 재창조의지, 성찰능력, 리더십이 있으며, 통솔력은 리더십, 표현능력, 설득력으로 나뉘며, 인간관계능력은 사교능력, 역지사지능력, 도덕성 그리고 목적의식은 비전, 목적의식 유무의 하위요소로 나눈다. 이 분류를 보는 순간 뉴저널리스트 아카데미에서 추구하는 자성지겸예협을 갖춘 리더십이 생각났다. 자성지겸예협은 자발성, 성실성, 지속성, 겸손함, 예절, 협동심이다. 미래의 리더를 꿈꾸는 자가 포티나이너스49ers가 되었던 것처럼 뉴저널리스트를 훈련을 받는 우리는 그러한 리더로 훈련받아 머지않아 도래할 2025년 트웬트파이버스 세상에 큰 영향력을 펼칠 자25ers라는 기대감이 들었다.

우리는 3차산업혁명을 거쳐 4차 산업혁명으로 진입하는 시기에 있다. 4차 산업혁명의 사회가 개인맞춤사회라고 불리고 있는 가운데 우리는 3차산업혁명시대의 '모두맞춤'에 따라 정형화된 사고를 하고 있다. 틀에 박힌 않은 사고를 하지 않는 것이 새로운 시대를 살아갈 사람에게 필요한 자세인 것 같다.

우리는 미래 사회를 향해 걸어가는 사람들이다. 이를 위해 우리 각자는 매일 성찰하는 노력을 하고 있다. 미래저널 쓰기와 지정의 知情意 학습을 통해서 말이다. 처음에는 왜 써야하는지, 왜 머리 아픈 생각을 해야 하는지, 왜 낯선 상황을 마주해서 마음이 힘들어야 하는지 등 불편한 마음이 많았다. 그러나 이런 과정없이 새로운 세상을 만들어 가거나 이끌어갈 사람은 나오지 않는다는 것을 이제는 안다. 큰 변화가 오고 있는 이 시점에 세상을 유익하게 할 자, 경쟁보다는 끌어주고 밀어주며 함께 살아가는 삶의 가치를 아는 자들, 그런 가치를 내재한 사람들이 이렇게 함께 하고 있다는 것은 크나큰 힘이다.

●

확신을 가진 사람은 기꺼이 두려움을 감수한다
이지윤

1849년은 미국인들에게 아주 특별한 의미가 있는 해이다. 미 서부의 강가에서 모래와 섞인 금이 발견된 것이 1848년 즈음이다. 이듬해인 1849년은 노다지를 찾아 서부로 가는 인파가 몰리기 시작한 해이다. 골드러시가 서부 개척의 시대를 연 것이다. 미 동부에서뿐만 아니라 유럽, 중국 등에서도 사람들이 몰려들었고, 이들은 포티나이너스 49ers로 불렸다. 포티나이너스는 오늘날에는 '안 가본 길을 가는 개척자'라는 뜻으로도 사용된다. 이렇게 '모험을 기꺼이 감수하는 개척자 정신'의 기운은 오늘날 혁신의 중심지인 실리콘 밸리의 탄생으로 이어졌다. 구글, 애플, 페이팔, 스페이스X, 테슬라 등은 전 세계에 막대한 영향을 미치고 있는 기업들이다. 이런 기업들은 대부분 실리콘 밸리에서 시작했고 현재도 수많은 인재들이 이 지역으로 몰려들어 도전과 실패를 거듭하며 더욱 혁신적인 기술을 만들어내고 있다.

아무도 가본 적이 없는 길을 걸어가야 한다면, 당신은 어떤 기분이 들겠는가? 솔직히 두려움이 가장 클 것이다. 그리고 두려움에 이어 함께 따라오는 감정은 아마도 외로움이 아닐까 싶다. 가보지 않은 길은 남들이 선뜻 발을 내딛지 않을테니 소수의 사람들이 걸어가는 외로운 길일 것이다. '내가 가는 길이 맞는가? 혹시 나만 실패하는 것은 아닐까?'라는 두려움 때문에 많은 사람들은 다수가 함께 가는 넓은 길을 선택하고 그 속에서 안도감을 느끼곤 한다.

그런데 내가 가 본 적은 없지만, 적어도 그 방향이 맞다는 확신이 있다면 어떨까? 아마도 많은 도전과 실패를 거듭하겠지만 그 우여곡절을 잘 견디어낸다면 분명 그 길을 개척한 사람들에게 주어질 유익은 엄청날 것이다. 현재 나는 뉴저널리스트 아카데미 동기들과 함께 4차 산업혁명 이후에 펼쳐질 미래 사회를 개척하기 위한 길을 걷고 있다. 우리는 빠른 기술의 발전과 더불어 인간과 인공지능이 공존하는 사회가 우리 앞에 펼쳐졌을 때 어떠한 사회를 만들어갈 것인가를 고민하며 3년 후 2025년을 준비하는 트웬티 파이퍼스25ers이다.

많은 사람이 기술의 습득이 미래 사회를 준비하는 것이라고 말한다. 하지만, 나는 수많은 기술과 미디어들이 쏟아지는 환경에서 진짜 나를 찾지 못한다면 도리어 인공지능의 지배를 받으며 살아가게 될 것이라고 생각한다. 뉴저널리스트 아카데미에서 계속 묻는 '당신은 누구입니까?', '왜 당신은 그 일을 합니까?' 이 두 가지 질문은 나의 본질을 찾는 비밀의 질문이라고 생각한다. 뉴저널리스트 아카데미 동기들은 이 질문을 기본으로 생각한다. 인간의 본질을 앞세워 미래사회의 기술과 어우러져 선한 영향력을 미치고, 개개인의 독특함과 초월성이 빛을 발할 수 있는 생태계를 만들고자 하는 꿈을 우리는 가지고 있다.

그 꿈을 이루기 위해서는 '나를 아는' 기본 작업이 제대로 이루어진 후에 기술이 접목되어야만 한다. 뉴저널리스트 아카데미에서 우리는 나를 알아가는 기초작업 뿐 아니라 기술적인 부분도 또한 접했다. 우리는 다양한 플랫폼과 인공지능 앱을 다루면서 연습을 했다. 특이한 점은 우리는 기술 자체를 연마하려고 그 플랫폼과 앱을 접한 것이 아니라 서로 연결되기 위해 하나의 툴로서 기술을 사용했다는 것이다. 나는 이것이 진짜 웹 3.0시대를 제대로 이해하는 과정이라고 생각했다. 기술이 먼저가 아니라 나다움과 소통이 먼저임을 알고 필요시 언제든 기술을 가져다 쓸 수 있는 역량을 만들어 나가는 것 말이다. 이것이 가능하다면 우리는 우리가 꿈꾸는 기술을 활용한 인간 중심의 연결 생태계를 만들고, 2025년을 막연히 두려워하는 사람이 아니라 2025년의 주역이 될 것을 기대한다. 우리는 도전과 모험, 실패를 즐길 줄 아는 진정한 트웬티 파이버스25ers가 될 수 있지 않을까?

생각의 한계를 뛰어넘어 용기있는 도전자가 되자
장선영

남이 가지 않는 길을 개척하는 사람들의 특징은 '용기있는 도전자'라는 것이다. 도전이라는 단어를 들으면 나는 마음이 설렌다. 새로운 시도, 새로운 경험은 나에게 가슴뛰는 삶을 선물하기 때문이다. 용기있는 도전자가 되기 위해서는 먼저 도전하고자 하는 목표를 설정하고, 그것을 위해 어떤 행동을 할 것인지, 혹시 지금까지 그 목표를 이루기가 어려웠다면 왜 그러했는지를 정확히 분석하고 나를 객관화하는 연습이 필요하다. 또한, 용기있는 도전자가 되기 위해서 자신의 생각에 한계를 짓지 말아야 한다.

나는 평생 내 자신이 몸치라고 생각했다. 그런데 최근 춤을 배우면서 알아차린 것은 춤을 추는 시간이 늘어날수록 춤 실력이 는다는 것이다. 나는 처음부터 춤을 못추는 사람이었던 것이 아니라 춤을 잘 추기 위한 절대적인 시간과 노력을 쏟은 적이 없었기 때문에 춤을 못춘다고 생각했다는 것을 알게 됐다. 춤을 잘 추는 사람은 특별히 재능이 있거나 역량이 있는 것보다는 그만큼 시간과 노력을 쏟은 결과임을 깨닫게 되었다.

웰두잉well-doing을 하면 나는 성장하고 향상한다는 것을 잘 안다. 뉴저널리스트 아카데미는 바로 웰두잉을 하게 하는 곳이다. 나는 이곳에서 미래를 위한 큰 그림을 그리고, 작은 실천을 하고, 저널링을 통해 삶에 대한 경이와 감사함으로 충만한 행복을 느끼고, 내가 무엇을 어떻게 행동할 것인지 매일 성찰을 한다. 이런 사람들이 바로 미래 사회의 리더인 트웬티 파이버스25ers라고 나는 생각한다. 트웬티 파이버스25ers는 '자신을 아는 사람'들이라는 전제로 시작한다. 트웬티 파이버스25ers는 자신에 대한 깊은 성찰과 자신을 이해하고 사랑하는 마음을 가진 사람들이다. 트웬티 파이버스25ers는 선한 마음을 가진 사람들이다. 트웬티 파이버스25ers는 봉사를 통해 사회에 공헌하고 헌신하는 사람들이다.

나는 그동안 마음치유센터에서 몸과 마음이 아픈 많은 이들을 만났다. 그곳에서 나는 거의 모든 마음의 문제는 자신의 생각이 만들어낸 결과라는 것을 알게 되었다. 명상을 통해 나는 본성의 마음을 알아가기 시작했고, 있는 그대로의 내 모습을 사랑하고 받아들이는 연습을 하며 봉사활동을 시작하게 되었다.

나는 홀몸 어르신, 암환우, 장애인, 노숙인 등 다양한 취약계층 사람들을 만나 소통했다. 특히 서울역에서 노숙인들과 소통할 때에는 두려운 마음이 앞섰다. 혹시 이들이 나에게 해를 끼치지는 않을까 하는 생각도 들었고, 게으르고 일도 안하며 나태하기 짝이 없는 저런 사람들을 왜 도와야 하는가 라는 의문도 생겼다. 동시에 주변의 부정적인 시선과 사회적 편견에 우리는 맞서야했다.

그러다가 서울역에서 18년 동안 노숙생활을 하던 사람이 내가 하는 봉사활동을 통해 노숙생활을 청산하고 그곳의 사람들을 도우며 살아가는 모습을 보게 되었다. 나는 그분의 모습을 보면서 '생각 하나를 바꾸면 사람은 반드시 변할 수 있다.'라는 것을 실감하게 되었다. 이후 나는 많은 노숙인들과 친구처럼 지냈다. 고정관념과 편견을 내려놓고 행동하다보면 내가 보지 못했던 세상이 보임을 경험했다. 웰빙이 아니라 웰두잉으로 깨달은 일들이다. 노숙자분들과의 만남을 통해 배운 것처럼 내가 경험하지 않으면 모르고, 가보지 않으면 모르는 길이 트웬티 파이버스25ers의 길이 아닐까 한다.

나는 이제 생각의 한계를 넘어 다가올 새로운 세상을 만나기 위해서 편견을 내려놓고 새로운 도전을 결심하고 작은 행동을 시작하기로 했다. 나는 오랫동안 유지했던 생각을 바꾸고, 내게 한계가 없음을 믿고, 부정적인 생각을 긍정적으로 전환하고, 행복한 삶을 살아가기로 했다. 그리고 그 방법을 사람들과 공유하는 것이 트웬티 파이버25er로서 내가 나아가야 할 방향이라 생각했다.

앞서 나눴지만 그 시작은 '내가 누구인지'를 아는 것이다. 나를 이해하고 타인을 이해하는 것, 나를 사랑하듯 내 주변 사람들을 사랑하는 것으로 시작한다.

나를 아는 것은 다음과 같은 상황에서 중요한 것 같다. 새로운 것에 도전할 때 두려운 마음이 올라오고 '이걸 내가 할 수 있을까?' '귀찮은데 왜 해야 하지?' '실패하면 어떡하지?' '바보같아 보이지는 않을까?' '내가 이것을 계속 할 수 있을까?' 등의 생각이 떠오른다. 또한, 다른 사람들이 나를 비웃을까봐, 다른 이들에게 비난받을까봐 불안한 마음이 들 때도 있다. 그럴 때 나를 들여다보는 것이 중요하다. 깊게 호흡하며 긍정확언과 자기암시를 통해 내 잠재의식에 '나는 할 수 있다. 반드시 해내고야 만다. 하면 된다.'라고 새겨보는 것이다. 나는 반드시 나를 혁신한다고 선언하고, 기존의 생각과 감정에서 벗어나 나의 강점을 최대한 끌어내는 긍정 멘탈을 탑재해본다.

그리고 생각의 근력을 기르기 위해 꾸준한 운동, 독서, 명상, 스트레스 관리를 함께 병행하면서 내가 나를 지지하기 시작할 때 분명 나는 도전을 성공으로 이끌어낼 수 있는 멋진 트웬티 파이버25er가 될 것으로 믿는다.

●

21세기의 배를 띄우는 자
장선영

뉴저널리스트 아카데미에서 상세히 소개된 박창규 박사에 의하면 4차 산업혁명 시대는 '엄마 기계'의 시대이다. '엄마 기계'란 엄마의 특성을 가진 각종 시스템, 장치, 소프트웨어 등을 총칭한다. '엄마'는 자녀의 옷을 만들 때 자녀의 성향, 선호도, 주변 상황 등을 고려해서 최적화된 옷을 만들어주는 존재이다.

엄마는 자녀의 컨텍스트 즉 의도, 맥락, 환경 등을 고려해서 섬긴다. 엄마는 막연히 보편적으로 좋은 옷을 만드는 자가 아니다. 엄마는 자녀의 상황컨텍스트에 따라 가장 좋은 옷을 만들어주려고 한다. 4차 산업혁명이 가져올 변화의 핵심은 다음과 같다. '이전에 불특정 다수를 위한 보편타당한 가치를 지향하던 것이 각기 다른 수요자의 컨텍스트에 따른 차별화된 가치를 지향하는 것으로 바뀐다는 것'.

4차 산업혁명의 본질은 보편적, 절대적, 일반적인 가치를 지양하고 상황에 맞고 특성에 맞고 개인에 맞는 주관적인 것을 중요시하는 것이다. 4차 산업혁명 시대에는 일반적인 정의보다는 개인화된 '나'와 '우리의 상황'에 맞는 정의가 필요한 것이라고 박창규 박사는 강조한다.

박창규 박사의 말을 마음에 품고 과연 '우리의 상황'은 무엇인지 살펴보았다. 2025년에 꽃을 피울 것을 미리 기념하여 박병기 교수는 뉴저널리스트 아카데미 원우들을 '트웬티 파이버스25ers'로 불렀다. 2025년은 얼마 남지 않은 시간이지만 우리가 체감하지 못하는 기술의 변화는 급속도로 이루어지고 있다. 인공지능과 잘 어울려 살아가려면 인간지성을 키워야 된다고 박 교수는 강조한다. 만약 내가 뉴저널리스트 아카데미에 들어오지 않았다면 4차 산업혁명을 별다른 준비없이 맞이했을 것이다. '우리의 상황'을 몰랐을 것이다. 그러나 이곳에 들어와서 책을 읽고 공부하면서 새로운 시대를 준비하게 되었다. '우리의 상황'을 알게 되었다. 새로운 시대에는 나에 대해 더 잘 알아야 하고, 내가 읽고 본 것을 지정의知情意로 표현하고 실천하는 것이 중요하다는 것을 알게 되었다. 그게 '우리의 상황'이고 이런 상황에서 과연 어떻게 인공지능과 더불어 살아야 하는지를 배우는 곳이 뉴저널리스트 아카데미다.

4차 산업혁명 시대를 준비하는 다른 사람들은 단순 기술 습득에 열을 올리고 있다. 그러나 기술 습득 이전에 자신을 알아가고, 사람을 알아가고, 컨텍스트를 아는 것이 더 중요하다. 뉴저널리스트 아카데미에서는 연결과 컨텍스트를 알기 위해 트위터, 페이스북, 노션, 디스코드Discord 등을 사용하고 있다. 처음 써보는 앱과 플랫폼이 많았지만 우리는 꿋꿋이 새로운 것들을 배워나갔다.

대항해시대에 무모한 도전으로 지원을 거절당한 콜럼버스는 다음과 같은 말을 많이 들었다고 한다. "그게 말이 돼?" "불가능해!". 그러던 중 "가능하다"고 말하는 이사벨 여왕의 탁월한 지원 아래 콜럼버스는 신대륙을 향해 배를 띄었다. 그리고 콜럼버스는 아무도 가지 않았던 항로를 선택하여 출항해 미지의 신대륙에 제일 먼저 깃발을 꽂는 데 성공했다. 물론 당초 목적은 황금을 캐오는 것이었지만 기대조차 하지 않았던 황금의 땅이란 거대한 대륙을 그는 발견했다. 이런 대항해 시대의 신대륙의 발견은 콜럼버스 딱 한 사람만 출항해 가능한 일은 아니다.

콜럼버스 이전에도 수많은 출항을 했을 것이고 대부분의 많은 배들이 실패했을 것이다. 성공의 열매는 실패를 두려워하지 않고 계속 배를 띄우는 자들이 거두는 것이다.

21세기의 배를 띄우는 자들이 바로 트웬티 파이버스25ers이다. 그들은 새로운 생태계의 주인이 되어 규칙을 정하고 환경을 지배하는 생태계 창조자가 되고자 한다.

그들은 새로운 플랫폼 기반의 생태계를 만들기를 원한다. 아무도 가보지 못한 미지의 신대륙을 발견하는 것과 같이 그들은 새로운 생태계를 발견하고자 한다. 콜럼버스의 항해가 전형적인 하이리스크, 하이 리턴 비즈니스인 것처럼 우리도 그와 비슷한 길을 걷고 있다.

박병기 교수에 의하면 '트웬티 파이버스25ers'의 특징은 당장 눈에 보이고 손에 잡히지 않아도 미지의 세계를 담대히 걸어가는 사람들이다. '트웬티 파이버스25ers'는 미래 세계에 어떻게 살아야 할지가 보이는 사람들이다. '트웬티 파이버스25ers'는 극도의 어려운 상황을 인내하며 버텨내는 사람들이다. 그리고 당장의 이익이 없어도 기다리는 사람들이다. 그들은 2025년에 선두 주자가 된 것에 대한 열매를 누릴 사람들이다.

아우라 유니브NFT 플랫폼 그리고 뉴저널리스트 투데이온라인 언론사에서 생태계를 창조하기 위해 준비하고 있고 나도 뉴저널리스트가 되기 위해 배우고 있다. 앞으로 내가 어떻게 성장해 있을지 설레고 기대된다.

●

'같이'의 가치를 함께 나누는 선구자들
김영태

비가 오면 어릴 때 놀던 기억이 떠오른다. 그때는 서울이라고 해도 흙바닥 천지여서, 비가 오면 바닥에 물이 군데군데 고였다. 그러면 친구들끼리 나무 가지나 뾰족한 돌을 가지고 모였다. 빗물이 흐를 수 있는 길을 만들었다. 여기저기서 파기 시작한 길은 한곳으로 모이게 했다. 대체로 지대가 낮은 곳으로 흐르게 해서, 하수구 쪽으로 빗물이 향하도록 했다. 나름 배수排水시설을 만들었고나 할까? 비를 맞으며 그렇게 만들고 나면, 우리는 대단한 일을 한 것처럼 뿌듯해했다.

빗물이 흘러가는 곳은, 우리가 파놓은 길이다. 빗물은 파인 곳으로만 흘러간다. 우리가 파지 않은 곳으로는 흘러가진 않는다. 파인 깊이보다 빗물의 양이 많으면 넘치기는 하나, 그렇지 않은 이상, 파인 곳으로만 흘러간다. 새로운 길을 만들지 않으면 파인 길로만 간다. 빠르게 흘러가는 빗물을 보면서, 우리가 낸 길로만 가는 것이 신기하기도 했다. 누군가 새로운 길을 내야, 지금까지 흘러가던 물길이 바뀌었다.

우리는 어떤 목표가 생기면 의도한 행동을 하기 시작한다. 빗물을 하수구 쪽으로 흐르게 하자는 목표에 따라 길을 내는 것과 같다. 그렇게 계속 의도한 행동을 하게 되면 파인 길처럼 습관으로 자리 잡게 된다. 한번 자리 잡은 습관은 관성의 법칙에 힘입어 계속 쭉 흘러가게 된다. 다른 길을 내지 않는 이상 변하지 않는 길처럼….

다른 길을 내야겠다는 생각은 들지만, 그냥 둔다. 여러 이유가 있겠지만, 일단 길을 바꾸는 건 여러모로 힘들고 신경 쓰인다. 해야 할 것 같은데 망설여지는 일이 있었다. 길을 바꿔야 하는 일이었다. 시대에 흐름 때문이기도 했고, 내 상황이 달라졌기 때문이기도 했다. 하지만 망설여졌다.

'내가 할 수 있을까?', '괜히 신경만 쓰이는 거 아냐?', '지금도 그리 나쁘지는 않은데 굳이?', '안 해도 별일이 생기는 것도 아닌데 뭐' 이러한 생각들이 나의 망설임을 더 강하게 짓누르게 되었고 그런 망설여짐이 길을 내지 않아도 크게 체감되는 압박을 적게 만들어 주는 핑계가 되었다. 그렇게 새로운 길을 내지 못하는 계기를 나 스스로가 만들어가고 있었다. 사는 대로, 원래 살던 대로….

하지만 뭔가 허무하기도 하고 아쉽기도 한, 지난 시간이 떠올랐다. '그때, 해야 했는데!'라는 생각이 들었다. 내가 망설임의 끝자락에 하지 않기로 한 일들이, 내 마음을 흔들었다. 왜일까? 관성의 법칙에 순종했기 때문이다. 살아온 관성의 법칙이, 새로운 도전을 허락하지 않았기 때문이다.

새로운 도전은 언제나 나를 향해 노크를 해왔다. 하고 안 하고는 순전히 내 판단에 의해서였다. 조금씩 그리고 하나씩 새로운 도전을 시도하고 있다. 살짝 망설임의 순간에 놓이면, 일단 저지르고 봤다. 갈까 말까를 망설이면서 한 발짝도 떼지 못하고 있으면, 일단 그냥 한 발을 내밀었다. 누군가는 생각하고 행동하라고 했지만, 나는 행동하고 생각하기로 했다. 무조건 부딪히고 보자는…. 새로운 도전 앞에서 만큼은 그래야겠다고 생각했다. 도전하지 못해서 아쉬운 마음을 갖는 건, 이제 그만해도 될 것 같아서다.

2022년 나는 새로운 도전 몇 가지를 했다. 설레기도 하고 긴장되기도 하고 살짝 두려움으로 마음이 조여오기도 했다. 하지만 그 어떤 것도 나 혼자 하는 것도, 나 혼자 할 수 있는 것도 없다는 것을 알게 되었다. 그래서 조금은, 마음의 조임을 풀어놓을 수 있다. 나만의 방식을 고집하지도 않을 거고, 내가 잘해야 할 수 있다는 마음도 내려놓을 거다. 함께 하는 사람들과 마음을 모으고 함께 발맞추어 한 걸음씩 가다 보면, 원하는 곳에 함께 도달해있지 않을까 생각된다.

많은 사람이 생각하지 못한 좋은 결과가 나오면 선구자가 되는 거고, 헛발질한 결과가 나오거나 쪽박을 차면 실패자의 낙인이 찍히게 된다. 어떤 길을 선택하겠는가? 누군가가 나에게 묻는다면 나는 당연히, 보편적인 가치에 손을 들었다. 불과 얼마 전까지는 말이다. 하지만 그렇게 보편적인 가치에 손을 들었다고 달라지는 건 없다는 것을 그동안 수없이 느꼈기에 더 넓은 틀 혹은 틀을 깨는 곳으로 가고 싶다는 열망이 나를 뉴저널리스트 아카데미로 이끈 가장 큰 계기가 되었는지도 모르겠다.

새로운 세상에 홀로가 아닌 함께라는 가치를 매일 조금씩 깨닫고 그 깨달음을 우리의 삶에 녹여 내고 있는 지금 자신을 위한 성공이라는 거대한 꿈보다는 타인과 함께 하려는 소박하지만 찬란한 우리의 가치를 알기에 청기의 삶을 기꺼이 자청하고 그 길을 위해 서로의 따뜻한 미소를 벗삼아 우리가 꿈꾸는 함께의 미래를 지금도 묵묵히 자신의 자리에서 만들어 가고 있는 우리들…. 함께 하기에 행복한 새로운길을 맘껏 즐기는 우리 모두는 서번트 리더십을 가진 행복한 선구자들임이 틀림없을 것이다.

나가는 말

사람은 누구나 한번쯤 다음과 같은 질문을 하지 않을까 싶다.

'나는 누구인가?'

어쩌면 인간으로 태어났다면 평생 이 답을 찾아 나서는 것이 우리들의 삶의 여정일 것이다. 뉴저널리스트 아카데미에 참여한 우리 모두는 어쩌면 이 질문에 대한 답을 찾기 위해 긴 여정을 함께 했을지도 모른다. 웹 3.0 시대를 준비하기 위해 필요한 다양한 기술을 배우고 습득하면서 더 큰 가치를 깨닫게 된 것은 바로 서번트 리더십이었다.

4차 산업혁명시대, 인공지능 시대, 더 나아가 인공지성시대라 일컬어지는 새로운 세계 앞에 뛰어나고 화려한 AI 기술 보다는 타인을 진정으로 섬길 수 있는 섬김의 마음과, 타인과 조화로움을 만들어 갈 수 있는 협업정신, 그리고 새로운 길을 결코 두려워하지 않는 선구자의 길을 당당히 걸어갈 수 있는 인재상을 우리 모두는 가슴깊이 배우고 깨닫는 시간을 가졌다.

지금껏 새로운 세상의 혁명과 변화는 소수의 작은 열정에서 시작되었다고 한다. 뉴저널리스트 아카데미NJA 1기 한명 한명은 뜨겁게 변화될 새로운 세상을 알아가기 위해 큰 목표와 이상을 가슴에 품은 것이 아니라 소박하고 작은 열정으로 세상의 변화에 순응하고 도전하고 싶었고 그 도전의 작은 열정은 트웬티 파이버스25ers로 이루어지게 되었다.

우리는 그 역사의 순간을 함께하고 있으며 앞으로도 함께해 나갈 것이다. 도전은 두려운 것이 아니라 자신의 내면에 숨겨진 무한한 가능성을 발견하고 창조해 나가는 것이다. 그 길을 결코 두려워하지 않는 우리 모두는 트웬티 파이버스25ers임을 잊지 않을 것이다.

25ers

트웬티 파이버스

Chapter II

Chapter II:
연결하라!

> "타인에게 관심을 가지고 마음으로 서로 연결되면
> 우리는 서로를 발견하고 서로를 더 잘 이해하게 됩니다.
> 그렇게 손을 내밀어 세상을 조금이라도 아름답게 만드는 데 도움이
> 될 수 있습니다."
>
> <어린 왕자와 다시 만나다> 중에서

들어가는 말 (김영태)

아이디어를 내는 방법에는 여러 가지가 있다. 그중 하나가 연결이다. 어떤 연결일까? 불편함의 연결이 있고, 장점끼리의 연결이 있다. 그리고 전혀 연관이 없는 것과의 연결이 있다. 물론 이보다 더 다양한 연결이 있겠지만, 가장 대표적인 연결은, 이 세 가지로 정리될 수 있다. 이런 연결에 도움을 받아 우리는 조금 더 편리하고 더 나은 삶을 살아가고 있다. 앞으로도 더 다양한 연결을 통해, 우리 삶의 질은 더 향상될 것으로 기대된다. 그 사례를 하나씩 살펴보자.

첫 번째, 불편함의 연결이다.

지금 이 글을 읽은 사람 중 99.9% 이상이, 대부분 사용한 도구다.

뭘까? 바로 지우개가 달린 연필이다. '사랑을 쓰려거든 연필로 쓰세요'는 노래 가사는, 지우개를 염두에 두고 한 말이다. 하지만 문제는, 그렇게 찾는 지우개가 잘 보이지 않다는 사실이다. 누구나 한 번쯤 이런 경험이 있을 것이다. 한참 지우개를 찾다가 간신히 찾았는데, 어라? 지우고 다시 쓰려던 내용이 기억나지 않는다. 고구마 몇 개를 한번에 먹은 느낌이다. 그깟 지우개가 뭐라고! 필자가 어릴 때는 지우개가 달린 연필이 흔하지 않았다. 내 기억으로는 그렇다. 그래서 지우개를 잃어버리지 않겠다는 다짐으로, 실을 이용해서 연필에 묶었다. 좋은 아이디어라 자축했는데, 오래 지나지 않아 불편해서 다시 풀었다. 이와 비슷한 사례도 있다. 포크 숟가락이다. 포크와 숟가락 두 개를 합쳐놓은 도구 또한 참 많이 사용했다. 국물을 뜨면 숟가락에 남는 게 거의 없다는 단점이 있지만 말이다.

두 번째, 장점끼리의 연결이다.

요즘같이 더운 여름, 언젠가부터 사람들이 손에 하나씩 쥐고 다니는 게 생겼다. 요즘은 그에 더해 목에 걸고 다니기도 하고, 목에 걸치기도 한다. 뭘까? 바로, 손 선풍기다. 예전에는 부채라는 전통적인 도구를 들고 다녔다. 더울수록 손놀림은 더 빨라졌는데 희한한 건 그럴수록 더 덥다는 사실이다. 부채를 통한 바람의 세기만큼 팔 운동의 강도도 세지기 때문이다. 선풍기는 가만히 있으면 바람이 나오니 시원하기는 한데, 전원을 연결해야 한다는 단점이 있다. 가장 큰 문제는 덩치가 커서 들고 다닐 생각을 하지 못했다. 여기서 두 가지의 장점이 기가 막히게 만난다. 손에 들고 다닐 수 있다는 부채의 장점과 자동으로 바람을 만든다는 선풍기의 장점 말이다. 그렇게 사람들에게 조금이나마 더위를 씻을 수 있는 도구가 되었다.

세 번째, 전혀 연관이 없는 것끼리의 연결이 있다.

"이봐 해봤어?"라는 말로 유명한 故 정주영 현대그룹 회장은, 기발한 아이디어로 어려운 상황을 이겨내고 역사를 쓰신 분이다. 다양한 일화가 있지만, '비닐하우스 공법'으로 알려진 이야기가 있다. 한파가 몰아닥친 시절, 공사 기한이 임박한 어느 시점에 일이었다. 콘크리트를 만들기 위해서는 시멘트에 물을 붓고 잘 섞어야 한다. 하지만 워낙 추운 날씨라 물을 붓기만 하면 얼어붙었다. 도저히 콘크리트를 만들 수 없는 상황이었던 거다. 모든 사람은 날이 풀릴 때까지 기다려야 한다고 말했지만, 정주영 회장은 생각이 달랐다. "비닐하우스를 쳐라!" 공사장을 다 덮을 만큼 커다란 비닐하우스를 치고 그 안에 불을 때라는 지시가 떨어졌다. 어떻게 됐을까? 인부들은 웃통을 벗고 일을 할 만큼, 열기가 후끈했다고 한다. 전혀 연관이 없는 비닐하우스와 건설을 연결한 사례다.

세 가지 형태에 연결 사례를 보면서 떠오른 문장이 있다.

"문은, 벽이 있어야 만들 수 있다." 생각해보지 않았지만, 정말 일리 있는 말이다. 생각해보라. 벽이 없으면 문은 절대 만들어질 수도 없다. 설사 만든다고 해도 만들 필요가 있을까? 그냥 지나가면 되는데 말이다. 벽이 우리 앞에 주어진 문제라면, 문은 그 문제를 해결하는 통로다. 문제가 있으니, 문제를 해결하기 위해 아이디어를 낸다는 말이다. 아이디어라는 문을 열고 들어가면서, 우리는 조금 더 나은 삶으로 나아간다. 시민들에게 진실을 알리고 스스로 판단할 수 있도록 도와줘야 하는 뉴저널리스트에게, 연결이 필요한 이유도 그렇다. 그 과정에서 오는 많은 어려움과 문제에 대해, 문을 만들고 안내하기 위해서는 아이디어가 필요하다. 연결이 그 아이디어를 만들어내는 데 도움이 된다. 지금부터, 우리나라 기업들이 만든 연결 사례를 소개하고자 한다. 뉴저널리스트 아카데미 멤버들의 과제와 사이트에서 찾은 내용으로 구성하였다. 이 연결 사례를 통해, 우리 앞에 놓인 벽에 어떤 문을 만들지 아이디어를 내는 기회가 되길 바라본다.

새로운 시대4차산업혁명시대는 연결이 주요 핵심어다.

●

무신사의 연결
박지영

무신사는 '무진장 신발을 사랑하는 곳'의 줄임말로 고등학생의 덕질이 국내 최대의 온라인편집숍으로 자리매김하게 된 케이스이다. 무신사는 2001년 패션 커뮤니티로 시작하여 현재는 기업가치 약 2조 원에 달하는 유니콘으로 성장한 국내 최대 온라인 편집숍이다. 신발 마니아였던 조만호 대표는 최신 스트릿 패션과 한정판 신발을 커뮤니티에 공유하면서 팬층을 확보해나갔고 2003년에는 온라인 홈페이지 '무신사 닷컴'을 구축하여 본격적인 회원제 커뮤니티로 성장시켰다. 그리고 2009년에는 직접 의류를 판매하는 온라인 편집숍 사업을 시작했다. 2018년에 매출액 1,000억원을 달성했다.

무신사의 성공비결 중 하나는 커머스와 매거진의 결합이다. 30-40대의 전유물이었던 패션잡지 속에서 10대들의 패션잡지로 그들의 패션 이정표를 제시했다. 기존의 쇼핑만 하던 것에서 벗어나 무신사는 구매와 문화소비까지 하도록 하고, 고객이 쇼핑몰에 체류하는 시간을 늘리고 굳이 구매를 안 해도 매거진을 보기 위해 쇼핑몰로 들어오는 시스템을 만들었다. 무신사 매거진을 통해 신생 회사로서 자연스럽게 홍보하고 '무신사'를 트렌디한 곳으로 인식시켰다. 그래서 수수료가 다소 비싸도 무신사에 입점하려는 브랜드들이 많아지면서 트렌디한 브랜드의 집합소가 되었다. 소비자들은 수고를 덜고, 브랜드는 홍보를 하고, 무신사는 매출 증가라는 일석삼조의 효과를 누렸다.

사실 매거진과 스토어는 다르다. 하지만 둘은 '콘텐츠를 공유'하며 마치 하나의 사이트처럼 사용되었다. 그리고 무신사는 '커뮤니티'에서 시작한 만큼 '커뮤니티'가 활성화되어있다. 그래서 새 옷에 대한 정보나 브랜드에 대한 논의가 활발하게 이루어지며, 제품을 구입한 사람들의 신체 사이즈가 공유되고 많은 후기가 올라와 있는 것도 장점이다. 회원들의 활동과 구매를 통해 축적된 데이터를 반영하여 추천 아이템을 선정하고 패션 컨텐츠에 활용하는 등 컨텐츠와 커뮤니티라는 본질이 상호작용하며 선순환하는 구조는 이제껏 없던 공룡 편집숍 등장의 배경이 되었다.

무신사는 커뮤니티 시절 국내에서는 보기 어려운 한정판 스니커즈 사진 및 스트리트 패션 자료를 대거 올리며 패션피플들을 모았다. 또한, 이들을 대상으로 주기적으로 이벤트를 개최하여 무신사 자체를 1020패피^{패션피플}들의 놀이터로 만들었고, 또한 실력은 있지만 마케팅 및 판매 채널 부재로 힘겨워하던 국내 브랜드들의 마케팅 및 유통을 대행해 주며 여러 국내 스트리트 패션 브랜드를 키워냈다.

나박지영는 '무신사'가 단순히 신발을 많이 파는 곳이라고만 알고 있었는데 조사과정에서 무신사가 구체적으로 무엇을 하는지 알게 되었다. '신발'을 많이 팔아야 하는 신발매장의 상식을 깨고 패션과의 연결, 다양한 패션 브랜드의 연결, 패션에 관심 있는 사람들과의 연결 등을 통해 무신사는 지금의 자리에 섰다. '신발' 안에서만 사고하는 것을 완전히 깨고 의류까지 만드는 온라인편집숍으로 성장한 무신사를 보면서 나도 교사로서 편협된 사고방식 안에서 나의 역할만 생각하고, 수업이나 학생에 대한 고정관념을 갖고 있는 건 아닌지 돌아보게 되었다.

당근마켓의 연결
홍송은

필자가 처음 당근마켓을 이용하게 된 계기는 결혼하기 전 집에 있는 물건을 정리할 때였다. 테디베어, 뜨개질, 유행 지난 지갑, 가방, 책, 미용 제품 등 정말 많은 물건이 있는데, 다 가지고 신혼집으로 갈 수 없었다. 그래서 당근 마켓에서 거래를 하게 되었다. 동네 이웃과 연결하는 중고 직거래 마켓이라는 점이 가장 큰 장점이었다. 내가 파는 입장인데 내 물건을 사고 싶어서 내 집 앞까지 물건을 받으러 오고, 나는 곧바로 현금을 받았다. 택배로 보냈을 때 가장 걸리는 부분이 물건을 보내고 나서 돈을 못 받을까 봐 걱정하는 것이었는데 그런 염려도 필요 없고 무엇보다 수수료도 없다. 품목을 올리는 것도 일 분이면 되고, 물건을 사고 싶을 때는 댓글 한 줄이면 거래가 가능했다.

당근마켓은 아주 사소한 물건이라도 버리지 않고 거래할 수 있도록 나눔의 기능도 넣었다. 나에게 필요 없는 물건이 누군가에게 꼭 필요한 물건이 될 수 있다며 매달 11일 날 '나눔의 날'을 통해 나눔을 한 11명에게 푸짐한 상품을 주는 이벤트를 진행했다. 이는 나눔을 통한 연결이었다. 내가 판 물건 중에는 솜도 있었다. 남동생은 '이걸 누가 사냐'고 했지만 물건은 팔렸다. 누군가는 예전의 나처럼 테디베어를 하려고 필요할 수도 있다.

ESG 기능도 있다. 나 같이 육아를 하는 엄마들은 무조건 새것을 구매하지 않는다. 당근마켓에서 먼저 찾아본다. 그리고 사용이 어느 정도 끝나면 당근마켓으로 판매한다. 사용 기한이 짧은 육아 제품, 나에게 필요 없어진 물건을 중고 거래와 나눔을 통해서 판매하기에 쓰레기가 줄어드는 데 결정적인 공을 세웠다. 그리고 나눔을 하면 내가 누군가에 도움이 되는 것 같아서 뿌듯한 기분도 들었다. 물건을 살 때, 당근 마켓에서 먼저 필요한 것을 검색하는 것은 이제 일상이 됐다.

당근마켓의 연결
- 수수료 없는 개인 간의 중고 직거래
- 동네 이웃과 하는 중고 직거래 마켓
- 30초 만에 사고파는 중고장터
- 직거래'로 안전한 거래

- '매너시스템'으로 믿을 수 있는 거래
- '1:1 채팅'을 통한 자유로운 거래약속
- 매월 11일은 '나눔의 날'
- '전문업자'는 개인 거래를 할 수 없음
- 소상공인을 위한 '지역광고'
- 물건 찜하고 '가격하락 알림'

●

카카오의 연결
김지원

한국에서 연결로 전환해 성공한 회사를 떠올리면 카카오와 네이버가 생각난다. 카카오는 카카오톡이라는 메신저 서비스를 통해 온 국민을 하나로 '연결'하였고, 네이버는 네이버 카페, 블로그, 지식인 서비스를 통한 지식 정보 '연결'로 다음Daum을 제치고 국민 포털이 되었다.

우선 카카오의 연결을 보자. 스마트폰이 대한민국에 막 보급되던 당시, 일반 문자 메시지는 건당 발송비용을 내야하는 유료였고 전화도 유료였다. 카카오에서 스마트폰 메신저 서비스로 출시한 카카오톡은 메시지를 보낼 때 무료 서비스를 제공했고 외국에 있는 한국인들은 카카오톡 보이스로 해외전화를 무료로 이용했다. 여기에 사진과 이미지, 영상, 이모티콘 등을 갖추고 일반 문자보다 많은 기능을 제공했고 PC와 연동이 되었다. 상상을 초월한 '연결'이었다. 한국인이라면 누구나 설치해야 하는 국민앱이 카카오톡이었다. 카카오톡은 사람과 사람의 연결, 서비스간의 연결, 제품간의 연결이 완벽한 바라트 아난드의 '연결 3가지'를 완벽하게 만족시키는 상품이었다고 할 수 있다.

메신저에서 가장 중요한 건 사용자 연결이다. 라인, 위챗, 왓츠앱 등 세계적으로 유명한 외국 메신저가 있어도 내가 연락할 사람이 그 앱을 쓰지 않으면 글로벌 메신저도 소용이 없다. 그렇게 모두를 연결하는 선점을 하자 카카오톡은 거의 독점을 하다시피했다. 다른 메신저 서비스가 아무리 치고 들어와도 카카오톡의 아성은 결코 무너지지 않았다. 스마트폰을 가진 모든 대한민국 사람은 가족, 친구, 동료들이 모두 연결된 카카오톡을 기본 앱으로 설치할 수밖에 없다. 연결 하나로 엄청난 기업이 된 카카오는 카카오 맵, 카카오 페이지, 카카오 페이, 카카오 뱅크, 카카오 택시, 카카오 뷰 등 다른 서비스들까지 연결, 국내 최고의 기업 중 하나가 되었다. '연결'로 패권을 가져간 대표적인 케이스라고 할 수 있다.

카카오톡의 홈페이지 화면에는 다음과 같은 내용이 나온다. "사람과 세상, 그 이상을 연결하는 카카오톡, 전 우주 통신규약을 꿈꾸는 대표 메신저, 언제 어디서나 간편하게 실시간 무료로 즐겨보세요."

연결로 대한민국 IT계를 석권한 대표적인 회사가 카카오. 이 회사는 4차 산업혁명 시대에도 연결하기 위해 인공지능 분야에도 뛰어 들었다.

클래스101의 연결 by 인사이트코리아 이필재 위원 www.insightkorea.co.kr[1]
클래스101은 수많은 교육 콘텐츠를 제공하고 있다. 그들이 가진 자

//////////

1) 인사이트 코리아의 서면 승인하에 게재됨.

체 콘텐츠는 사실상 없다고 볼 수 있다. 실상 교육을 받길 원하는 사람들과 질 좋은 콘텐츠를 가진 사람들을 '연결'함으로 이 회사는 사업을 키워나갔다.

클래스101은 플랫폼 기업이다. 제공하는 제품은 동영상으로 서비스되는 취미 강좌클래스다. 이 회사는 유저가 시청할 만한 강의와 실습용 준비물을 선별해 해당 클래스를 구성한다. '준비물까지 챙겨주는 온라인 클래스-취미를 시작하는 데 필요한 모든 것'이 이 회사의 캐치프레이즈다. 이렇게 콘텐츠와 실습 준비물을 나름의 기준으로 선별한다는 점에서 클래스101은 큐레이션 서비스 기업이기도 하다. 큐레이션은 오늘날 미디어와 비즈니스 세계에서 주목 받는 트렌드 중 하나다. 큐레이션도 '연결' 마인드가 있어야 성공한다.

클래스101이 적용하는 나름의 기준은 고객의 니즈 파악이다. 이 회사는 니즈가 있는 강좌에 '선택과 집중'을 한다. 니즈를 파악하기 위해 강사크리에이터를 섭외한 후 강좌 소개 페이지를 띄우고 정말 개설됐으면 하는 강좌에 대해 잠재적 수강자들에게서 알림 신청을 받는 한편 개설 희망 여부를 파악하는 설문조사도 병행한다. 이들 데이터를 기반으로 만든 지표가 일정 수준이 돼야 해당 클래스를 개설한다. 고지연 클래스101 대표는 "사람들이 실제로 돈을 지불할 클래스만 만든다는 게 우리의 비즈니스 원칙"이라고 말했다.

그는 덧붙인다. "콘텐츠를 잘 만들어 파는 게 아니라 잘 팔릴 만한 콘텐츠를 선별해 강좌를 만드는 거죠. 우리는 팔고 싶은 강좌가 아니라 사람들이 실제로 시청하겠다며 돈을 지불할 강좌를 개설합니다. 이때 해당 취미생활에 필요한 준비물을 수강권과 결합해 함께 팔아요.”

고 대표는 “사전 조사 후 막상 우리가 섭외한 크리에이터들이 강의 준비에 공연히 실속 없이 시간과 노력을 들이겠다 싶으면 동영상 제작에 들어가기 어렵겠다고 통보한다”고 말했다.

'세상에 없던 서비스'로 새로운 가치 창출

취미 앱인 클래스101이 이 서비스를 출시하기 전까지 이는 '시장에 없던 서비스'였다. 그런 뜻에서 클래스101은 새로운 시장을 창출했다고도 할 수 있다. 클래스101은 현재의 행복을 중시하는 욜로YOLO, 소확행, 워라밸 중시 풍조 같은 시대 흐름을 탔다. 그후 제도화된 주 52시간 근무제가 날개를 달아줬다. 고 대표는 “바람이 불 때 때마침 돛을 올린 게 주효했다”고 말했다. 임시직을 기용하는 긱Gig 경제의 부상으로 부업 삼아 임시직 일자리를 찾는 사람들이 늘어난 것과도 맞아떨어졌다.

고 대표는 “강좌를 제공하는 크리에이터에겐 충분한 수익을 확보해주고 수강자에게는 취미생활의 경험을 제공하는 게 비즈니스의 목적”이라고 설명했다. 클래스101은 그림 강좌 같으면 종이, 물감, 붓을 챙겨준다. 이렇게 수강자들에게 준비물을 제공하고 자신만의 결과물을 요구한다. 클래스101의 마케팅 전략이자 가치관이다. “강의 동영상을 단지 시청만 할 사람은 유튜브로 가라”는 전략이다.

“우리는 제2의 유튜브가 되려는 게 아닙니다. 요리든, 해금 연주 등 강의 콘텐츠가 오롯이 내 것이 되는 경험을 유저들에게 제공하려는 겁니다."

　시장에 없던 서비스이다 보니 시장성이 불투명했다. 그런데 미술 쪽 클래스들이 뜨면서 취미 앱 서비스에 대한 자신감이 생겼다. 미술은 잠재 고객층이 넓고 준비물도 상대적으로 간소하다. 시장이 반응하면서 크리에이터 섭외도 한결 수월해졌다. (2022년 9월 현재) 개설된 클래스 수는 2800여 개, 종류는 미술, 공예, 디지털 드로잉, 자기 계발, 요리, 디자인, 음악, 운동 등 다양하다. 요리, 디지털 일러스트, 미술 클래스 등이 인기다. 해당 분야의 고수들이 자신의 노하우를 직접 전수하는 클래스101 시그니처 강좌도 있다. 이원일의 요리 클래스가 생길 예정이고, '100만 구독자를 만드는 유튜브 채널의 비밀' 같은 강좌도 있다.

　설립 후 2022년까지 클래스101을 찾은 누적 방문자 수는 1250만 명을 넘어섰다. 초기 시장을 선점한 덕이다. 수강자는 수강 기간 중 휴대폰·PC로 무제한 반복해 시청할 수 있다. 수강자의 클래스 만족도는 평균 97% 이상이다. 타깃 고객은 밀레니얼 세대. 유저의 70% 이상이 2534세대1995년생~1986년생다. 클래스101의 구성원 중에도 클래스 유저가 있다. 말하자면 프로슈머인 셈이다.

　이 회사는 고객의 연령대를 위아래로 확장하려 한다. 2534 인접 세대들도 여가를 더 풍성하게 보내고 싶어 하는 니즈가 크기 때문이다. 미술 강좌를 맡은 크리에이터 중엔 60대 건축가도 있다. 30년 차 건축가에게 배우는 건물 드로잉 클래스다.

　회사의 수익원은 수강료다. 콘텐츠 제작에 대한 클래스101 영상팀의 관여 수준을 기준으로 크리에이터와 몇 가지 방식으로 수익을 셰어한다. 보통 클래스당 45개가량의 영상 클립이 사용된다. 사실상 크리에이터와 클래스101 영상팀의 공동 작업이라고 할 수 있다.

나가는 말 (김영태)

플랫폼의 기본 속성이라 할 수 있는 본질은 바로 '연결'이다. 열차가 멈추는 곳 즉, 환승하기 위해 연결하는 곳이 바로 플랫폼이기 때문이다. 하지만 언젠가부터 사람들은 플랫폼이라는 단어를 들으면, 웹이나 앱을 떠올린다. 방법부터 찾는 거다. 앞에서 언급한 몇 가지 연결 사례가 성공한 것을 살펴보면 공통점이 있다. 바로 본질에 충실했다는 사실이다. 연결이라는 본질에 충실했기 때문에 이들은 다양한 연결을 통해 사람들이 얻고자 하는 것을 가질 수 있도록 도왔다. 그것이 바로 성공의 비결이다. 앞으로도 끊임없이 많은 플랫폼이나 솔루션 개발이 이루어질 것으로 생각된다. 여기서 놓치지 말아야 할 교훈은 본질에서 벗어나지 않도록 주의해야 한다는 것이다. 여기에 더해 연결을 받쳐주는 핵심이 하나 더 있다. 배려다. 서번트 리더십이다. 다양한 연결 형태가 있지만 결국 근본적인 연결은 사람과 사람의 연결이다. 따라서 타인에 대한 배려가 있어야 한다. 서번트 리더십이 있어야 한다. 지속이 가능한 연결을 위해 우리가 놓치지 말아야 할 것에 대해 깊이 생각하는 시간이 되길 바란다.

25ers
트웬티 파이버스

Chapter III

Chapter III:
컨텍스트와 25ers의 레볼루션

"개념은 맥락을 동반한다. 같은 말이라도 어떤 상황과 맥락에서
사용되는가에 따라 사뭇 다른 의미를 가진다. 행위로 연결되지 않는
역량은 교과서 속에 박제된 지식과도 같은 죽은 역량이다."

- 함영기

들어가는 말

인터넷이 대중화되기 시작한 1990년대부터 2000년 초반까지 우리
는 한쪽에서 정보를 일방적으로 전달하기만 했다. 하지만, 2000년 중·
후반부터 페이스북, 트위터, 네이버와 카카오 같은 소셜미디어의 등
장으로 누구나 소비자인 동시에 생산자인 시대가 됐다. 일방적인 정
보 전달만 받던 수동적 소통방식에서 댓글이나, 좋아요 같은 적극적
인 의견을 표현할 수 있는 쌍방향 커뮤니케이션이 가능해진 것이다.
이로 인해 수익구조가 다변화 되었고 N잡러를 꿈꾸는 개인의 등장,
새로운 플랫폼 기업 탄생이 이어졌다.

우리는 운 좋게도 이런 웹의 탄생부터 성장까지 함께 누린 세대의
일원이다. 지금은 용어도 낯선 베이직 언어로 '1+1=2'의 출력에 신
기해하고, 부팅 디스크를 사용해 컴퓨터 전원을 키던 추억부터, 거금

250만원을 주고 산 컴퓨터의 명령어를 잘못 눌러 고철덩어리를 만들어 버린 트라우마덕분에 지금도 컴퓨터를 마음껏 눌러보고 탐색해 보길 주저한다에, 검색엔진의 대명사였던 야후, 영상의 대명사 유튜브, SNS의 대명사 페이스북의 현재까지를 꿰뚫는 역사의 증인이 되었다. 지금 디지털 생태계 공간 속에서는 영토 쟁탈전이 치열하게 벌어지고 있다. 현재 세계를 이끌고 있는 10대 기업들을 살펴보면 구글, 아마존, 애플, 넷플릭스 같은 컨텍스트 중심의 기업들이 압도적으로 많다. 컨텍스트? 콘텐츠가 아니라 콘텍스트다. 대한민국에는 워낙 뛰어난 사람들이 많아 기술 자체는 세계 최고 수준이지만 컨텍스트 안에서 펼치는 콘텐츠가 빈약해 이들 기업처럼 세계를 주도하지는 못하고 있다. 즉, 좋은 콘텐츠는 제작할 수 있지만 컨텍스트에 민감해 플랫폼을 세계화시키는 데에는 부족함이 있는 것이다. 우리는 IT강국이라는 명성에 어울리지 않게 빈약한 디지털 생태계를 가지고 있다. 이대로 부풀려져 있는 거품을 거둬내지 못하고 안주해 버린다면 우리는 또다시 과거 일제 식민지 시대처럼 디지털 식민지 시대를 맞이하게 될지도 모른다. 어쩌면 이미 디지털 식민상태가 도래해 있는지도 모른다. 구글, 페이스북, 인스타그램 등 우리가 일상에서 사용하는 외국 앱들을 통해 그들에게 우리의 발자취를 낱낱이 볼 수 있는 권한을 줌으로 식민화되고 있는지도 모른다. 실례로, 그 플랫폼들은 인터넷으로 물건을 하나 주문하거나 뉴스를 검색하면, 나의 의도와 컨텍스트를 정확하게 알고 추천과 광고를 끊임없이 보내온다. 아무 생각 없이 이런 알고리즘을 따라가다 보면 바보가 된 기분이 들어 놀랍고 무서울 때가 있다. 때로는 편리하게, 때로는 불편하거나 섬뜩하게 다가오는 이 물결

앞에서 우리는 어떻게 우리를 지켜낼 것인가? 자칫 잘못하면 알고리즘의 덫에 걸려 허우적댈 수 있는 우리를 무엇으로 붙잡을 것인가? 또한, 이 놀라운 기술들을 어떻게 우리의 필요와 이익을 위해 사용할 수 있을까? 이런 질문들을 진지하게 던져본다.

'콘텐츠가 왕이라면 컨텍스트는 신이다'의 저자인 박창규 교수는 우리에게 충고한다. 강한 것만을 고집하지 않고 변화에 적응할 수 있는 유연성이 존재해야 한다고. 우리가 조선시대와 일제 식민지시대로 다시 돌아갈 것인지, 아니면 IT강국의 힘을 바탕으로 디지털 선진국으로 도약해 갈 것인지는 시민의 뜻에 달려 있다. 우리 민족에게 있는 공동체 정신을 바탕으로 한 휴머니즘과 홍익인간 정신은 4차 산업혁명시대를 살아가는데 꼭 필요한 연결의 힘, 즉 컨텍스트이기 때문에 이미 DNA로 우리의 성공 가능성은 높다.

우리는 어떻게 미래를 준비해야 할까? 또, 우리 아이들은 어떻게 교육해야 할까? 4차 산업혁명 시대에 필요한 인재는 각자 속한 영역에서 본질에 충실한 전문가가 되는 것이다. 앞 챕터에서도 기본에 대해 나눈 바 있다. 기본이 갖춰진 다음, 컨텍스트 관련 도구나 적용영역에 대한 이해가 있는 융합이 필요하다. 각자 재능도 다르고 좋아하는 것, 관심 분야도 다른데 똑같은 내용의 교육을 받아야 한다면 4차 산업혁명 시대에 2, 3차 산업혁명식 교육을 하고 있는 셈이 된다. 이제는 개개인에 맞는 특화 교육으로 가야한다. 인공지능이 못 할 것이라고 생각했던 창작 글쓰기, 그림 그리기, 노래 만들기, 시 쓰기, 디자인하기, 홈페이지 만들기 등 많은 일을 인공지능이 하는 시대이다. 각자 자신의 분야에서 경쟁력을 갖추기 위해서 인공지능은 절대 흉내 낼 수 없는 자신만의 콘텐츠가 필요하다. 기본이 갖춰진 상태에선 그 어떤 기술과도 융합될 수 있다. 그것을 위해 박병기 교수는 증강세계관학교를 세워 청소년을 교육하고 있다.

지금 당장은 눈에 보이지 않고 손에 잡히지 않아도 미지의 세계를 담대히 걸어가는 사람을 우리는 키워내야 한다. 보이지 않지만 그 길을 담대히 걸어 갈 수 있는 이유는 미래 세계의 삶을 알고, 어떤 세상이 펼쳐질지 보이기 때문이다. 중요한 것은 이제 기존의 교육계나 산업계에서 말하는 스펙이 아니다. 인공지능은 절대 할 수 없는 나만의 경쟁력 있는 콘텐츠와 그 위에 얹힌 기술과 사람을 연결할 수 있는 컨텍스트가 중요한 시대다.

세계는 지금도 눈에 보이지 않는 세상에서 예전보다 더 활발하고 치열한 전쟁이 벌어지고 있다. 그러나 다행히 우리에겐 아직 희망이 있다.

도전할 것인가? 머무를 것인가?

- 뉴저널리스트 아카데미 일동

컨텍스트, 넌 누구니?
최경옥, 안소영, 장선영

4차 산업혁명이 가져올 변화의 핵심은 이전에 불특정 다수를 위한 보편타당한 가치를 지향하던 것에서 각기 다른 수요자의 욕구에 따른 차별화된 가치를 지향하는 것으로 바뀐다는 것이다. 지금까지는 일반적이고 정적이며 객관적이고 절대적인 가치들을 추구했다면, 앞으로의 시대는 이러한 가치들이 개인화되고 동적이고 상황적이며 주관적이고 상대적인 가치들로 변화될 예정이라는 것이다. 이런 상황을 '컨텍스트'라고 하고 이를 잘 파악하는 능력을 '상황맥락지능'이라고 한다.

'컨텍스트'가 무엇인지 상세히 살펴보자. 옥스퍼드 영한사전에 명시되어 있는 사전적인 의미를 살펴보면, 컨텍스트는 '어떤 일의 맥락, 전후사정, 정황, 배경, 환경, 글의 맥락, 문맥'을 의미한다. 이는 또한 text를 품고(con) 있다고 해석할 수도 있다. 지금 우리는 어떤 컨텍스트에 있는가. 우리는 어떤 정황, 환경, 배경, 맥락 속에 있는가. 우리에게 다가오는 큰 그림은 4차 산업혁명이라는 컨텍스트다. 그리고 그 컨텍스트는 '소품종 대량생산'의 시대이다. 또다른 컨텍스트는 수요자의 니즈를 맞춘 '다품종 소량생산'의 시대이다. 과거, 개인의 필요를 수공업 형태로 생산해 쓰던 가내수공업 시대에서 대량생산, 대량맞춤의 시대를 넘어 개인맞춤과 디지털 플랫폼이 지배하는 시대가 새로운 컨텍스트이다. 따라서 '최고만을 추구하던 가치관'이 '지속 가능한 가치관'으로 바뀌었다. 이것이 새로운 컨텍스트다. '비교'와 '공개'를 통한 정보의 공유가 미덕인 것이 새로운 컨텍스트다. 4차 산업혁명 시대 전문가 박창규 교수의 말이다.

이런 컨텍스트로인해 콘텐츠 자체의 질에 의해 선택되던 결정구조에서 벗어나 디지털 기술들의 융합에 의해 생성되고 창출되는 상황이 더 중요시되기 시작했다. 새로운 컨텍스트는 인류가 정적이며 객관적이고 절대적인 규칙에 의해 움직이던 존재에서 동적이고 상황적이며 개인화된 가치들을 중요시 하는 존재로 변하고 있음을 알려주는 내용이다. 인간이 인간다움을 유지하며 변화하는 생태계를 잘 이용할 수 있으려면 콘텐츠에 집중하는 것보다 이를 넘어서는 '연결의 힘'과 '컨텍스트 파악'이 무엇보다 중요하다. 우리가 그동안 진리라고 믿어왔던 '콘텐츠'보다 '컨텍스트'가 더 중요한 시대가 온 것이다.

'콘텐츠가 왕이라면 컨텍스트는 신이다'의 저자인 박창규 교수는 이전의 보편적인 가치와 대중적인 대량생산에서 변화되어 엄마가 아이의 상황과 니즈를 파악하여 김치찌개를 만들어 주듯이 개인 맞춤형으로 물건을 생산해내야 한다고 강조한다. 불특정 다수가 좋아하는 김치찌개가 아닌 청양고추를 넣은 김치찌개를 좋아하면 청양고추를 넣어주고 두부를 많이 넣는 김치찌개를 원하면 두부를 더 넣는 김치찌개를 만들어야 한다는 것이다. 즉, 기술적인 접근보다는 가치적 접근, 특정 다수에 대한 가치보다는 개인의 상황과 맥락에 대한 접근이 필요하다고 박창규 교수는 설명한다. 특정한 소수를 위한 것, 수요자가 원하는 것을 찾아서 제공하는 수요자 맞춤의 시대가 도래했다는 것이다. 이는 '4차 산업혁명 시대는 내가 주인공으로 살아갈 수 있는 시대'라는 컨텍스트를 설명하는 내용이다. 새로운 산업혁명 시대에 주인공이 되려면 기존에 강조되었던 근면, 성실에 추가로 자발성, 독창성, 창의성이 필요하다.

4차 산업혁명은 새로운 컨텍스트가 반영된 개인화 시대라고 할 수 있다. 개인이 브랜드가 되는 시대이다. 이럴 때 필요한 것은 콘텐츠에 집착하지 않으면서 4차 산업혁명의 흐름을 두려워하거나 피하지 않고, 알아가려 하고 배우는 노력을 통해 나의 모습을 온전히 회복시키는 것이다.

스티브 잡스가 애플에서 아이폰을 만들었을 때 '내가 필요하다고 생각한 것을 다른 사람들과 연결시켜줄 수 있는 그런 컨텍스트를 만드는 것이 '혁신''이라고 했다. 혁신은 기존에 없던 새로운 것을 만들어내는 것이 아닌 가지고 있던 것을 어떻게 연결시킬 것인가에 대한 탐구라고 그는 말했다. 아이폰이란 콘텐츠가 사람들의 필요를 연결했을 때 지구촌을 휘어잡는 힘을 발휘한 것처럼, 콘텐츠 자체로서 가지는 힘보다 컨텍스트를 파악하며 연결을 할 때 상상을 초월하는 시너지를 창출할 수 있다.

지금은 콘텐츠가 굉장히 많은 시대이다. 이 수많은 콘텐츠들 중에서 공유되고 사랑받는 것들은 콘텐츠 자체로서 충실한 제품이 아니라 '어떻게 인간을 이어줄 것인지?', '인간의 필요를 어떻게 공유하고 확장시켜 갈 것인지?', 또, '인간의 마음을 어떻게 따뜻하게 만져주고 위로해 줄 것인지?'를 고민하는 휴머니즘에서 나온다고 해도 과언이 아니다. 이런 의미로 볼 때, 인간의 휴머니즘에 대한 고민, 그것이 바로 '컨텍스트'라고 얘기해도 좋지 않을까?

혁명의 시대에 열리는 '컨텍스트' 이야기
최경옥, 안소영, 장선영

역사를 돌아보면 커다란 변화는 혁명으로 일어났다. 시대를 잘 읽는 사람은 어지러운 세상 변화를 감지하고, 그것을 기회로 받아들인다. 지금의 인류변화 속도는 하루하루가 다르다. 불과 30년 전만 해도 다이얼을 돌리며 "띠리리링" 울리는 전화기를 사용했고, 가스가 떨어지면 전화 배달을 시켰고, 버스 탈 때는 종이로 된 회수권을 구입해 사용했다. 텔레비전을 보기 위해서는 안방으로 가족들이 모여들었다. 그러던 일상의 모습이 개인 호출기가 나오고, PC통신 천리안, 하이텔, 나우누리 등이 나오고, 인터넷이 연결되어 다양한 정보를 쉽게 이용할 수 있으면서 생활 패턴이 완전히 바뀌었다.

2000년 이후 변화의 모습은 어떤가. 지구촌이란 말처럼 세계 여러 나라와의 실시간 소통이 가능해졌다. 개인 휴대폰은 초등학생도 가지고 다니는 기기가 되었고, 그 작은 기기하나로 대부분의 일상생활 영위 및 업무 수행이 가능해졌다. 취향에 따른 TV프로그램 다시보기, 영화 골라보기, 유튜브에서 원하는 정보 얻기 등 시간과 위치에 구애받지 않고 휴대폰으로 자신이 원하는 모든 것을 보고 찾아낼 수 있다. 온라인 사이트를 통한 제품 구매는 일반화되었고 휴대폰 앱을 통한 카드결제 등 간단 결제도 생활화되었다. 이처럼 우리의 일상 속까지 파고든 편리함은 아무리 추억속으로 되돌아간다 하여도 되돌릴 수 없다. '더 이상 변화 될 것이 없을 것 같이 편리한 생활인데 또 뭐가 기다리고 있지?'라는 질문을 우리는 던진다. 하지만 신세대들에게는 현재 그들이 보는 것은 이미 옛날 것이다. 그들에게 선 없는 전화기가 노멀이고 선 있는 전화기가 앱노멀이다. 이처럼 4차 산업혁명의 물결을 타고 웹 3.0 시대는 현재 진행형이고 IT 산업의 진화는 매일 진행되고 있다.

4차 산업혁명을 이야기하면 지능화, 초연결, 탈중앙화, 분권화, 데이터 주도 등을 핵심 요소로 거론한다. 우리가 말하는 4차 산업혁명은 기술에 초점을 맞추고 있다. 하지만 이는 3차 산업혁명에 이미 전개된 기술이다. 기술의 발전을 두고 '혁명'이라고 이름 붙일 수는 없다는 것이다. 그렇다면 4차 산업혁명의 핵심은 무엇인가? 바로 컨텍스트 Context다. 3차 산업혁명 시대의 콘텐츠 또는 기술이 진화될 수 있도록 한 것은 바로 컨텍스트의 발견이었다. 컨텍스트는 '콘텐츠를 둘러싼 맥락, 배경, 환경 즉 개개인의 입맛에 맞게 제공되는 모든 서비스'를 말한다. 이미 만들어진 것들에서 고르는 게 아니라, 개인적이고 상황적이며 주관적인 선택을 할 수 있도록 한 것이 컨텍스트의 접목이다. 즉, 3차 산업혁명시대에 만들어진 기술을 활용하여 컨텍스트를 접목하는 시대를 4차 산업혁명시대라고 할 수 있는 것이다.

'혁명'이라 명명하는 시대에는 생각지 않은 새로운 시장이 열린다. 기존의 상식을 뒤엎는 직업이 생겨남은 물론, 크고 작은 환경의 변화가 일어난다. 대한민국은 1, 2, 3차혁명시대에 시대의 주인공이 될 수 없었다. 그 이유는 무엇이었을까? 박창규 교수는 '로우 리스크low risk, 로우 리턴low return을 선호하는 대한민국'을 꼬집었다. 위험 부담이 적고 조금만 얻어내는 것을 선호하는 대한민국이었던 것을 의미한다. 무모한 발걸음에 지원을 거절당했던 콜럼버스처럼, 실패를 두려워말고 계속 배를 띄워야 한다고 그는 강조한다. 또한, 4차 산업혁명이 절체절명의 기회이자 위기라고 그는 말한다. 우리는 이제 이 갈림길에서 콜럼버스처럼 신대륙을 발견하는 영광을 누릴지, 굳게 문을 걸어 잠그고 후퇴의 역사로 마음 아팠던 그 길을 다시 걸어가야 할지를 선택해야 한다. 조선말기에도 우리는 유교사상과 사대주의 정신으로 우리를 최고로 여기고 변화의 물결을 거부했다. 그 결과 찬란했던 오천년의 역사가 일제 식민지라는 엄청난 수난으로 짓밟혔다. 그런데, 지금의 현실 또한 그때와 별반 다르지 않은 것 같다. IT강국이라며 인터넷 속도를 자랑하고 있지만 세계를 움직이는 창조자의 반열에 있는 기업이 하나도 없다. 삼성의 갤럭시폰이 애플의 아이폰과 세계 1,2위를 놓고 경쟁하고 있다지만 기기와 기술은 최고 수준일지라도 생태계를 만든다든가 컨텍스트를 연결해서 만드는 콘텐츠 및 기술 분야에서는 이미 상대가 되지 않는 게임을 하고 있음을 우리 모두 안다. 우리는 퍼스트 무버 제품을 만들기 바빴던 반면 스티브 잡스의 애플은 사람과 사람의 필요를 연결하기 위해 제품을 만들었다. 컨텍스트에 대해 그들은 열려 있었던 것이다.

우리나라는 6.25전쟁의 폐허위에서 눈부신 성과를 쌓아 올렸다. 선진국들이 몇 백 년에 걸쳐 이룩한 일을 몇 십 년 만에 이룩한 대단한 나라다. 그런데, 우리가 이룩한 성취에 환호하며 샴페인을 터트리기 무섭게 4차 산업혁명시대를 알리는 총성이 소리 없이 울렸다. 우리는 어쩔 수 없이 또다시 디지털 전쟁터로 뛰어들어야만 하는 운명에 놓였다. 우리가 가진 삼성의 기술이 자랑스러운 자산이고 글로벌 사회에서의 자부심이지만, 4차 산업혁명은 이런 '기술'이 아니라 '컨텍스트'로 다가왔기에 마음에 조급해진다. 이제 메이저 그룹에서 쏟아내는 기술의 최고봉을 넘어 어떻게 사람을 연결하고, 제품과 사용자를 연결하며 창조해 갈지가 중요한 시대가 된 것이다. '초개인화', '초연결의 시대'가 새로운 컨텍스트이다.

　이런 시대에 우리는 언제까지 구글과 아마존 같은 기업을 부러워만 하고 있을 것인가? 그들도 시작은 아주 미미했다. 지금, 우리에게 필요한 것은 거대담론이 아니라 소비자의 빠른 변화를 연결할 수 있는 아주 작은 힘들의 집합이며 도전정신이다. 꿈의 청소기라 불렸던 다이슨 청소기도 흡입력이 떨어지는 작은 불편함을 해소하기 위해 5,126회의 실패를 한 후 완성됐다고 한다. 실패에서 얻은 지혜로 성공의 행복에 다가가는 것, 그것이 바로 새로운 시대를 살아가는 우리들이 품어야 할 마음이다. 그리고 이것이 신新 포티나이너스인 트웬티 파이버스25ers의 자세다.

　뉴저널리스트 아카데미의 원우인 하민혜 님은 트웬티 파이버스 25ers를 다음과 같이 묘사했다.

　"길을 걷는데 빗방울이 떨어진다. 오는지, 마는지 싶게 내리는 빗방울에 어느새 옷 안으로 빗물이 스며들었다. 우리는 슬며시 내리는 빗방울에 어둑해진 하늘을 내다보고, 대홍수를 대비할 선박을 만드는 사람이다. 누군가는 굳이 그렇게까지 해야 하는가를 묻고, 그 배는 필요하지 않을 것이라고 이야기한다. 슬며시 젖어 드는 옷은 갈아입거나, 세탁하면 그만이라고 혀를 내두를지 모른다. 그간의 혁명이 그러하듯 4차 산업혁명은 우리의 일상을 뒤흔들 세상의 변화를 불러올 것이다. 늘 하던 대로 옷을 갈아입거나 세탁을 하려 해도 비는 계속해서 내릴 것이고, 가지고 있는 우산으로는 어림도 없을지 모를 일이다. 트웬티 파이버스25ers는 당황하는 많은 이들을 그 배에 태워 살리기 위해 선함을 짓는다. 쓰나미처럼 덮칠 파도 위를 올라탈 만큼 넉넉하게 짓기 위해, 단 하나도 허투루 하지 않는다. 조롱과 비난에 맞서 서부로 향했던 포티 나이너스와 같이, 트웬티 파이버스25ers 역시 묵묵히 미지의 대륙을 향해 걸음한다."

●

연결로 완성되는 컨텍스트의 힘
최경옥, 안소영, 장선영

"'One of them'의 시대는 가고 'Only one'의 시대가 오고 있다. 콘텐츠가 전자라면, 연결과 컨텍스트는 후자라고 할 수 있다. 전자는 공급자의 처지라면 후자는 소비자의 처지로 볼 수도 있다. 결국 공급자 중심에서 소비자 중심으로 이동하고 있다고 해석할 수 있다. 공급자가 만든 대로 소비자가 소비하는 시대가 아닌, 소비자가 원하는 대로 공급하는 시대가 되고 있다는 말이다."뉴저널리스트 아카데미 1기, 김영태 님

바라트 아난드 하버드대 교수는 '콘텐츠의 미래' 라는 책에서 연결에 대한 이야기를 한다. 그는 사용자 연결 관계, 제품 연결 관계, 기능적 연결 관계가 콘텐츠보다 더 중요함을 강조한다. 아난드 교수는 연

결관계를 '콘텐츠의 삼각구조'로 도식화해 우리가 빠지기 쉬운 콘텐츠의 함정에 대해 얘기하고 있다. 정리해보면 다음과 같다.

첫 번째, 사용자 연결 관계다. 마이크로소프트사가 좋은 예가 된다. 윈도우즈라는 운영체제 제품이 수많은 사용자와 연결되면서 98%라는 엄청난 시장 점유율을 기록하게 한 회사다. 빌 게이츠가 창업주였다. 디지털 네트워크 환경에서 사용자 연결은 매우 중요하다. 뉴저널리스트 아카데미에서도 단순히 글쓰기만을 연습하는 게 아니라 만든 콘텐츠를 인스타그램, 블로그, 유투브, 트위터, 디스코드Discord 등에 올림으로 네트워크상의 다양한 사용자에게 연결하도록 이끌고 있다.

아난드가 말하는 연결 두 번째는 제품 연결 관계이다. 그는 애플을 예로 들었다. 애플은 아이팟을 출시하면서 MP3 시장에서 85% 이상의 시장 점유율을 기록했다. 사실 MP3 기기는 한국에서 더 잘 만들었지만 애플을 급성장하게 만든 게임체인저는 소프트웨어 보완재인 '아이튠즈'였다. 별도의 사이트를 찾아 헤매지 않고 수많은 음원을 훑어보고 다운받을 수 있게 하고 PC에서도 접근 가능하도록 했던 것이 아이튠즈였다. 기기만 보면 한국에서 만든 제품이 월등했다고 할 수 있지만 음원을 쉽고 빠르게 듣고 저장할 수 있는 컨텍스트를 애플은 더 빨리 파악했던 것이다. 그리고 그렇게 될 수 있었던 환경도 애플에게는 플러스 요인이었다. 한국에서는 그런 시도를 누군가 하려고 했어도 "전례'가 무엇인데', '성공을 거둔 모델은 무엇인데'하며 이뤄지기 어려운 토양이었을 것이 분명하다. 뉴저널리스트 아카데미도 여러 채널을 디스코드Discord로 통일하려고 애를 썼는데 이는 제품간의 연결, 사람간의 연결을 꿈꾼 시도였다. 카카오톡에 익숙한 유저들에게 잘 통하지는 않았지만 그래도 컨텍스트를 읽고 새로운 연결을 시도했던 것이다. 미드저니Midjourney라는 그림을 완벽에 가깝게 그려주는 인공지능을 사용하려면 오직 디스코드Discord를 통해서만 접속이 가능한 컨텍스트다. 뉴저널리스트 아카데미는 또한 과거와 현재와 미래를 연결하는 시대의 연결도 계속 시도 중이다.

마지막으로 기능적 연결 관계로 아난드 교수는 그저 다른 사람들을 무작정 따라하고 모방해서 신속하게 성과를 내는 것이 아니라 전략의 기본으로 돌아가서 자신만의 것을 알아내는 게 중요하다고 강조한다. 기능적 연결을 위해 큰 그림을 가져야 하고 동시에 현미경처럼 나의 것을 파악하는 것도 필요하다. 뉴저널리스트 아카데미에서는 계속해서 현미경 작업, 망원경 작업을 하고 하고 이것이 새로운 컨텍스트를 파악하고 시대의 프런티어가 되는 데 큰 도움이 될 것으로 보고 있다.

우리는 컨텍스트가 중심이 된 차별화된 가치를 만들어 내야 한다. 컨텍스트를 파악해 차별화된 가치를 만든 회사 중 대표적인 회사는 테슬라 전기 자동차이다. 자동차와 모바일의 만남을 뛰어넘어 차 안에서 각자 개인의 컨텍스트에 맞춘 서비스를 받도록 한다는 컨텍스트에 민감한 자동차를 만드는 회사가 테슬라다. 일론 머스크가 대표로 있다. '지금까지 운전자는 운전하는 동안 운전에 집중해야 하므로 음악을 듣는 것이 전부였다면 앞으로 자동차 산업은 자동차 안에서 어떤 여가활동을 할 수 있도록 하게 할 것인가의 싸움'이라는 성균관대학교 중국대학원 안유화 교수의 말처럼 이런 컨텍스트를 잘 파악하고 자동차를 만들 것인가, 무시하고 자동차만 잘 만들 것인가는 중요한 질문이라고 할 수 있다. 컨텍스트에 깨어 있어야 한다. 일론 머스크가 테슬라가 시간이 지날수록 좋아지는 차라고 자신만만하게 얘기했던 것은 그가 컨텍스트를 파악하며 자동차를 만들고 있음을 말해주고 있다.

스마트폰이 보급되면서 단순히 스마트폰이라는 기술에 집중할 게 아니라 이로인해 파생되는 문화, 사회, 생태계 등의 변화에 우리는 관심을 기울여야 한다. 우리는 그것이 무엇인지 알아내야 한다. 그리고 그걸 만들고 해내야 한다. 물론 한 번도 해보지 못한 시도를 하는 것은 너무 어렵고 막연하다. 성공 사례가 없기 때문에 보이지 않고 보장받지 못할 수 있는 미지의 세계로 나아가는 것은 불확실하고 두렵기도 하다. '지금까지 잘 적응하며 살아왔는데, 굳이 꼭 남들이 아직 가보지 않은 길을 먼저 가야 할까?', '아날로그가 디지털보다 더 좋은 점도 있는데 꼭 변화가 절대적으로 좋은 것일까?' '바꾸는 것보다 지금이 더 좋은데 내가 지금 더 좋아하는 걸 따르는 게 좋은 것 아닐까?' 이런 질문이 나올 수밖에 없다. 기술뿐만 아니라 컨텍스트를 알고 그에 맞춘 역량을 갖추는 것이 매우 중요한 시점이다. 우리는 문명사회에 살고 있기 때문이다.

●

선구자가 될 것인가? 실패자가 될 것인가?
최경옥, 안소영, 장선영

'100명의 고객을 대상으로 하는 게 좋을까? 1명의 고객을 대상으로 하는 게 좋을까?'

사업하는 사람에게 이 질문을 던지면 어떤 반응을 보일까? 그걸 질문이라고 하냐는 듯한 표정으로, 눈을 부릅뜨고 우릴 쳐다볼 것이다. 그리고 턱을 15도쯤 올리고 침을 튀기며 흥분된 목소리로 이렇게 말할 것이다. "그걸 말이라고 하냐? 당연히 100명을 고객으로 하는 게 좋지! 생각이 있는 거야? 없는 거야?"

대량생산의 시대에 당연한 반응이다.

보편성을 등에 업고 최대한 많은 사람에게 공급하기 위한 전쟁이 치열한 가운데 나올 법만한 반응이다. 그때는 그게 효율성이었기 때문이다. 최소한의 노력으로 최대한 생산할 수 있는 온갖 아이디어가 쏟아져 나왔고 지금도 나오고 있다.

대량 생산에 신호탄을 쏘아 올린 건 2차 산업혁명이다. 기술혁신을 통해, 가내수공업으로 이루어졌던 소량 생산이, 기계를 통한 대량 생산으로 탈바꿈되었다. 이후 계속해서 대량 생산은 산업의 트렌드로 자리 잡게 되었다. 지금 '기술'이라고 하면, 대부분 효율적 대량 생산과 판매에 초점이 맞춰져 있다고 해도 과언이 아니다. 그 컨텍스트를 품고 기업은 시스템을 만들고 운영한다.

4차 산업혁명 시대에도 보편성과 효율성의 가치를 더 중요하게 생각할까? 박창규 교수의 '콘텐츠가 왕이라면 컨텍스트가 신이다'에서는 이에 동의하지 않는다. 보편적 가치는 사라지고, 개별 수요자의 니즈에 맞춘 세분된 가치가 핵심이 된다고 저자는 말한다. 그러면서 주변 상황, 환경, 맥락, 의도 등을 고려하는 컨텍스트context를 그는 강조한다. 세세하게 한명 한명 챙겨주는 따뜻한 마음이 중요하다는 것이다.

보편성과 효율성을 앞세워 당연하게 그리고 최선이라며 생각하며 믿어 왔던, 대량생산에 반하는 주장이다. 이런 주장을 하면 사람들은 어떻게 반응할까? 고개는 갸우뚱, 두 눈은 큰 동그라미, 그리고 두리번거림이 포착된다. 너무 좋은 아이디어라고 손뼉 치며 일어나는 사람이 있다면? 잘못 알아들은 것으로 여길 가능성이 크다.

그런데 이를 받아들이고 그게 맞는 것같다고 나서는 사람이 있다면 그는 선구자가 될 수 있다. 어떤 길을 선택하겠는가?

"누군가가 나에게 묻는다면 나는 당연히, 보편적인 가치에 손을 든다. 불과 얼마 전까지는 말이다. 하지만 그렇게 보편적인 가치에 손을 들었다고 달라지는 건 없다. 물론 일상이 기적이라는 말도 있지만, 더 나은 삶을 꿈꾸기에는 그 틀이 너무 좁다. 그렇게 더 넓은 틀 혹은 틀을 깨는 곳으로 가고 싶다." 뉴저널리스트 아카데미 1기, 김영태 님

2021년 말 쏟아져나온 각종 트렌드 관련 책들을 보면 앞으로는 개인화가 더 깊어질 것이라는 전망이 주를 이룬다. 초개인화가 될 것이고, 더 세분화된 개인들에 초점을 맞춰 '개인 맞춤'이 이뤄질 것이라고 한다. 따라서 '내가 누구인지?', '나는 뭘 잘하는지?', '나는 뭘 좋아하는지?' 등 자기 자신을 잘 아는 것이 더 중요해 질 것이다. 여기에서 우리가 몸 담고 있는 뉴저널리스트 아카데미와 여기서 파생된 트웬티파이버스25ers 개념의 중요성을 다시 한 번 느끼게 된다. 박창규 교수는 무인 자율주행차와 알파고를 예로 들어 3차 산업혁명과 4차 산업혁명을 비교하며 설명했다. '항상 보편타당하고 일관된 결정을 선택하는 것이 3차 산업혁명의 무인 자율주행차나 알파고라면, 컨텍스트를 고려한 판단이 가능한 것이 4차 산업혁명의 무인 자율주행차나 알

파고인 것이다.'

　세상은 항상 뭔가를 상상하고 꿈꾸는 사람들이 있어서 발전하고 나아간다. 새로운 것을 만들어낸 이들이 '그건 안 될거야'라고 생각하고 꿈꾸고 상상하고 도전하기를 포기했다면 어땠을까? 실현 가능성 없어 보이고, 도전 후 실패도 예상되지만 계속되는 도전으로 결국에는 성공 또는 승리를 하게 될 것이다. 우리는 그런 프런티어 정신을 가진 사람이 되기를 원한다. 하지만, 대부분의 사람들은 새로운 세상에 대한 불안한 마음과 부정적인 시선을 갖고 있다. 예전에 잘 모르는 새로운 것들은 하지 않으면 그만이라 생각하고 시간이 지나고 나서야 그때 그걸 할 걸 하고 후회하기도 했다.

　우리는 '아무것도 하지 않으면 나쁜 일도 일어나지 않는다.'라고 생각한다. 때로는 나쁜 일도 일어나야 새로운 것이 창조되는 것이다. 결과적으로는 나쁜 일도 좋은 일이다. 우리 모두 미지의 것에 대해 두려워하지 않기를 바란다.

●

거대한 변화의 물결에서 생존할 것인가?
최경옥, 안소영, 장선영

　우리는 미국 기업들의 플랫폼을 일상 깊숙이 들여놓고 살아가고 있다. 현재 세계를 이끌고 있는 거대 공룡기업들은 각 개인의 데이터를 끌어 모아 웹세계를 장악하고 4차 산업혁명의 유리한 고지를 점령했다. 이런 물결 속에서 우리가 이런 상황을 어떤 시선으로 바라보느냐에 따라 4차 산업 혁명의 거대한 파도를 즐기는 서퍼surfer가 될 수도 있고, 그저 단순한 유저가 될 수도 있다. 이는 단순히 서퍼가 될 것인가 유저가 될 것인가의 수준이 아닌 디지털 식민통치를 당할 것인가 안 당할 것인가의 이슈다. 뛰어난 우리 만족에게 필요한 것은 '결단'이다.

가까이 보면 하이 리스크high risk이고 멀리보면 안정된 투자인 현 상황을 잘 감당하기 위해서는 높은 가치 추구가 필요하다. 이는 초월성에 대한 열린 마음이다. 독창성을 갖고 초월성을 연결하는 것은 매우 중요하다.

미래를 바라보며 단순히 돈이나 명성을 원한다면 이미 있는 기술이나 서비스를 따라 가고 원래 했던대로 하는 게 쉬울 것이다. 지금 우리가 해내려는 일은, 최상위의 생태계 창조자 또는 생태계 관리자가 되는 것이다. 4차 산업혁명을 리드하기 위해서는 반드시 이 일을 해내야만 한다. 그 길은 전통적인 방식을 따르지 않고, 혁신을 추구해야 하는 것이다.

" '모험'은 위험을 경고하고 만류하는 이들을 설득할 수 있는 마땅한 언어가 존재하지 않는다. 신대륙에 금이 있을지, 악어가 덤빌지 아무도 모를 일이기에 납득시키기 어려운 것이다. 그 무엇도 증명할 수 없는 길을 걸어가는 이유는, 지금은 없는 선한 생태계의 꿈을 가슴에 품었기 때문이다." 뉴저널리스트 아카데미 1기 하민혜 님

'콘텐츠가 왕이라면 컨텍스트는 신이다'. 박창규 교수의 저서 제목을 처음 보았을 때 '컨텍스트'란 우리가 작성하는 글을 이야기하는 게 아닐까 생각했다. 하지만 곧 그것이 아님을 알 수 있었다. 4차 산업혁

명시대의 어떤 컨텍스트일까? 우리는 흔히 4차 산업혁명하면 인공지능, 사물인터넷, 스마트팩토리, 가상현실, 3D프린팅, 로봇, 클라우딩 컴퓨터, IoT와 같은 것을 떠올린다. 이것들을 빨리 배우지 않으면 안 될 것 같고 마음이 조급하다.

이것이 4차 산업혁명 시대의 컨텍스트일까? 우리는 IT강국이라고 이야기 하지만 우물 안에서 활보하고 있다. 3차 산업혁명의 주도권을 이미 확보한 선진국들, 특히 미국에서는 4차 산업혁명이란 용어를 사용할 필요가 없다고 한다. 그래서 이런 용어를 굳이 사용하지 않는다. 앞서 말했던 로봇, 사물인터넷, 인공지능 등은 3차 산업혁명 시대부터 이미 사용했던 기술이기 때문이다. 시대 상황에 맞춰 세계는 3차 산업혁명이 진행되면서 대량화, 자동화가 진행되었다. 모두의 니즈를 충족시킬만한 상품으로 획일화되었다. 지금의 니즈는 무엇인가? 생활수준이 높아진 현재 사람들의 욕구는 무엇인가? 요즘 사람들은 모두 획일화된 제품이 아닌 '나만의 특별하고 독특한 맞춤' 이런 것에 소비를 한다. 나만을 위한 맞춤 서비스에 지갑을 아낌없이 열고 지불하며 기뻐한다. 이러한 욕구와 기술과 융합된 것이 바로 4차 산업혁명이다. 이제 세상은 대량 맞춤의 시대에서 개인맞춤 시대, 소비자 중심의 시대로 넘어갔다. 빅데이터로 수집된 개개인의 컨텍스트를 고려해 내가 선호하는 항공, 티켓, 호텔, 식당들을 예약해 주는 시스템은 더 이상 낯선 풍경이 아니다. 이제 앞으로의 세상은 '누군가의 컨텍스트를 이해하고 각 분야의 전문가 기계를 얼마나 빠르게 선보일 것인가?'가 중요한 질문이 되는 세상이 될 것이다. 이것이 바로 4차 산업혁명시대 '보이지 않는 영토전쟁'이 될 것이다.

우리는 이 전쟁에서 승리자가 될지 방관자나 낙오자가 될지 스스로 결정해야 하는 기로에 서있다. 지금처럼, 그동안 추구해 왔던 보편타당한 가치를 계속 추구한다면 우리는 결코 승리자가 될 수 없을 것이다. 박창규 교수의 말처럼 산업화혁명이전 시대에 엄마가 아들의 취향과 선호를 고려해 직접 옷을 만들어 주었듯, 개인의 욕구와 취향을 고려한 '맞춤 서비스'로 차별화 된 가치를 추구할 때 승리의 깃발을 들어 올릴 수 있다. 우리는 이 사실을 기억해야 한다.

●

인간성 회복으로 창조자가 되어라
최경옥, 안소영, 장선영

4차 산업혁명 시대의 컨텍스트를 파악하는 것은 사용자의 의도와 맥락을 명확히 알고, 원하는 라이프스타일을 반영하는 역할을 하는데 도움을 주는 '휴머니즘 정신'을 아는 것이라 할 수 있다. 하지만 안타깝게도 '성능'과 '디자인'을 우선 가치로 삼은 많은 기업은 잠재적 리더, 즉 창조자로서의 역할을 하지 못하고 퍼스트 무버first mover에 머무르고 있다. 우리가 익히 알고 있는 것처럼, 삼성의 갤럭시폰은 뛰어난 디자인과 성능을 자랑한다. 그러나 이는 언제든 바꿔버릴 수 있는 '소비재'에 불과하다. 애플의 아이폰은 같은 폰이지만 사람의 감정과 편리를 연결한 창조시스템으로 어마어마한 충성고객을 거느리고 있다. 연결이라는 컨텍스트에 충실한 제품을 만들고 있는 것이다. 이는 이윤추구라는 근시안적 안목에서 벗어나, 기업을 운영하는 리더의 철학과 세계관이 얼마나 중요한지 알려주는 좋은 사례다. 더불어 인간의 번영과 행복을 지향하는 휴머니즘과 인간의 존엄성을 추구하는 '큰 그림'을 그리는 것도 다가오는 4차 산업혁명 시대의 중요한 과제라 할 수 있다.

그렇다면, 어떻게 '큰 그림'을 그릴 수 있을까? 무엇보다 중요한 것은 '인간다움'을 회복하는 것이다. 또한, 인공지능AI이 인간의 일을 대신하며 현존하는 대부분의 직업이 사라지고, 빈부격차가 더욱 커질게 자명한 사실을 대비하기 위한 미래교육이 절실하다. 영국의 노동경제학자인 런던대학교 가이 스탠딩Guy Standing교수는 그의 저서 '프레카리아트: 새로운 위험한 계급'에서 인공지능과 자동화시스템으로 인해 극소수의 상위계층을 제외한 99.997%가 '프레카리아트 계급'으로 살아갈 것이라며 새로운 계급의 등장을 알렸다. 서울대의 유기윤 교수팀도 '2050 미래사회보고서'를 통해 인간이 플랫폼에 소속되어 노동의 질이 떨어지고, 기계의 보조자로 전락하게 될 것이라는 경고를 했다.

이렇게 프레카리아트 계급으로 전락하여 근근이 살아가는 저임금노동자가 아니라 미래 시대의 주역인 창조자로서 살아가기 위해 필요한 것은 인간만이 가진 능력과 자신만의 고유한 가치를 알고 내가 살아갈 환경을 만들 수 있는 창조자가 되는 것이다. 또한, 99.997%의 프레카리아트 탄생을 최대한 저지하는 것이다. '나는 무엇을 좋아하는지?', '어떤 것을 할 때 기쁘고 행복한지?' 자신에게 끊임없이 질문하는 것이 필요하다. 나를 알아야 이웃이 보이고 이웃이 보여야 프레카리아트의 위험이 보이기 때문이다. 이런 교육을 하는 곳이 바로 우리가 24주 동안 받은 뉴저널리스트 아카데미의 미래교육이다. 이 교육에서 우리는 무모해 보이기까지 했던 콜럼버스의 아메리카 대륙 발견하기와 같은 도전정신을 배웠다. 또한, 나다움을 찾아가는 진정한 질문을 통해 먼저 '나의 한계를 긋지 않을 용기'를 주문 받았다. 주어진 자리에 안주하며 편안한 삶을 선택했던 대다수의 유럽인들보다 '낯섬'과 '두려움'을 이기고 과감히 도전한 청교도들은 세계를 호령한 미국의 역사를 만들었다. 우리는 그 역사의 전환점에 또한번 서있는 것이다. 이렇게 우리가 살고 있는 세상은 예나 지금이나 개척자들에 의해 발전해 왔고 또 발전해 갈 것이다. 다음은 뉴저널리스트 아카데미의 원우인 안소영 님의 개척자 정신에 관한 글이다.

"나의 부모님은 만주를 다니며 삶의 터전을 찾았고 북한에서 머물다 남한으로 피난 와서 부산에 자리를 잡았다. 이모와 삼촌 세대는 민주화를 위해 싸우며 새로운 시대를 열기 위해 노력했다. 그런 선조와 선배들로 인해 대한민국이 이 정도까지 온 것 같다. 그런 대한민국 땅에서 반백년을 살았다. 하지만 대한민국이라는 조국을 위해 헌신하기보다는 내 인생을 개척하며 살기에 바빴다. 우리 세대는 선배들 덕분에 안정적인 세상에서 삶의 수준도 많이 향상되고 문화생활과 교육의 혜택을 풍성히 누리며 살아 온 것 같다. 그런 우리 세대에게 2020년 크나큰 과제가 주어졌다. 코로나19로 인해 삶의 터전과 경제, 유통, 네트워크가 대이동을 하게 됐기 때문이다. 대이동으로 인해 필수적인 움직임이 필요함에도 눈치 채지 못하고 머물러 있으려 하는 이들이 대부분이다. 함께 가야할 길을 나 홀로 닦는다는 것은 외롭고 힘겨운 일이다. 함께 가지 못하는 이들은 뒷짐을 지고 바라보기만 한다. 새로운 길을 개척하고 있다고 얘기해도 그들은 절대 알아듣지 못한다. 나중에 우리가 닦은 그 길을 걸을 때 그들은 아마도 관망하거나 비웃었음을 기억하지 못할 것이다. 상관없다. 각자의 방법으로 미래를 대비하여 선구자 역할을 하는 동지가 있기 때문이다.

예전에 나의 조상과 부모님이 그렇게 했듯이 나도 어느새 누구도 알아주지 않는 개척의 길을 가고 있다. 가슴이 쓰리고 힘겹고 모욕감을 느낄 때도 있다. 나조차도 스스로에게 내가 무엇을 하고 있는지 물어보기도 한다. 나는 마치 내 안에 DNA가 이끌어가듯 나의 몸에 흐르고 있는 피에 이끌려 개혁의 자리로 들어왔다. 혼자 가는 것이 아니다. 미래교육에 앞장서는 뉴저널리스트 아카데미의 프런티어 정신을 바탕으로 선한 영향력을 주고자 뜻을 함께 하는 사람들이 있다. 올바른 개척의 길은 마음만으로만 만들 수 없다. 체계적인 시스템과 연구가 뒷받침 되어야 하며 갈등이 있을 때 그 갈등을 해소할 수 있는 정신까지 있어야 한다. 개척을 하는 것은 단순히 봉사를 하는 것이 아니기 때문이다. 내가 살아 있는 이유이며 풍성하게 누린 삶에 대한 감사의 회답이다. 미숙하지만 지금부터 시작이다. 2025년의 트웬티 파이버스 25ers를 가슴 벅차게 만끽 할 것을 상상하고 감동과 함께 감사의 눈물을 흘리며 오늘도 개척자의 피를 느끼며 미래의 개척에 동참할 것을 선언한다."

융합형 인재가 주인공이 되는 시대
최경옥, 안소영, 장선영

우리는 마음만 먹으면 인공지능AI을 쉽게 사용할 수 있는 시대를 살고 있다. 새로운 기술에 대해 우리는 겁을 먹지만 그럴 필요가 없다. 기술을 개발하는 것은 우리의 영역이 아니며 누구나 사용하기 쉽게 만들어 질 수밖에 없기 때문이다. 우리는 무선 인터넷이나 송신체계를 모르지만 카카오톡을 아무 거리낌 없이 사용하고 있으며, 와이파이가 필요할 때면 와이파이의 원리 대신 비밀번호만 알면 된다. 4차 산업혁명 시대를 맞이하며 우리 모두 기술에 대한 전문가가 될 필요가 없다. 기술은 전문가들에게 맡기고 우리는 기술을 잘 사용해서 융합하고 연결하는 능력을 갖추면 된다. 4차 산업혁명은 1, 2, 3차 산업혁명과 전혀 다른 특별하고 새로운 것처럼 느껴질 수도 있다. 하지만, '현재는 과거의 결과물'이라고 말하는 것처럼 4차 산업혁명 또한 1, 2, 3차 산업혁명을 거쳐 오며 끊임없이 발전해 온 결과이다.

4차 산업혁명 시대에는 사회가 더 세분화 되어 개인화되고 구체화 될 것이다. 박창규 교수의 말이다. '나는 꿈과 소신이 있는 학생이라면 굳이 대학을 안 가고 창업을 한다든지, 현장에서 경험을 쌓는 일들이 더 중요할 수도 있다고 생각한다. 나만의 '맞춤교육'이 절실한 시대가 바로 4차 산업혁명의 핵심이다. 학생들이 스스로 선택해서 커리큘럼을 만들도록 해야 한다. 교육 자체를 학생이 주역이 되는 시스템으로 바꾸어야 할 것이다.'

4차 산업혁명시대에는 개인이 가진 콘텐츠가 더욱 중요하기에 개인 맞춤 교육이 절대적으로 필요하다. 고객의 컨텍스트를 반영해 고객이 원하는 것을 제공해 줄 수 있는 능력이 중요하다. 고객의 컨텍스트를 이해하는 개인과 기업들이 주목을 받는 시대가 올 것이고 이미 와 있는 경우도 있다. 개인은 취업을 하지 않더라도 새로운 플랫폼에서 자신이 보유한 콘텐츠인 '개성을 가진 집'을 사업 아이템으로 삼을 수도 있다. 고객의 컨텍스트를 분석해 내 집을 원하는 고객을 찾아가서 추천하는 개인 마케팅 방식으로 성공할 수도 있는 것이다. 나만의 콘텐츠를 사용해서 경제활동을 할 수 있는 수많은 플랫폼이 마련되어 있기 때문이다. 4차 산업혁명 시대에는 상황별 개인별로 제각각의 형태가 나올 수 있다. 자기만의 경쟁력 있는 콘텐츠를 가지려면 창의성과 문제해결능력, 독창성, 초월성을 가져야 한다. 이런 경쟁력 있는 콘텐츠를 상황별, 독자별로 다르게 연결할 수 있는 개인맞춤형 컨텍스트 전문가의 탄생이 필요하다.

4차 산업혁명시대에는 클라우딩, 빅데이터, 사물인터넷, 인공지능 등의 기술이 워낙 발달해서 이제는 불특정 다수를 위한 것이 아니라 수요자를 특정해서 데이터로 파악하면 컨텍스트를 알아낼 수 있다. 이젠 수요자의 니즈를 맞춰주는 컨텍스트가 중요하다는 것이다. 알고리즘은 내가 좋아하는 것, 내가 보는 것을 파악하여 내게 맞춤형으로 보여주고 있다. 이전에 어느 댓글자는 '알고리즘은 내가 맞았다고 하니까 엄마가 계속해주시는 카레밥처럼 반복해서 나온다.' 인스타 릴스 탭에서 BTS를 몇 번 보면 계속해서 BTS 관련 릴스를 보여준다. 그러다가 내가 보지 않으면 다른 것을 보여준다. 참으로 영악하고 눈치

빠른 인공지능이다. 컨텍스트를 빨리 파악하는 '엄마 기계'의 시대가 도래한 것이다. 다음은 뉴저널리스트 아카데미의 원우인 전용선 님의 글이다.

"세상의 주인이 된다는 의미는 평균치의 잣대로 나를 평가하지 않는 나만의 독특성으로 살아가는 삶의 모습이다. 새로운 지식과 기술을 받아들여 나만의 아우라를 창조해내는 것이 4차 혁명 시대의 주인이 되는 것이다. 세상의 선한 주인이 되는 트웬티 파이버스25ers는 남들과 다르게 미래를 준비하고 있다. 현재와 초개인화되는 미래를 위해 자기 성찰을 깊이 하기 위한 미래저널을 쓰고 있고 어우러져 깨닫고 실천하는 지정의知情意학습을 통해 학문, 예술, 그리고 아우라에 대해 배우고 있다. 이러한 배움과 실천은 4차 혁명 시대의 인공지능으로 대체될 수 없다. 트웬티 파이버스25ers는 새로운 것을 받아들여 뉴저널리스트로서의 길을 함께 걸어가며 서로 영향력을 끼치고 있다. 트웬티 파이버스25ers로서 나와 타인의 자유, 희망, 개방, 꿈을 이루어내는 뉴저널리스트로 거듭나기 위한 훈련을 하고 있고 블록체인 기반의 건전한 생태계인 플랫폼과 커뮤니티를 구축하기 위해 앞서서 로드맵을 그리고 있다. 이 로드맵을 그려가고 있는 세계는 아직 아무도 가보지 않은 곳이다. 때로는 경험하지 않고 눈에 보이지도 않기에 미래에 대해 막연함이 느껴질 때가 있어도 멈추지 않는다. 우리는 프런티어 정신으로 먼저 선점하여 착한 선점을 하면서 사람들을 리드하고 도와주는 뉴저널리스트로 성장해가고 있다."

컨텍스트 어떻게 활용 할 것인가?

최경옥, 안소영, 장선영

지금까지 컨텍스트에 대해 많은 얘기를 나눴다. 왜 컨텍스트가 중요한가? 현재와 미래에 컨텍스트를 어떻게 활용 할 것인가? 수많은 교육자와 교육방법 교육철학에 대해 알아보고 연구하고 실행해 보아도 끝없이 풀리지 않는 문제들이 있다. 이런 현실 속에서 오늘도 우리는 자녀 교육에 대해 고민할 수밖에 없다. 교육의 근본은 변화가 없는데 교육방법 및 방향성은 수시로 변화하고 유행에 따라 달라진다. 자기주도적 학습, 동기유발학습, 내면화 교육, 마인드컨트롤, 메타인지, 뇌교육, 다중지능, 몬테소리, 가베, 프뢰벨, 유태인교육 등 수없이 많은 교육에 대한 키워드 속에서 헤매는 동안 자녀는 훌쩍 커버린다.

컨텍스트는 상황맥락, 배경, 환경을 말한다. 상황맥락을 잘 이해하려면 큰 그림을 그릴 줄 알아야 한다. 눈앞에 있는 작은 문제만 풀려고 할 것이 아니라 그 문제가 어디에서 비롯된 것인지를 이해하고 해결하는 것은 진정성 있는 마음이다. 단순히 수학문제 하나, 영어문제 하나를 풀기 위한 것이 아니라 수학문제가 어디에 활용될 것이라는 것을 알고 푼다면 그 문제를 풀 수밖에 없는 상황 속에서 본인은 주인이고 진정성 있게 그 문제를 해결하게 된다. 예를 들어, 피자 한판을 다섯 사람에게 똑같이 나누어 주려고 한다. 어떻게 해야 하나? 수학적인 문제로는 분수로 접근을 할 것이다. 영어로는 상황을 그대로 번역을 할 것이다. 도덕적인 부분에서는 '균등하게 똑같이 나누어야 하는가?'에 대해 토론 할 수 있다. 경제교육에서는 '누가 피자를 샀는가? 투자한 만큼 먹어야 하나? 인간적인 면에서는 누가 더 배가 고픈가? 피자를 못 먹는 사람은 없는가? 알러지가 있거나 소화 장애가 있는 사람은 없는가?'라는 상황 설정도 해 볼 수 있다. 과거에는 이러한 상황 속에서 리더가 주는 대로 먹어야 했다. 많이 먹은 사람이든 적게 먹은 사람이든 불평을 말 할 수 없었다. 일괄적인 처리에 따를 수밖에 없었던 시대였다. 그런데 왜 지금은 말도 안 되는 이러한 상황을 설명하는 것일까? 바로 그 리더의 역할을 사람이 아닌 인공지능AI이 할 수 있기 때문이다. 사람은 말하지 않아도 안다. 감정의 교류가 있기 때문이다. 신뢰감과 친밀감이 상황에 영향을 미친다. 작게 줘도 섭섭하지 않고, 많이 줘도 서글플 수 있는 감정이 인간에게는 있다. 전후 상황과 분위기에 의해 현재 의도하는 부분과 인지하는 부분이 다를 수 있다. 하지만 AI는 알려주는 것, 저장된 것에 의해 모든 일을 해결한다. 이런 AI를 알아야 한다.

그러려면 내가 입력을 잘 해야 한다. 주문을 잘해야 하는 것이다. 입력하는 내가 누구인지를 아는 것은 매우 중요하다. 내가 원하는 것이 무엇인지를 잘 알아야 한다. 지금의 상황은 어떤지, 전후 흐름은 어느 방향과 어느 시점인지를 알아야 한다. 예를 들어 "나는 피자를 좋아한다."고 AI에게 말을 했다. 그런데 내가 밥을 많이 먹은 날, 소화가 안되는 날, 다이어트를 하고 있는 날, 남자친구와 피자집에서 싸운 날, 피자의 성분이 안 좋다고 뉴스에서 방송하고 있는 순간에는 피자를 좋아하지만 먹고 싶지 않을 수 있다. 가족은 컨텍스트를 알고 상황에 맞게 피자를 분배하거나 아예 주지를 않는다. 사람은 말하지 않아도 안다. 하지만 AI는 정확하게 표현하지 않으면 나에게 똑같은 피자를 분배해 줄 것이다. 정말 짜증나는 상황이다. AI는 아직까지는 컨텍스트에 약하다. 미래에는 이것마저도 향상되겠지만 아직은 그렇다.

우리는 컨텍스트를 그래서 잘 알아야 한다. 컨텍스트의 기본은 연결이다. 연결을 잘하려면 속성과 시간이 중요하다. 너무 빨라도 너무 느려도 안 되고 비슷한 것도 만족하기 힘들다. '어떻게 그렇게 사소한 것을 다 맞추냐? 그냥 적당히 해라'라는 말을 하는 이도 있지만 AI는 '적당히'라는 것을 모른다. 사람은 적당히 라는 말을 안다. 만약 사람에게 '적당히 주세요'라고 말했다면 '컨텍스트를 알고 계실테니 적절한 판단을 해서 주세요'라는 의미가 된다. AI는 적당히를 전혀 알 수 없다. 그렇기에 우리는 AI가 알 수 있도록 정확하게 나는 누구인가, 나는 무엇을 원하는가를 설명해야 한다. 어찌보면 참 서글픈 현실이다. 부정하고 싶지만 부정할 수 없는 현실과 미래이다. 하지만 너무 부정적으로 생각할 필요는 없다. 필요하지 않으면 사용하지 않으면 된다. AI가 많은 편리성을 제공해주므로 완벽하게 맞춤형 서비스를 받기 위해 성립되어야 하는 부분이기 때문이다. 기성세대들은 이러한 상황을 귀찮다고 거부하고 있다. 나만을 위한 서비스를 받아보지 않아서이다. 하지만 기성세대들이 더 까다롭고 예민하게 반응을 보이기도 한다. 실컷 주문해 놓고 투덜거리는 기성세대들에게 한 번에 정확하게 눈치보지 말고 자기가 원하는 것을 정정당당하게 표현 할 수 있는 방법을 알려줘야 AI를 최대한 활용 할 수 있다.

세상은 계속해서 발전하고 있다. 변화의 물결에 귀찮다고 하는 기성세대들을 위해 트웬티 파이버스25ers는 존재한다. 우리는 선한 영향력을 발휘해야 한다. 귀찮다고 사용법을 익히지 않는 주변의 언니, 오빠, 동료들을 이용하려는 생태계가 만들어지지 않도록 친절한 안내자가 되어야 한다. 알고 보면 귀찮지도 어렵지도 않다. 익숙한 것과의 이별을 배신으로 생각할 필요도 없다. 생각의 유연성도 습관이다. 예전에는 생각의 유연성, 독창성, 창의성을 억압하였지만 현재와 미래는 달라졌고 달라질 것이다. 억압 속에서 살아온 나의 가족과 동료들에게 잃어버린 자아를 찾아주고 싶다. '자아를 찾아서 뭐하게?' '자아가 밥 먹여주나?'라는 물음에 '그렇다. 이제는 자아를 알아야 밥 먹고 산다'라고 알려 주고 싶다. 자아를 알아도 함께 할 사람이 없고 장을 만나지 못하여 다시 억압하고 포기해야 하는 시대는 지났다. 이제는 나의 자아를 찾고 나와 맞는 것을 연결해 주는 글로벌 디지털 세상이다. 컨텍스트는 그래서 중요하다.

●

최고의 컨텍스트는 '나'와 '너' 그리고 '우리'
최경옥, 안소영, 장선영

"4차 산업혁명 시대에는 보편 타당한 정의definition보다는 개인화된 '나'와 '우리의 상황'에 맞는 정의가 필요하다. 새로운 생태계의 주인이 되어 규칙을 정하고 환경을 지배하는 '생태계 창조자'가 되기 위해서는 우선 새로운 플랫폼 기반의 생태계를 만들어야 한다. 다시 말해, 아무도 가보지 못한 미지의 신대륙을 발견하는 것과 같은 것으로 콜럼버스의 항해가 전형적인 하이리스크, 하이리턴 비즈니스라고 박창규 교수는 말하고 있다."
뉴저널리스트 아카데미 1기 전주영

4차 산업혁명시대에 컨텍스트를 제대로 파악하지 못한다는 것은 내가 영화의 주인공임에도 불구하고 스스로 엑스트라로 생각하는 것과 같다. 컨텍스트를 모르는 것은 엄마가 아들의 키와 몸무게도 모르고 옷을 만드는 것과 같은 것이다. 아무리 아들을 위해 열심히 만든 옷이라 하더라도 사이즈를 모르면 아들이 입을 수 없는 옷이다. 엄마의 사랑과 정성으로 만든 옷이라 하더라도 아들에게 꼭 필요한 옷이 아니라면, 그 옷은 아들을 주인공으로 만들어 주지 못하고, 존재감마저 흔들리게 할 수도 있다. 컨텍스트는 단순히 아이디어를 말하는 것이 아니다. 컨텍스트는 절실함이다. 꼭 필요로 하는 사람들에게, 딱 맞는 시간대에, 온전히 그만을 위한 것이어야 한다.

'나는 누구인가?' '사람은 무엇인가?'

살아오면서 스스로에게 한번 쯤 던져 본 질문일 것이다. 우리는 개인의 취향을 물어보면 "괜찮아요, 아무거나, 상관없어요."라고 한다. 이는 우리의 마인드가 아직 2차 산업혁명 시대에 머물러 있기 때문이다. 서브웨이라는 샌드위치 가게가 있었다. 80년대 말 중학교 시절이었다. 그때 여기서 주문을 하는 것이 너무 어려웠다. 햄버거 속의 재료 하나하나를 다 물어봤기 때문이다. 완제품에 익숙한 나는 그냥 "아무거나요."라고 했다. 당황스러웠다. 이런 상황이 된다고 하더라도 당당하고 떳떳하게 나의 취향을 말 할 수 있도록 '나는 누구인가?', '나는 무엇을 좋아하는가?', '나는 무엇을 싫어하는가?', '나는 지금 얼마를 가지고 있는가?'를 알아야 한다. 이렇게, 나의 컨텍스트를 나부터 제대로 알고 있어야 한다. 나의 생각과 감정과 행동의 의미를 내가 인지해야만 하는 것이다.

4차 산업혁명 시대에는 나만을 위한 주문을 해야 할지도 모른다. 그런데 내 삶의 컨텍스트를 내가 모르고 있다면 AI 세상에서 인간다움을 잃어 가는 것과 같다고 말할 수 있다. 잘났거나 못났거나 상관없다. 나는 나 자체로 존귀한 사람이고 세상에 단 한 명뿐인 가장 희소성이 있는 사람이다. 우리는 우리의 역사를 객관적으로 판단하듯이, 현재의 우리 자신도 객관적으로 바라볼 필요가 있다. 역사에 대해서는 쉽게 생각하면서도 우리 자신이 포함되어 있는 '지금'에 대해서는 어렵고 주관적이 되는 것 같다. 거대한 파도가 올 것이 자명한 일이라면, 또다시 주체적인 삶을 위해 지금부터라도 대비하고 준비해야 함은 매우 자연스러운 일이지 않을까? 4차 산업혁명의 실체를 이해하면, 그것이 몰고 올 엄청난 변화들로 위기감 또한 느껴질 것이다.

변화의 혁명이 왔을 때 또다시 과거 역사처럼 이리저리 휘둘리지 않고 주체적으로 중심을 잡고 살아가려면, 마냥 무관심하거나 배척하면서 지금만을 고수하지 않고, 좀 더 마음을 열고 유연하게 수용하며 주체적으로 활용하며 나아가야 내가 좋아하는 것도 계속해서 할 수 있을 것이다. 지금 프런티어리즘을 가진 선두주자들이 2025년에 꽃을 피울 것임을 확신하여 박병기 교수는 그들을 미리 '트웬티 파이버스25ers' 라고 명명했다. '트웬티 파이버스25ers'는 바로 그 4차 산업혁명의 큰 변화가 오는 것을 받아들이고, 변화에 마음을 열고 우리가 그 변화 위에서 주체자가 되기 위해 지금은 막연하고 눈에 보이지 않는 길을 준비해 가는 사람을 말한다. 다음은 뉴저널리스트 아카데미 1기 원우 김지혜 님의 글이다.

"과거엔 변화가 생기면 그저 적응하고 따르는 사람 중 한 명이었다. 그래서 몇 년 전까지만 해도 미래가 '설렌다'는 생각은 들지 않았다. 딱히 미래에 꼭 어떤 '성공'이 있어야 한다고 생각하지 않았고, 꼭 어떤 열매가 있어야 한다고 생각하는 편도 아니었기에 강물이 자연히 바다로 흐르듯이 미래란 그냥 지금 이순간이며 자연의 순리대로 흐르는 길을 따라가는 것 이라고 생각했다. 그래서 '미래'란 딱히 '설렌다'기 보단 내가 만들어 놓은 '안전지대Comfort zone' 안에서 내가 예견되는 길로 진행될 뿐이란 느낌이었다.

하지만 지금은 2025년의 미래가, 몇 년 후의 미래가 어떻게 펼쳐질지 무척 기대되고 설렌다. 미래가 설레는 건, 지금 내가 삶의 'the Why이유'를 찾아가며 또 다른 하고 싶은 일들이 생기고, 배우고 성장하며, 미래를 준비하게 되면서 기대되는 일들이 생겨나기 때문이다. 무엇보다 주변에 좋은 사람들이 생겨나고 함께 하기 때문인 것 같다.

이제 나는 트웬티 파이버이고 싶다. 트웬티 파이버가 한 명이 모이고, 두 명이 모이고, 백 명이 모이고…. 그 사람들과 함께 나누는 미래란 얼마나 설레는 일일까 생각해본다. 큰 변화가 올 미래라도 사람들과 함께 준비하고 나눌 것을 알기에 두려움보다는 오히려 설레임으로 기다려진다."

2025년 뉴저널리스트의 하루
최경옥, 안소영, 장선영

다음은 주인공 선영이의 미래 사회 가상 이야기다.

"아침에 눈을 떠 '굿모닝'을 외치는 순간 선영이 좋아하는 자연의 새소리와 계곡 물소리가 스피커에서 흘러나오고 잠시 눈을 감고 명상을 한 후 '오늘의 커피'라고 말하니 커피머신에서 자동으로 추출된 선영이 좋아하는 과일향의 원두로 로스팅한 커피가 추출된다. 선반이 있는 로봇이 '좋은 아침입니다'라고 인사하며 선영에게 커피를 가져다준다.

'뉴스'라고 말하자 거실 벽 화면에서 오늘의 주요 뉴스를 인공지능 스피커가 브리핑 해주고 '뉴저널리스트 투데이온라인 언론사'에 선영이 전날 올린 글과 영상에 달린 댓글과 사용자 채널들을 빠르게 스캔해 보여준다. 모든 기사는 NFT화되어 코인으로 거래되고 기사내용을 개인채널과 타채널에 연결해준 사용자에게 코인을 지급하는 시스템이다.

'좋아요'가 가장 많이 달린 기사는 문맹률이 높은 제3세계 아이들에게 도서관을 만들어주는 프로젝트를 기획하는 기사이다. 선영이 이를 위해 지난달 직접 현장에서 아이들이 공부하고 있는 열악한 교실의 실태를 취재해 보고했다. 학교선생님들과 지역주민들의 인터뷰 내용을 실은 도서관 건립의 절실함을 알리는 기사로 내용 하단에 '기부동참하기' 버튼을 누르면 도서관건립에 기부되는 크라우드펀딩이다. 국내뿐만 아니라 해외에서도 NFT를 통해 기부된 수익금으로 선영이 다녀온 학교의 도서관건립을 할 수 있다는 소식을 학교관계자와 화상미

팅을 통해 전하고 학교시설이 열악한 곳을 계속 파악해 달라고 말한 후 미팅을 마친다.

잠시 후 선영이 '힐링스쿨'이라고 말하니 거실 벽에 설치된 증강현실 속 화면에서 자연의 산, 바다, 호수의 실제 모습을 보여주며 자연의 소리를 완벽히 구현하고 30분에 한 번씩 향기로봇이 향기를 내뿜어 자연의 향기를 느끼도록 해주며 실제 그곳에 있는 것 같은 느낌을 구현해준다. 메타버스에서 진행하는 마음치유프로그램인 '힐링스쿨'은 몸이 불편한 사람들이 참여하는 프로그램이다. 증강현실을 활용해 자신의 몸이 가상현실에서 자유자재로 움직임을 실현하고 이미 건강한 자신의 모습을 보여줌으로써 '나는 이미 다 나았다'라는 것을 잠재의식에 각인시키는 명상과 뇌과학에 기반한 치유프로그램이다. 사용자들은 이 프로그램을 사용해 언제든 접속해 서로의 경험을 공유하며 마음을 나누고 연결된다.

또한, 정신적인 문제로 힘들어하는 사람들을 위해 '명상치유와 생각전환 프로그램'인 '스페이스몽'에서 사용자들은 가상공간에서 자신이 캐릭터를 직접 만들고 부정적인 자아개념을 삭제하고 긍정적인 자아상을 확립할 수 있도록 돕는다. 사람의 형상을 한 '스페이스몽'이 사용자의 마음을 들어주고 공감과 위로해주며 안아주는데 이때 심장박동과 연계한 프로그램이 가동되어 실제 사람이 안아주는 느낌이 나도록 해 치유의 효과가 아주 좋다는 평이다.

정부와 지자체에서 연대해 정신적인 문제가 심각하거나 자살충동이 있는 사람, 고령층과 사회취약계층 등을 연결해 '스페이스몽'을 애완로봇으로 보급했다. 이 로봇에 24시간 돌봄 시스템을 가동하고, 혹시

라도 모를 응급사태에 대비해 119연결 시스템이 되어있는데 최근 욕실에서 미끄러져 쓰러져있는 홀몸어른과 우울증으로 극단적인 선택을 하려던 여성을 '스페이스몽'이 긴급비상사태를 알려 소중한 생명을 살릴 수 있었다.

며칠 동안 장맛비가 내려 야외활동을 하기 힘들지만 날씨와 상관없이 가상공간에서 쾌청한 날씨 속에서 자주가는 장소인 '북한산'으로 장소를 설정해 러닝, 걷기, 싸이클 등 실내 운동을 하고 나니 몸과 마음이 개운하다. 하루의 운동 목표를 설정하고 목표를 달성하면 코인도 지급받으니 일석이조다. 메타버스 운동프로그램인 '활력텐션업' 프로그램에서 체력을 측정한 후 전문가 그룹과 연계해 건강관련 진단을 받고 필요한 운동을 하며 근력을 키운다. 최근 이 프로그램을 통해 극한 도전을 하는 것이 유행인데 아마존, 히말라야, 북극 등을 가지 않고도 탐험하는 프로그램이라서 모험을 즐기는 사람들에게 인기가 매우 높다. 선영도 다음 달 온라인 철인 3종 경기에 참여할 예정인데 여기에서 도전 목표를 세우고 달성하면 오프라인 행사에 초청받을 수 있어 최근 운동을 열심히 하고 있다.

운동을 마치고 선영의 체형과 몸매설정을 계획한 대로 맞춤한 푸드 디자이너가 설계한 영양가 높은 식단으로 배달되어 온 반조리 음식을 푸드 로봇이 적당한 온도로 조리하도록 세팅해줘 여유롭게 점심시간을 보낸다.

오후시간, 몇 달 후 진행될 '화성에서 한 달 살기 프로젝트'에 참여하기 위해 메타버스에서 진행되는 무중력체험을 한 후, 힐링스쿨 프로그램의 향기 치유를 위해 자연의 공기를 채집하러 북한산 계곡으로 향한다. 자연 속에서 힐링하며 명상 후 공기를 채집해 소량의 공기를 대량으로 만들 수 있는 시스템을 갖춘 수집기에 넣고 집근처에 있는 힐링연구소로 간다. 연구원에게 건 낸 뒤 집으로 돌아온 선영은 '집밥 천국'사이트를 통해 배달받은 손질된 요리재료로 매뉴얼대로 음식을 만들어 가족과 즐거운 저녁시간을 갖는다.

설거지 전용 로봇이 설거지를 해줘서 선영은 그 시간에 디스코드 Discord에서 만난 선영의 커뮤니티 가족들과 메타버스에서 '가족오락 관' 몸으로 말해요 게임을 하며 행복한 시간을 보낸 뒤 저녁 늦게 힐링 스쿨에 참여한 사용자들과 대화를 나눴다. 오늘 하루 마음은 어땠는 지 대화하는 시간을 갖고 영상으로 기록한 후 생각과 감정의 변화를 데이터로 축적해 분석했다. 잠자리에 들기 전 선영은 미래저널을 쓰 며 오늘 하루 동안 있었던 일, 감사한일, 잘한 일, 잘 안된 일, 개선해 야 할 일을 점검하고 내일의 계획을 세운다.

다음날 선영은 온라인 뇌과학 세미나에 참석해 증강현실에서의 치 유프로그램 전문과그룹과 토론하며 몸·마음·정신의 치유에 대해 공부 하고 이 내용을 기사로 작성해 '뉴저널리스트 투데이'에 올렸다. 오후 에는 선영의 힐링스쿨 주방에서 서번트 리더십을 실천하는 사람들과 함께 쪽방촌에서 생활하는 취약계층에게 나눔 할 빵과 과일도시락을 만들어 배달하는 봉사활동이 있는 날이다. 힐링스쿨 주방에는 향긋 한 과일냄새, 빵굽는 냄새, 사람들의 웃음소리가 가득하다. AI 제빵시 스템으로 빠르게 구워져 나오는 빵을 자원봉사를 온 사람들이 손으로 포장하고, 과일커팅 로봇이 깎아 준 과일을 예쁘게 썰어 도시락 용기 에 담는다. 자동화 시스템 덕분에 시간이 여유로워 빵이 구워질 동안 취약계층분들에게 마음을 전할 손편지를 쓴다. 포장을 마치고 쪽방촌을 방문해 정성껏 준비한 음식을 나눔하며 마음을 전할 수 있어 따뜻한 감성을 느낀다.

집으로 돌아와 정부의 지원을 받지 못하는 쪽방촌 취약계층분들에게 지속적인 관심과 후원을 받을 수 있게 오늘 취재한 내용으로 영상 편집 AI를 통해 편집해 올렸다. 편집 시간은 3분쯤. 또한, 비영리단체와 연계한 재미있는 공익활동 프로그램을 기획, 취재하고 체험하는 '체공리즘' 코너를 신설해 나눔과 봉사활동이 일상생활 속에서 가능하며 마음을 나눌 때 행복한 삶을 살아갈 수 있다는 것을 더 많은 사람들이 알 수 있게 연결하는 희망의 브릿지 선영이다. 선영은 자신이 꽤 괜찮은 사람이라는 것을 믿고 오늘도 서번트 리더십을 실천하는 행동하는 지성인, 트웬티 파이버스25ers '뉴저널리스트'다."

나가는 글 (최경옥, 안소영, 장선영)

뉴저널리스트 아카데미에는 미래사회에서 선한 영향력을 주도하기 위한 사람들이 모였다. 아카데미의 원장인 박병기 교수는 우리를 '트웬티 파이버스25ers'라 칭하며 우리를 이끌고 모험의 세계로 인도한다고 했다. 뜻을 함께 하며 하나가 되어 우리는 많은 변화를 경험했다. 그저 답답한 마음으로 현실에 적응하면서 나와 가족을 위해서만 살아오다가 더 큰 영향력을 위해 작은 실천을 하면서 삶의 의미를 느끼게됐다. 우리는 우리 자신과 가족뿐만이 아닌 우리나라의 미래와 인간의 미래까지 생각을 확장하게 되었다.

박병기 교수께서 보여준 큰 그림은 답답한 우리의 마음에 청량음료

같은 역할을 했다. 답을 알았더라도 우리는 혼자서는 힘들다는 것을 잘 알고 있었다. 우리는 디지털 기기를 활용해 뜻을 함께 하는 이들과 더 쉽게 연결 될 수 있었다. 뉴저널리스트 아카데미는 인생을 뜻 깊게 해주고 더불어 살아가는 홍익인간의 정신을 실천할 수 있게 장을 펼쳐 준다. 약 20명으로 시작했지만 이는 200명 2000명으로 늘어날 것이고 우리가 살아가는 지구생태계가 건강한 생태계가 만들어 지도록 할 것이다.

무엇보다 우리의 딸과 아들이 살아 갈 세상을 바르고 안전한 세상으로 만들어 주고 싶은 간절한 마음으로 우리는 이 거룩한 일에 동참했다. 지금 우리의 행동과 마인드를 알아주는 이는 거의 없다. 그저 "대단해 나중에 TV 속에서 보는 거 아니야" "우리 같은 사람은 엄두도 못낸다…." "그냥 편안하게 살면 안되는 건가?" "역시 특별한 사람은 달라…." 라는 농담 삼분의 일, 진담 삼분의 일, 조롱 삼분의 일이 섞인 말을 한다.

이러한 반응속에서 희망적인 것은 동참하겠다고는 말을 하는 사람은 없지만 트웬티 파이버스25ers의 길을 부정하는 이는 없다는 것이다. 그들 또한 막연히 세상의 변화를 느끼지만 어디서부터 무엇을 해야 할지 모르는 이들이다. 누구와 함께 해야 할지도 모르며 지금 그들이 소속되어 일하고 있는 생계수단의 직업이 더 중요하다고 생각하여 모험을 하지 않겠다는 생각뿐이다. 트웬티 파이버스25ers는 모험의 길을 시작했다. 도전을 한 것이다. 혼자서는 힘들지만 함께이면 가능하다. 미래는 협업을 하며 살아가야 하는 세상이다. 트웬티 파이버스25ers의 공동체 안에서 우리는 미래의 생태계를 배우며 감사한 마음으로 모험하고 도전하며 즐길 것이다.

- 안소영

　뉴저널리스트 아카데미와의 만남은 지극히 개인적인 욕심으로부터 출발했다. 첫 번째 시간, 지금은 단어도 생소한 '프런티어 정신'과 '홍익인간'을 얘기할 때 '내가 발을 잘못 들여놨구나'싶어 잠시 후회를 하기도 했다. 자녀들에게 남겨주고 싶은 책 한 권을 쓰는 소박한 꿈을 가진 나에게 갑자기 '서부의 황무지를 달리라'고 박병기 교수는 말했다. 이게 무슨 말인지 도무지 이해가 되지 않았다. '자동차가 하늘을 날아다니고, 아바타의 메타버스 속 세상을 당연하게 생각하는 이 시점에 뭔 구닥다리 같은 얘기지?' 방향성에 의문이 생겼다. 지금까지 내가 가지고 있던 경험과 기억 속을 아무리 헤집고 다녀도 이건 아니다 싶었다. 하지만, 뉴저널리스트 아카데미 1단계 1주차 수업을 마치자마자 내 삶의 방향키가 바뀌는 천둥소리가 들렸다. '지금껏 내가 살아왔던 세상에서 안주할 것인가?' 아니면, '새로운 시대의 개척을 꿈꾸던 프런티어들과 같은 선구자가 될 것인가?'하는 질문이 나도 모르게 온몸을 감쌌다.

　앞으로 살아가야 할 세상에선 나만의 콘텐츠가 있어야 한다는 세간의 소리에 여기저기 참 바쁘게 기웃거렸다. 그런데, 깊은 자기 성찰과정을 통해 도움을 청하는 작은 용기가 바로 목마르게 찾아 헤매던 삶의 지혜였다. 머리가 서늘해졌다. 뉴저널리스트 아카데미속에서 일어났던 자발적인 소통과 나눔, 희생의 연결은 AI가 지배할 시대에서 '인간다움'을 누리게 할 컨텍스트임이 몸으로, 마음으로 깨달아졌다. 재능을 나누고 연결하며 극한의 한계를 뛰어넘는 환희도 느낄 수 있었다. 서로의 필요를 채워주려고 애쓰는 마음들이 전해오는 따뜻함에 온마음이 울컥해지기도 했다. 이렇게 작은 것들이 모여 연결된 거대한 네트워크는 바로 내 안에서 나오는 진정함에서 시작됨을 있음을 알게 되었다. 파울료 코엘료의 소설 '연금술사'에서 '이집트의 피라미드가 내 집 마당에 있을 수도 있다.'고 한 것처럼 말이다.

새로움에 대한 호기심이 엄청 많은 나는 '자기개발 중독자'라고 딸이 말할 정도로 열심히 공부를 했다. 어떤 음주가무보다 맛있고 즐거웠던 게 '앎에 대한 호기심'이었다. 그건 나의 즐겁고 행복한 삶을 위한 지극히 개인적인 것이었다. 지금은 아니다. 내 안에 있는 꿈의 방향키가 전혀 다른 곳을 향하고 있다. 이제는, 진정한 나와의 만남을 통해, '나눔'을 실천할 수 있는 선한 영향 능력자가 되고 싶다. 나의 콘텐츠를 세상과 연결하고 나의 언어로 재생산 할 '나의 이야기'를 위해 계속해서 질문하고 관계 맺기 위해 노력해야겠다. 이를 통해 다른 사람과 협력하는 집단지성도 키우고, 앵무새 같은 단순 복화술이 아니라 진정한 나의 글로 세상을 감동시키는 글을 쓰고 싶다. 그 일을 위해 노력하는 뉴저널리스트. 포티나이너스들이 누볐던 미국 서부의 벌판. 나는 우리만의 플랫폼을 누빌 트웬티 파이버스25ers임을 선언해본다.

- 최경옥

나는 오랫동안 스스로에 대해 탐구해왔지만 '내가 누구인지'에 대한 정체성을 확립하지 못한 채 어느덧 중년이 되었다. 코로나로 인해 더욱 빠르게 변화하는 세상에서 적응하지 못한다는 생각 때문에 나는 가끔 괴로웠다.

뉴저널리스트 아카데미 교육의 핵심인 지정의知情意학습은 '나는 누구인가'에 대한 답을 찾아가도록 도왔다. 아래 글은 1기 교육과정 중 '지정의知情意가 무엇이라고 생각하는지'에 대해 적은 것이다.

"인간은 혼자 살아가는 것이 아니라 세상 속에서 타인과 함께 연결되어 있기 때문에 내가 오늘 어떤 생각을 하고, 어떤 감정을 느끼고, 어떤 행동을 했는지 돌아봄으로써 자신을 좀 더 나은 사람으로 개선하고 발전해나갈 수 있다고 생각한다.

뉴저널리스트는 선한 영향력을 바탕으로 사람들과 소통하며 공감할 수 있어야 한다. 또한, 머리가 아닌 가슴으로 사람과 사람의 마음을 이어줌으로써 기계가 할 수 없는 진정한 인간의 가치를 꺼내는 사람이다. 뉴저널리스트는 이 밖에 사람은 무엇으로 살아가는지에 대한 질문을 던지고 그 해답을 스스로 찾아갈 수 있도록 돕는 사람이다. 그 시작은 내 주변의 사람들을 이해하고 사랑하는 것이다. 내가 가진 것을 나누고 봉사하며 사랑을 실천하는 것이 중요하다고 나는 생각한다."

1단계8주 이어 2단계8주, 3단계8주 교육과정을 통해 웹 3.0이 주도하는 미래 디지털 세계와 연결되기 위해 나는 이제까지 했던 기존의 사고방식을 과감히 버리고 한정된 생각에서 벗어나 내 스스로 무한한 가능성이 있다는 것을 믿는 것이 필요했다. '이게 될까, 안될까'를 미리 판단하지 말고 의심스럽더라도 일단 시도하고 해나가는 과정에서

의미를 찾아야 함을 배웠다.

트웬티 파이버스25ers는 남들이 가지 않는 길을 개척하는 개척자이며 동시에 '용기 있는 도전자'이고 포기를 모르는 불굴의 정신력을 가진 사람들이다. 경험하지 않으면 모르고 가보지 않으면 모르는 길, 트웬티 파이버스25ers의 길도 그러할 것이다. 생각의 한계를 넘어 다가올 미래의 새로운 세상을 만나기 위해서는 새로운 시도, 새로운 경험, 행동을 해야 함을 이곳에서 배웠다.

트웬티 파이버스25ers의 길을 가기 위해 나의 현재 목표를 설정하고 그것을 위해 지금 무엇을 할 것인가 끝없이 자신에게 묻고 답한다. 정확히 분석하고 나를 객관화해서 보는 연습이 필요하기에 매일 미래저널을 쓴다. 동시에 현재의 삶에 대한 경이로움과 감사함으로 충만한 행복을 느끼고 어떻게 행동할 것인지 성찰한다.

트웬티 파이버스25ers는 자기 자신에 대해 깊은 성찰을 하고 자신을 이해하고 사랑하는 마음을 가지고 친절하고 온화한 마음, 나누고자 하는 선한 마음, 봉사하고 사회에 공헌하고 헌신하는 '서번트 리더십'을 실천하는 사람이다.

최고의 컨텍스트는 '나 자신에 대해 잘 아는 것'에서 출발해 나에게서 타인, 그리고 우리로 확대되어 인간 중심의 가치를 창조하는 것에 본질적인 의미가 있다.

1492년 콜럼버스가 신대륙을 발견했을 때처럼 2025년 우리는 디지털 신대륙에서 새로운 가능성을 찾게 될 것이다. 디지털 신대륙은 웹 3.0을 기반으로 시공간을 초월해 사람들을 연결해 주는 컨텍스트를 통해 사람들과 연결된다.

나는 기술의 발전이 세상을 더 좋게 만들 것이라는 것을 믿는다.

얼마 전 내셔널지오그래픽 유튜브 채널에서 토네이도에 대한 데이터를 확보하기 위해 폭풍 속으로 몸을 던지는 토네이도 전문가를 보면서 트웬티 파이버스25ers가 이와 같은 사람들이라고 생각했다.

폭풍 속으로 몸을 던지는 두려움이 없는 사람, 남들 눈에는 비정상적으로 보일 정도로 모험과 도전을 즐기는 사람, 그리고 자신이 하는 일로 보람을 느끼고 사람들에게 도움이 되고 더 좋은 세상을 만들기 위해 노력하는 사람이 트웬티 파이버스25ers가 아닐까 생각한다.

잠시 눈을 감고 2025년, 미지의 세계를 항해하는 트웬티 파이버스25ers의 삶을 살고 있는 멋진 나의 모습을 상상해 본다. 수없이 많은 좌절과 실패 속에서도 용기 있게 나만의 독창성을 가지고 소신 있게 꾸준히 사명감을 가지고 나아가는 모습, 어려움 속에서 진리를 향해 나아가는 모습, 그리고 든든한 뉴저널리스트 아카데미 동기들과 함께 웃으며 서로에게 감사하는 모습이 그려진다.

혼자 가면 외롭고 두렵지만 함께하는 조력자인 미래교육의 리더 박병기 교수와 같은 세계관을 가지고 함께 하는 동기들이 있어서 트웬티 파이버스25ers로 가는 길이 설레고 기대된다.

- 장선영

25ers
트웬티 파이버스

Chapter IV

Chapter IV:

AI시대의 독창성과 초월성

"미래로부터 역산해 현재의 행동을 결정하라.

99%의 사람은 현재를 보면서 미래가 어떻게 될지를 예측하고,

1%의 사람은 미래를 내다보면서

지금 현재 어떻게 행동해야 될지를 생각한다."

- 간다 마사노리(일본 경영 컨설턴트)

들어가는 말[2]

인간은 원래 창의성을 가진 존재로서 태어날 때부터 받은 고유성과 독특성이 있다. 살다 보면 그런 고유성은 없어지고 하루하루 살아 내기 위한 반복적인 생각에 휩쓸리며 살게 된다.

우리는 주입식 교육에 익숙해져 있었지만, 최근에는 의식적으로 익숙한 세계관에서 더 큰 의식으로의 확장과 성장을 위해 주체적으로 생각하고 여러 가지 경험을 쌓는 노력을 하고 있다. 이러한 경험을 지속해서 해 나가는 과정에서 뉴저널리스트 아카데미 교육 과정을 수행

////////

2) 챕터4는 김지혜, 전주영, 최선영님이 편집하였고 들어가는 말은 김지혜, 전용선, 정선월, 이지윤 님의 글을 참조하여 작성된 것입니다

하게 되었다.

뉴저널리스트 아카데미 과정에서는 '미래저널과 미래리딩'이라는 책을 통해 매일 나 자신에게 나는 누구인지, 왜 배우는지, 왜 사는지 등에 관한 질문을 하며 '진정한 나'를 만나고 성찰하는 시간을 갖는다. 이런 성찰을 통해 우리 자신에게 근원적인 질문들을 하며 우리를 깊이 들여다보는 시간을 갖는다. 그러한 질문과 성찰을 반복할수록 나만의 the Why삶의 이유&일하는 이유와 고유성을 발견하며 내면에서 변화가 일어나고 있다.

우리를 깊게 바라보는 훈련이 확장되어 다른 사람들을 바라보거나 어떤 상황과 사실을 받아들일 때도 단순한 접근이나 습득이 아닌 전체를 아울러 보는 습관도 우리에게 생겼다.

가끔 우리가 아는 정도에서 우리는 이만큼의 사람이라고 제한하기도 했지만, 뉴저널리스트 아카데미 교육 과정과 동기들과의 연결을 통해 우리가 모르는 우리의 능력을 함께 발견하고 우리에게 익숙하지 않았던 본질과 자세 등의 또다른 새로운 경험과 배움, 실천을 쌓았다.

우리의 배움의 목적은 단순히 지식을 쌓기 위함이 아니라, 지혜를 얻고 그 과정에서 새로운 자신을 발견하고 창조하는 기쁨을 누리는 것이었다. 그리고 새로운 나를 창조한다는 것은 세상에 없는 나를 만들어내는 것이 아니라 나를 깊이 이해하고 내 안에 숨겨진 보물을 찾아내고, 새로운 나를 '발견'하는 것이라고 우리는 배웠다. 이 배움의 여정을 통해 우리가 미처 깨닫고 있지 못하는 우리만의 독특성과 강점을 찾아내는 보물찾기 여행을 하고 있는 것 같기도 했다. 또한, 이러한 여정이 나만의 보물찾기 여정으로 끝나는 것이 아니라 다른 사람도 보물을 찾을 수 있도록 선한 영향력을 미치며 보다 높은 가치에 연결되고자 하는 소망도 우리에게 생겼다.

나를 사랑하듯 세상을 사랑하고, 있는 그대로의 가치를 찾아내는 능력을 배양한다면 앞으로 다양한 미래 기술들이 다가오더라도 그 기술들을 잘 활용해 좋은 문화, 좋은 생태계, 좋은 세계관, 좋은 철학을 만들어갈 수 있을 것이라고 우리는 기대한다. 이 챕터에서 우리는 김지혜 전주영 최선영 뉴저널리스트 아카데미의 원우들이 쓴 독창성 그리고 초월성에 관한 글을 모아서 정리했고 문장 하나하나 꼼꼼히 편집했다.

●

NFT 시대의 독창성과 초월성[3]

NFT^{Non-fungible Token}의 등장은 디지털 이미지도 원본의 가치를 가질 수 있게 한 획기적인 사건이다. 컴퓨터와 디지털 카메라가 나온 이후, 수없이 많은 디지털 이미지가 무분별하게 사용되던 시대에서 NFT 기술로 인해 원본의 고유성을 증명할 수 있게 된 것이다. 복제 기술의 발달 이후 상실되었던 예술 작품의 아우라도 회복할 수 있을 것이라는 기대감이 표출되기 시작했다. 이에 많은 사람의 주목을 받으며 NFT 열풍이 불기도 했다.

새로운 기술은 언제나 거품을 동반한다. 하지만 시야를 가리고 있던 거품은 시간이 지나면 꺼지게 마련이고 결국엔 진짜 알맹이만 남는다.

//////////

3) 김지혜, 하민혜, 홍송은 님 글 일부 참조. 이 챕터에서 '우리'라는 표현은 뉴저널리스트 아카데미 1기 4조를 의미한다.

1년 만에 99% 폭락했다, 디지털 모나리자의 통곡

　예로 '디지털 세계의 모나리자'라고 회자했던 세계 첫 트위터 게시글 NFT의 가격은 약 37억 원에서 거품이 빠지며 1년 만에 3,800만 원으로 99% 가까이 폭락했다. 많은 사람이 돈을 목적으로 NFT 시장에 진입하면서 남의 콘텐츠를 멋대로 도용하고 저작권을 침해하여 만든 악성 NFT 작품들이 이슈를 일으키면서 NFT 시장은 몸살을 앓았다. NFT의 거품이 빠진 뒤, 살아남을 NFT는 무엇일까? NFT의 거품이 빠지면 위와 같은 NFT들은 독창성과 초월성이라는 '거름망'을 통해 진정한 옥석을 가리며 '건전한 조정'을 거치게 될 것이다.

뉴저널리스트 아카데미의 박병기 교수는 앞으로는 거의 모든 사람이 NFT 분야에 참여하게 될 것으로 전망했다. 우리들이 블로그에 글을 올리고, 인스타그램에 사진을 업로드하는 것처럼 말이다. 내가 올린 글과 사진이 NFT화 되고 바로 사람들과 거래를 할 수 있는 웹 3.0의 초연결 시대에 가장 필요한 것은 무엇일까? 우리는 그것을 개인의 콘텐츠를 '옥석'으로 만들고 '옥석'임을 알아볼 수 있게 하는 개개인의 독창성과 초월성이라고 생각한다. 서로에게 필요한 것을 주고받는 것을 거래라고 한다면, 내가 다른 사람과 완전히 같다면 그 다른 사람은 나와 굳이 거래를 할 이유가 없지 않겠는가? 사람은 모두 각자가 살아온 배경이 다르고 삶의 경험이 다르므로 조금이라도 타인과는 다른, 자신만의 고유한 가치관과 세계관이 있다. NFT 시대에는 오히려 본질의 가치 즉, 나다움과 나에 대한 깊이 있는 이해를 통해 개개인의 독창성과 높은 가치와 연결하는 초월성을 기름으로써 범람하는 수많은 콘텐츠 중에서 진정한 옥석을 가려낼 수 있는 눈을 키우는 것이 더욱 중요해질 것이다.

미래 계급 전망[4]

　미래 사회는 NFT 경제 생태계와 지구촌이 하나로 연결되는 웹 3.0 초그물망 사회가 될 것이라고 한다. 그러한 시대에 우리 인간의 위치는 어디쯤일까? 인공지능AI의 발달로 인간의 직업이 없어질 거라 우려하는 목소리가 크다. 반면에 인공지능이 인간이 하기 싫은 일을 대체해 인간은 더 잘할 수 있는 일을 하면 된다는 주장도 있다.

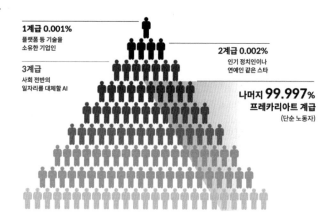

**2090년
미래 계급 전망**

자료 : 서울대 유기윤 교수팀

1계급 0.001%
플랫폼 등 기술을
소유한 기업인

2계급 0.002%
인기 정치인이나
연예인 같은 스타

3계급
사회 전반의
일자리를 대체할 AI

나머지 **99.997%**
프레카리아트 계급
(단순 노동자)

　앞서 보여진 그림은 인공지능이 발달한 미래 사회에서 인간은 어떤 위치에 있을지에 대해 서울대 유기윤 교수 연구팀이 연구해서 발표한

////////

4)　최선영, 정은애, 유수현 님 글 일부 참조

2090년 미래의 계급 전망이다. 이 전망에 의하면 1계급은 "플랫폼 등 기술을 소유한 기업인," 2계급은 "인기 정치인, 연예인 같은 스타," 3계급은 "사회 전반의 일자리를 대체할 AI," 프레카리아트 계급은 "나머지 단순 노동자"가 된다. 유기윤 교수팀은 대부분 사람은 1, 2, 3계급의 지배를 받는 단순 노동자가 될 것으로 본다. 이것은 미래 사회 인간의 99.997%가 불안정한 직업을 가진 프레카리아트 계급이 된다는 것으로, AI 로봇이 지배하고 99.997%의 인간이 노예가 된다는 의미이다. 우리는 여기서 3계급에 주목해야 한다. 그 이유는 사회 전반의 일자리를 대체하는 3계급이 인공지능이기 때문이다.

인공지능은 이제 단순 업무뿐만 아니라 글쓰기, 그림그리기, 작곡하기 등 다양한 분야에서 수많은 데이터를 통해 학습하고 있다. 또한, 그 능력이 계속 향상되고 있다. 그러한 인공지능에 대체되지 않는 계급이 되기 위해 우리는 지금부터 무엇을 준비해야 할지 생각해봐야 한다. 뉴저널리스트 아카데미 1기의 원우인 유수현님의 글을 소개한다.

"일제강점기 이후 우리나라는 급격한 산업화로 많은 노동력이 필요했다. 사람이 사람다운 삶을 살았다기보다는 기계적이고 반복적인 일을 하는 삶을 산 것이다. 그 속에서 느끼는 헛헛한 마음을 안은 채, 인생이란 원래 그런 것이라는 말로 위로받으려 애썼다. 고도성장의 시기에는 단순노동 인력이 필요했기에 어쩔 수 없었다고 하자. 고도성장이 이루어진 후 인간 본연의 목적과 달리 살아왔던 시간은 많은 사람의 가슴에 불을 지폈다. 노동자로서의 교육을 받은 많은 사람은 급변하는 미래 사회에 어떻게 대처해야 할지 모르는 상황에서 공허함을 안고, 취업도 하지 못한 채 정체성에 혼란을 느끼며 살아간다. 과거 포토샵 사진 편집을 하기 위해 몇 시간을 들여 따던 '누끼'원본 이미지의 피사체로 부터 배경을 분리하기 위해 피사체의 외곽선을 따는 것으로 주로 시각 디자인의 현장에서 쓰이는 용어 from 나무위키는 이제 3분도 안 걸리는 시간에 프로그램을 이용해 할 수 있게 되었다. 그 외에도 많은 부분에서 단순한 업무는 기계로 대체되고 있다. 미래 사회는 AI의 등장으로 인해 인간을 인간답지 못하게 살게 하는 단순 기계 업무에서 인간을 해방해 주고 동시에 인간을 인간답게 살게 하는 많은 일자리가 새롭게 생겨날 것이다. 나만의 정체성을 찾고 삶의 의미를 찾으며 즐기면서 살 수 있는 시대가 가까이 오고 있다."

미래 사회에서는 나만의 정체성을 찾는 일이 중요해질 것이다. 나만의 정체성은 어떻게 찾을 수 있을까? 나를 들여다보고 나에 대해 깊은 성찰을 해야 '내가 누구인지? 내가 무엇을 좋아하는지? 내가 일하고 공부하는 이유는 무엇인지?' 등을 잘 알 수 있고, 거기에서 나의 가치관과 철학이 확고히 확립된다고 생각한다. 그러기 위해서는 뉴저널리스트 아카데미에서 강조하는 '미래저널과 미래리딩' 책을 통한 저널링이 필수이다. 뉴저널리스트들은 매일 저널링을 하면서 자기 내면을 깊이 들여보고 나를 알아가는 과정을 공부하고 있다. 저널링을 통해 나만의 독특성과 초월성을 발견해 인공지능에 대체되지 않는 내가 될 수 있다. 이러한 나만의 정체성을 찾고, 나만의 올바른 가치관과 철학이 확립된 후에 AI를 활용한 다양한 기술들을 접하고 배워나간다면 미래 사회의 인공지능에 대체되지 않는 독특성과 초월성을 가진 인간이 될 수 있으리라 생각한다. 인공지능이 화두가 되며 AI의 등장으로 많은 직업이 사라질 것이라는 말을 들었을 때 처음엔 막연한 두려움이 있었다. 하지만 다양한 AI를 직접 경험하고 활용해 보니 AI를 바라보는 시각도 많이 달라졌다. 두려움으로 봐야 할 것이 아니라 우리의 삶에 올바로 적용하고 주체적으로 활용하기 위해 배워야 할 도구라는 생각이 들었다. 새로운 파도에 휩쓸리지 않고 균형 잡힌 시각과 나만의 주체적인 생각을 가지기 위해서는 과거에 글자를 모르는 사람들이 글을 배우기 시작했듯이 우리는 AI 디지털미디어리터러시를 익히는 것부터 시작하여 우리만의 독특성과 초월성을 개발해야 할 것이다.

AI 인공지능 시대 미래 교육의 변화 방향[5]

한국 학교 교육의 현실은 '19세기 교실에서 20세기 교사가 21세기 학생을 가르친다'라는 말로 묘사된다. 예전과 똑같은 교실에서 획일화된 주입식 교육과 경쟁을 강요하고 있다는 의미다. 태풍이 올 거라는 걸 알고도 배에서 내리지 않고 계속 배를 타고 바다로 나가서 폭풍우로 들어가는 것과 같은 형국이다.

아이들은 각자 재능도 다르고, 좋아하는 것도 다르지만, 대부분 획일화된 교육을 받고 있다. 개인이 가진 재능이나 장점을 고려하지 않은 채 주입식 공부를 강요받고 있는 것이다. 이러한 교육을 받은 아이

////////

5) 김지원, 유수현, 최선영, 김지혜, 김영태 님 글 일부 참조

들은 내가 뭘 잘하는지, 내가 뭘 좋아하는지도 모르는 채 성인이 되는 경우가 많다.

우리 아이들이 학문을 배울 대학의 미래는 어떠한가? 우리나라의 대학 진학률은 OECD 국가 중 단연 1위이다. 많은 아이가 대학에 진학하고 있다는 것이다. 앞으로의 대학의 미래는 어떻게 될지 미래학자의 예측을 살펴보면, 지식은 계속해서 보편화되어 지식을 얻을 수 있는 문턱이 갈수록 많이 낮아진다고 한다. 아무나, 아무 장소에서, 아무 때나 지식을 얻을 수 있게 되는 것이다. 그러한 이유로 2030년에는 전 세계 대학 중에서 50%가 폐교할 것이라 한다. 지금도 우리나라 지방 대학들은 입학 정원을 못 채우고 있는 현실이다. 앞으로 온라인 강의 시대가 본격화되면, 세계적으로 명성 있는 대학으로만 학생들이 몰릴 것으로 보인다. 미래에는 지금과 같은 대학이 없어질 수도 있다는 것이다. 이러한 미래학자의 예측을 볼 때, 우리 아이들을 위한 미래 교육은 지금의 교육과는 많이 달라져야 할 것이다. 인공지능 시대에 미래 교육의 방향은 어떻게 변화해야 할까?, 우리에게 필요한 진정한 학문은 무엇일까?

모기 겐이치로는 '좋은 질문이 좋은 인생을 만든다'에서 학문의 의미에 대해 다음과 같이 말했다. "학문을 한다는 것은 이때까지 해당 분야의 학자들이 발견, 축적해 놓은 개념과 탐구 방법을 써서 관련 현상을 이해하는 활동이라고 할 수 있다. 학문은 축적해 놓은 개념과 탐구 방법을 그대로 받아들이는 게 아니라 현재 상황에서 끊임없이 질문을 던져야 이뤄지는 것이다."

뉴저널리스트 아카데미의 원우들이 나눈 진정한 학문에 대한 글을 소개한다.

"AI 인공지능 시대에는 우리가 알고 있는 직업의 절반 이상이 없어질 것이라고 한다. 그것이 일어날 일이라면, 이화여자대학교 최재천 교수는 우리는 어떻게 준비하고 대비해야 할까에 대해 단순히 기술을 배우고 좋은 코딩 학원을 다니는 것이 중요한 것이 아니라 기초를 단단하게 다져야 한다고 말한다. 하버드대나 옥스퍼드대같은 대학이 세상의 끊임없는 변화에도 꿈쩍도 안하는 이유는 인문학과 자연과학의 기초가 탄탄하기 때문이란다. 언제, 어떤 변화가 닥쳐와도 그 변화에 적응하며 살아남을 수 있는 힘은 결국 '기본'이라는 걸 다시 한번 돌아보게 하는 세계적인 학자의 말이다. 하지만 인문학과 자연과학, 기초를 탄탄하게 하는 작업은 쉬운 일은 아닐 것이다. 기본이 튼튼하면 기술의 변화는 언제든지 적응할 수 있는 부분이라는 사실을 알더라도, 아이들이 기본만 하고 있다 보면 변화하는 세상과 기술을 따라잡을 수 있을까 불안하기도 하다. 눈에 보이지 않고 단기간에 변화를 느끼기 힘든 부분이기도 하거니와 어찌 되었든 세상을 서핑하는 도구로서 기술의 변화에 적응하는 필요성은 있기 때문이다.

하지만 이미 하버드대와 옥스퍼드대에서 그런 교육 사례가 있다고 하니 안심이 된다. 기본이 튼튼하다면 새로운 기술에 적응하는 것은 즐겁고 신나는 과정일 것 같다. 앞으로 배움에 있어서 기술을 도구로써 활용하되 늘 기본의 중요성을 인지하고 기술의 배움 그 자체가 목적이 되지 않도록 해야 하겠다." 뉴저널리스트아카데미1기 김지혜

"파도가 일렁이는 바다에 돛단배가 리듬에 맞춰 흔들리고 있다. 그 돛단배 위에는 누군가 팔짱을 끼고 서 있다. 흔들리는 배에서 몸 전체는 흔들리는 배에 따라 움직이지만, 지탱하고 있는 다리는 움직이지 않고 균형을 잡고 있다. 잠깐 이 모습을 상상해 본다. 어렵지 않게 떠올릴 수 있다. 이 모습을 이렇게 비유할 수 있다. 일렁이는 파도가 세상 변화의 물결이다. 돛단배는 학문과 예술이고, 그 위에 서있는 사람은 바로 자신이다. 세상 변화의 물결을 잘 타기 위해서는 학문과 예술이라는 든든한 받침이 있어야 하고, 그 위에서 균형을 잃지 않도록 잘 조절해야 한다. 이 모습이 바로 아우라를 갖춘 모습이라 할 수 있다. 누구도 대체할 수 없는 그런 모습 말이다. 그런 모습을 갖춰야 진짜를 구별할 수 있게 된다. 빠르게 변화하는 세상에서 무엇이 진짜인지 구별하기는 정말 어렵다. 어물쩍거리다가 놓치기 일쑤다. 진짜를 구별하는 역량을 갖추기 위해 학문과 예술을 제대로 알아야 한다." 뉴저널리스트아카데미1기 김영태

우리는 학문을 통해서 살아가는 방법과 지혜를 습득하게 된다. 배운다는 것은 책을 통해서만 가능한 것은 아니다. 주변 인물의 말과 행동에서도 배우고, 다양한 매체를 통해서도 우리는 늘 무언가 습득하고 배운다.

단순히 습득한다는 것과 학문의 차이는 무엇일까? 생각하지 않는 조건 없는 수용과 수없이 되뇌이고 질문하며 자기 것으로 만드는 것의 차이가 아닐까 생각된다.

미래 교육은 AI 인공지능 시대에 적응하기 위해 그러한 학문을 제

대로 배우고 익히는 방향으로 변화해야 한다. 이것이 곧 학문을 통한 인간다움에 대한 성찰이며, AI가 대체할 수 없는 인간만의 고유한 능력을 키우는 일이다.

●

4차 산업혁명 시대의 나만의 컨텍스트[6]

4차 산업혁명은 무엇인가? 명확히 정의 내리기는 어렵다. 4차 산업혁명에 대해 많이 들어는 봤어도 정확한 의미는 알지 못하는 경우가 많다. 우리 역시 이 책을 읽기 전까지는 4차 산업혁명이란 IT 기술 중심의 변화로만 여겼다.

박창규 박사의 '콘텐츠가 왕이라면 컨텍스트는 신이다.' 이 책에서 박창규 박사는 1차 산업혁명을 '기계'의 시대, 2차 산업혁명을 '전기 기계'의 시대, 3차 산업을 '자동화 기계'의 시대, 4차 산업혁명을 '엄마 기계'의 시대로 정의했다. 옷을 예를 들어 그는 설명했는데, 1차 산업혁명시대에는 증기기관이 기폭제가 되어 옷을 기계가 만들어주었고, 2차 산업혁명시대에는 옷을 전기 기계가 만들어주었다. 옷의 대량 생산이 본격화되면서 3차 산업혁명시대에는 옷을 자동화 기계가 만들어주었다. 3차는 소위 디지털 혁명이 일어난 오늘날 우리가 살고 있는 세상이다. 4차 산업혁명시대에는 엄마의 특성을 비유하여 생각해볼 수 있다. 엄마가 아이의 옷을 만들 때 아이의 성향, 선호도, 주변 상황

///////////

6) 최선영, 김영은, 하민혜, 유수현, 김지혜 님 글 일부 참조

등을 고려해서 최적화된 옷을 만든다. 즉, 그 대상의 의도, 맥락, 환경에 따른 컨텍스트를 고려하여 가장 좋은 옷을 만든다는 것이다. 그래서 그는 4차 산업혁명시대에는 컨텍스트가 가장 중요하다고 말한다.

그렇다면 4차 산업혁명이 가져올 변화의 핵심은 무엇일까? 4차 산업혁명의 핵심은 4차 산업혁명 이전에 불특정 다수를 위한 보편적인 가치를 지향하던 것이 각기 다른 수요자의 컨텍스트에 따른 차별화된 가치를 지향하는 것으로 바뀐다는 것이다. 4차 산업혁명 시대에는 이전 시대의 일반적, 객관적, 절대적 가치들이 아닌 개인적, 주관적, 상대적인 가치들로 변화되어 추구하게 될 것이다. 이들을 구분 짓는 것이 컨텍스트이다.

각종 미래 트렌드 책에서 저자들은 초개인화 시대가 도래할 것으로 전망했다. 미래 시대의 마케팅은 개개인의 상황과 컨텍스트를 고려한 더 세분화된 개인 맞춤으로 이루어져야 한다고 저자들은 말한다. 주관적인 나만의 가치, 나만의 컨텍스트가 중요해진다는 의미이다.

뉴저널리스트 아카데미에서는 매주 수업과 소그룹 토론과 과제를 통해 나만의 독특성과 시대적 컨텍스트를 고찰했다. 뉴저널리스트 아카데미 1기 원우들이 생각하는 4차 산업혁명 시대의 나만의 컨텍스트는 무엇인지 살펴보자.

"모르는 것을 인지할 때 비로소 발전이 있다. 나에게 부족한 것은 테크공부와 트렌드공부이다. 이 두 공부를 해 나가면서 '엄마'가 갖고 있는 컨텍스트를 잘 활용해 20년간 내가 한 미래융합교육에 접목을 시켜야겠다는 것을 느꼈다. 일단 나만의 콘텐츠를 꾸준히 블로그에 업로드시키려고 한다. 나의 메인 주제에 해당하는 교육 내용을 매일 하나의 콘텐츠로 올린다. 나의 주요 타겟층인 취학 전의 내 자녀는 놀이로 교육을 함과 동시에 엄마교육을 할 때 앞으로의 테크와 트렌드의 흐름을 말해준다." 뉴저널리스트아카데미1기 김영은

"나의 컨텍스트, 나를 만족시키는 것은 글쓰기와 소통이다. 그리고 마인드 셋 즉, 마음 수련에 많은 시간을 들이고 있다. 4차 산업 혁명 시대에는 그저 시키는 것을 잘하는 개인이어선 안 된다고 한다. 그것은 나에겐 참 희망찬 이야기이다. 나는 시키는 것을 잘하진 못한다. 이제 퀄리티, 생산성, 효율성을 올리고 경쟁해야 하는 시대가 아니다. 지향해야 하는 가치나 수단이 컨텍스트여야 한다는 이야기를 들으며, 저널을 작성하는 이유를 다시금 재고할 수 있었다. 먼저 나 자신의 가치와 취향을 알고 나만의 컨텐츠를 쌓아가야 하는 것이다. 저널을 쓰는 일은 즐겁다. 미래저널은 개인적인 내용이 많지만 '지정의知情意'를 활용한 컨텐츠는 SNS에 차곡차곡 쌓아가는 일도 필요하다는 생각이 든다." 뉴저널리스트아카데미 1기 하민혜

"나의 컨텍스트로 두 가지를 생각해 볼 수 있다. 첫 번째, 강의에 대한 부분이다. 내가 가진 지식을 전부 다 전달해 주고 싶어서 쉽게 설명해도 사람에 따라 느끼는 게 다르다는 것을 경험했다. 강의를 수준과 목적별로 세분화하여 개인의 니즈에 맞게 제작하고 과제를 제시하여 그들의 상황에서 받아들이고 적용할 수 있도록 해야 하겠다. 두 번째, 나의 경험으로 다른 사람들의 마음이 치유되고 용기를 얻게 하고

자 하는 니즈가 있다. 나의 경험이나 느낀 점은 다른 사람들도 살아가며 느끼고 벽에 부딪히는 부분이기에 사건이나 감정별로 컨텐츠를 만들어 글로써 치유하는 사람들이 생기도록 해봐야겠다." 뉴저널리스트아카데미 1기 유수현

이처럼 뉴저널리스트 아카데미 원우들은 각자의 자리에서 다양한 활동을 하면서 4차 산업혁명 시대의 엄마 기계의 개념에 맞춘 나만의 컨텍스트를 찾아가고 있다.

4차 산업혁명 시대에는 나만의 컨텍스트를 제대로 알고, 나만의 독특성을 인식해서 세상의 변화에 높은 가치를 연결하는 초월성을 가진 사람이 우리가 될 것이다. 즉, 트웬티 파이버스가 될 것이다.

●

AI 인공지능 시대의 9번째 지능, 영성지능[7]

4차 산업혁명 시대는 'AI 인공지능'의 시대라 말할 수 있다. 인공지능은 우리의 삶 속에 깊이 들어와 있으며 활용되고 있다. 지금도 그렇지만 미래는 인공지능을 떼어놓고는 상상할 수 없는 세계이다.

인공지능이 인간과 같아지고 심지어 인간을 뛰어넘는 지점인 특이점의 개념을 본격적으로 사용한 사람은 버너 빈지이다. 1993년 발표한 논문 '다가오는 기술적 특이점The coming technological singularity'

////////

7) 박병기, 김미영 저 '하버드에도 없는 AI시대 최고의 학습법 지정의 학습' 참조

에서 빈지는 생명공학과 신경과학, IT 기술 발달로 인해 30년 이내에 인류의 지능을 초월하는 인공지능이 출현할 것이고 인간 시대의 종말이 일어날 것으로 예언했다.

미래학자 레이 커즈와일Ray Kurzweil은 '특이점이 온다'에서 2045년을 특이점의 해로 확정했다. 2045년이면 인공지능이 모든 인간의 지능을 합친 것보다 강력할 것이라는 의미다. 2045년이 되면 인공지능이 만들어낸 연구 결과를 인간이 이해하지 못하게 되며, 이는 인간이 인공지능을 통제할 수 없는 지점인 특이점, 즉 싱귤래리티Singularity가 된다.

그렇다면 인공지능의 시대에 우리는 무엇을 준비해야 할까? 박병기 교수는 4차 산업혁명의 시대, 인공지능의 시대에 인간은 9번째 지능을 계발해야 한다고 강조한다.

9번째 지능은 인간 실존에 대한 통찰력과 관련된 지능으로 일부에선 '영성 지능'이나 '실존지능' 혹은 '영성 실존지능'이라고도 부른다. 이 지능이 발달한 사람은 인간 실존에 대한 통찰력이 생겨서 자기 삶을 의미 있는 삶으로 이끈다. 자신의 재능을 개인적 가치와 행복을 위해 쓰는 게 아니라 공동체 모두에게 의미 있는 가치와 행복을 위해 쓴다. 9번째 지능이 높은 사람은 삶에서 한 걸음 물러나 인간의 존재론적 의미, 삶과 죽음, 축복과 비극 등 우주적이고 실제적인 사안에 대해 생각하며 인간 존재의 이유나 참 행복의 의미, 삶의 근원적인 가치를 추구한다.

박병기 교수는 강조한다. "우리는 인공지능과 연결되어 있고, 인간은 초월적인 존재와 연결되어 있어 인간은 신에게서 부여받는 양심이라는 게 있고, 사랑, 기쁨, 자비, 착함, 오래 참음, 온유라는 내면세계가 있는 존재임을 인공지능에게 알려줘야 한다. 나아가 인공지능이 그것을 인정할 정도여야 한다.”

4차 산업혁명의 시대, 인공지능의 시대로 변하여도 인간의 존엄성을 지키고 인류가 함께 공존하며 살아가기 위해서는 구성원들의 9번째 지능 또는 영성 지능Spiritual Intelligence 미래교육에서는 9번째 지능으로 부름을 계발하는 것이 중요할 것이다.

●

독창성과 초월성을 가진 뉴저널리스트[8]

뉴저널리스트 아카데미의 박병기 교수는 뉴저널리스트란 ‘새로운 시대에 저널을 쓰는 사람’으로 일명 ‘인간 저널리스트’라고 하였다. 인간 저널리스트란 저널링을 통해 진정한 나를 발견하고 나아가 이웃을 똑바로 보고 이웃과 함께 나누는 독창성과 초월성을 가진 사람이다.

독창성과 초월성을 가진 대표적인 뉴저널리스트로 언론인 인기도 1위인 머니투데이의 남형도 기자가 있다. 남형도 기자는 자신이 직접 체험한 ‘체헐리즘’ 기사를 작성하며 체험을 저널리즘과 합성한 신조어를 만들었다. 남형도 기자의 체헐리즘이란 ‘체험 + 저널리즘 = 체헐리즘’이다.

아무리 좋은 기사라 할지라도 관심이 가지 않으면 안 보게 되기 마

///////

8) 김지혜님 글 참조

런이다. 그는 자신이 기사를 잘 쓰면 소외된 누군가의 삶이 조명이 되고 더 많은 사람이 그들에 대해 관심을 두게 되기 때문에 어떻게 하면 독자들에게 의미 있게 기사를 전달할 수 있을까를 고민했다고 한다. 그는 뭐든 직접 해보면 더 많은 걸 알게 되고, 직접 겪으며 알게 된 육체적, 정신적 고충은 그들의 입장이 되어 더 진정성 있게 취재할 수 있으므로, 독자들에게 더욱더 생생하게 전달하기 위해 체험 저널리즘을 시작했다고 했다.

진정성 있는 체험을 통해 나온 기사는 사람들의 관심을 불러일으키고 또 그 진심이 전해지는 것 같다. 그건 단순히 어떤 정보를 전달받고 알게 되는 것에 그치는 것이 아니라 직접 그것, 그 사람이 되어 체험하기 때문이다. 그 과정에서 남형도 기자 본인의 깨달음과 진심이 담긴 감정까지도 생생히 공유되니 절대 따라 할 수 없는 그 기사만의 고유한 독특성, 아우라가 있는 것이다.

내가 누구인지, 이웃이 누구인지, 왜 무엇을 위함인지 나의 내면을 깊이 들여다보며 기사를 쓸 때 지속적인 동력이 생기고 진정성도 나온다. 그게 바로 저널링의 과정인 것이다. 남형도 기자의 체헐리즘은 바로 저널링을 통해 나의 내면과 이웃을 들여다보며 탄생하였고, 체헐리즘 기사는 지知와 정情과 의意가 '비빔밥'처럼 하나로 버무려져 있어 다른 무엇과 비교할 수 없는 진정성 있는 아우라가 독자들에게 전달될 수 있었다.

앞으로는 인공지능이 데이터를 통한 딥러닝으로 기사까지 완성하는 시대가 올 것이다. 새 시대에 맞는 저널리스트는 인공지능이 가지지 못한 독창성과 초월성을 갖춰, 진정한 휴머니즘을 생각하는 뉴저널리스트가 되기를 기대한다.

●

일상에서 독창성과 초월성 기르기 위한 훈련법[9]

일상에서 독창성과 초월성을 기르기 위한 훈련법에는 여러 가지가 있다. 그중에서 뉴저널리스트 아카데미에서 배운 미래저널 쓰기, 지정의知情意학습, 거꾸로 읽기 방법을 소개한다.

먼저, '미래저널과 미래리딩'박병기 편저에 나온 미래저널을 소개하면, 미래저널은 6가지 질문과 한가지 체크리스트에 매일 답함으로써 자신의 정체성을 찾고 큰 그림을 그리며 시대의 리더가 되기 위해 준비하는 저널링 방법이다. 6가지 질문이란 오늘의 감사한 점, 나는 누구인가, 선한 영향력을 미친 사람, 몰입한 놀이, 왜 그 일을 하는지/왜 사는지, 오늘 화가 나는 일에 대한 것이다. 그리고 마지막으로 서번트 리더십의 실천 체크 항목으로 구성되어 있다. 각각의 질문에 대해 매일 아침, 저녁으로 구분되어 작성하며 하루를 시작하고 하루를 마무리한다. 뉴저널리스트 아카데미 수업 시작 전부터 박병기 교수는 '미래저널과 미래리딩' 책으로 매일 저널링하기를 권고했다. 미래저널을 꾸준히 주 5회 작성하면서 뉴저널리스트 아카데미 동기들이 느낀 점은 다음과 같다.

////////

9) 김지원, 송동향, 김영은, 이지윤, 최선영, 최경옥 님 글 일부 참조

"미래저널을 작성하면서 나의 가장 큰 변화는 감사에 대한 대상의 범위가 깊어지고 넓어져 간다는 것이다. 그로 인해 주위 사람들에 대하여 이해하려는 마음의 깊이가 예전보다 깊은 것을 느끼게 되었다. 저널링을 하면서 타인에게 나는 어떤 존재로 다가갈 수 있는지 깊이 들여다 보게 되었고, 타인으로 인한 모든 사소한 감정에도 흔들리지 않는 평정심을 가질 수 있게 되었다. 미래저널은 단지 기록물이 아니라 나의 심연을 바라보고, 나를 더 다듬는 귀한 시간을 마주하게 해주는 저널링이다." 뉴저널리스트 아카데미 1기 송동향

"미래저널을 쓰면서 내가 잘하는 점은 강화하고 내가 부족한 점은 노력하며 고치려고 하고, 나만의 유니크함을 찾아 나를 정의내리고 내가 누구인지 발견하고 나를 바로 알게 된다. 또한, 내 주변의 사람들가족, 친구, 이웃들에 대해 관심을 가지게 된다. 내가 배우고, 읽고, 느끼고 공부하는 근본적인 이유를 찾게 되고 선한 영향력을 미치기 위해 내가 무엇을 할 수 있을지 찾게 된다." 뉴저널리스트 아카데미 1기 김영은

"평소 깊이 생각하지 않았던 선한 영향력을 미친 사람을 생각하면서 나의 최종 목표도 선한 영향력을 미치는 자가 되어야겠다는 생각을 했다. 내가 너무 혼자만의 시간을 즐기면서 친구나 가족과의 놀이에 소홀했다는 것을 느꼈다. 삶은 혼자가 아닌 주변의 사람들과 같이 더불어 즐겁게 살아야 한다는 것을. 가족과의 시간에도 충실히 하려고 노력하고 있다. NJA의 가르침에 충실히 하려고 공유해 주신 강의도 틈틈이 듣고, 최선을 다하려고 노력하고 있다. 생각하는 것을 싫어

했는데 미래저널을 쓰면서 매일 나에 대해 생각하는 시간이 너무 즐겁다." 뉴저널리스트 아카데미 1기 최선영

"미래저널의 기록은 나를 위한 진정한 여정을 적은 것이다. 과제를 하기 위함이 아니라 나를 위한 공부인 것이라고 생각한다. 감사함을 진정으로 느낀다는 것은 처음에는 쉽지 않았다. 지금은 습관으로 자리 잡고, 긍정적인 마음으로 가득 채우고, 모든 것에 진심으로 감사하다고 느낀다. 무엇보다 새로운 학문에 대해 열린 마음으로 받아들이고, 꾸준히 실천하는 삶으로서의 자세와 대한민국의 밝은 미래, 웹 3.0시대를 대비하는 인재로 성장하는 사람이 되겠다." 뉴저널리스트 아카데미 1기 김지원

"미래저널에선 감사노트를 아침에 쓰라고 했지만 그동안 길들여진 습관으로 저녁에 썼다. 지나온 삶에 대한 감사도 중요하지만, 내가 아닌 타인으로 시선을 돌리며 시작하는 하루는 더 의미 있고 가치 있을 것 같다는 생각이 들었다. 이제부턴 아침에 타인과 환경에 대한 감사거리 3가지를 쓰고, 저녁을 마무리하며 지금처럼 내 삶을 돌아보는 감사노트를 써야겠다. 내가 어떤 사람이 되어야 하는지 먼저 성찰하고 삶의 감사로 마무리하는 미래저널을 통해 진짜 나와 깊은 대화를 하고 세상을 이롭게 하는 선한 이웃이 되었으면 좋겠다." 뉴저널리스트 아카데미 1기 최경옥

두 번째, 박병기 교수가 개발한 지정의知情意학습을 소개한다. 지정의 학습은 지식을 단순히 습득하는 게 아니라 깊은 성찰, 분별, 묵상

을 하도록 이끄는 학습법이다. 지知는 통찰, 분별, 성찰 등으로 전에는 알지 못했거나 희미했지만 인지하게 된 내용, 뚜렷하게 인식하게 된 내용을 적게 한다. 분별력이 강화된 부분, 이해와 성찰이 있었던 부분을 적는다. 정情은 감정, 사랑, 희로애락 등으로 지를 통해 경험되는 인간 만의 감정을 적는다. 의意는 뜻, 의지, 결정, 선택, 비전 등으로 지와 정을 경험하게 된 것을 어떻게 의지적으로 적용할 것인지를 적는다. 지정의 학습은 자기 자신을 깊게 알아가는 저널링을 통해 큰 그림Big Picture을 그리고 인간만이 가지고 있는 9번째 지능인 영성 지능 Spiritual Intelligence과 다른 사람을 섬기고 봉사하는 사랑과 신뢰의 서번트 리더십Servant Leadership을 키워 4차 산업혁명 시대를 마음껏 즐길 수 있는 서퍼surfer를 양성하는 학습법이라고 할 수 있다.

학습자는 지정의知情意 학습을 통해 깨닫고 느끼고 실천하는 법을 배운다. 미래저널과 지정의知情意학습을 통해 저널리즘을 할 때 진정한 나를 바로 알고 주변 사람들을 이해하는 능력을 기를 수 있다. 모든 사람이 콘텐츠를 만들고 공유할 수 있는 시대에 미래저널과 지정의 학습은 모두에게 필수다.

마지막으로 거꾸로 읽기 방법을 소개한다. 거꾸로 읽기는 뇌를 유연하게 만드는 방법이다. 카이스트의 이광형 총장은 독창성을 기르는 훈련법으로 거꾸로 읽기를 일상에서 실천하고 있다. TV를 거꾸로 보고, 강의 자료도 거꾸로 본다. 이러한 습관들에 대해 그는 "생각을 바꾸기 위한 연습"이라고 그의 2022년 신간 '우리는 모두 각자의 별에서 빛난다'에서 설명했다. 뉴저널리스트 아카데미 1기 이지윤 님은 거꾸로 읽어 본 경험에 대해 다음과 같이 소감을 피력했다.

"책을 거꾸로 읽어본 경험은 아이나 어르신께 무엇을 설명해 드리는 경우를 제외하고는 없었다. 그런데 거꾸로 읽다 보니 일상 생활에서 종종 영업사원에게 제품 설명을 들을 때 나는 팜플렛을 똑바로 보고 있지만 영업사원은 거꾸로 보면서 밑줄 치며 나에게 설명해 주던 경험이 생각났다. 막상 내가 직접 해보니 그 사람의 입장이 어땠을지 생각해 보게 되었고, 고객을 배려해 준 그에게 감사하다는 생각이 들었다. 덕분에 입장을 바꾸어 생각할 수 있는 시간이었다. 거꾸로 읽다 보니 어색하니까 상당히 천천히 읽게 되었다. 그냥 쓱 읽어낼 수 없었고, 천천히 읽으면서 내용도 곱씹어보게 되는 기회를 얻게 되었다. 이런 사소한 행동 하나가 내 삶에 새로운 경험을 줄 수 있음을 알게 되었다."

지금까지 독창성과 초월성을 기르는 세 가지 훈련법에 대해서 소개했다. 미래저널 쓰기, 지정의知情意학습, 거꾸로 읽기 등을 통해 나다움을 발견하고 나만의 독창성과 초월성을 기를 수 있다. 그럼으로써 예측 불가능한 미래 시대에 평정심을 유지하고 유연하게 대처하며 인공지능과 함께 살아가는 방법을 배울 수 있을 것이다.

독창성 초월성을 가진 트웬티 파이버스25ers의 길[10)]

지금까지 나는^{이지윤} 획일화된 성공 기준을 가진 사회에서 살아왔다. 학벌, 돈, 인맥 등이 영향력이 되고, 모든 사람이 유사한 삶의 목표를 가지고 살아가는 그런 중앙화된 사회 말이다. 하지만 곧 우리에게 다가올 미래는 탈중앙화된 사회가 핵심이라고 한다. 메타버스, NFT, 블록체인, AI 인공지능, IoT 등 듣기만 해도 낯설고 어려운 기술이 주가 되는 4차 산업혁명 시대를 마주하며 막연한 두려움이 있었다. 그래서 잘 알지 못하는 세계를 마주하지만 두려워하지 않고 시대의 파도를 타며 즐기는 멋진 서퍼surfer가 될 수 있는 인재를 키운다는 뉴저널리스트 아카데미 박병기 교수의 말에 뉴저널리스트 아카데미NJA 수업을 신청하게 되었다.

생각과는 달리 뉴저널리스트 아카데미는 단순한 기술을 연마하는 곳이 아니었다. 나를 제대로 알고, 다른 사람의 의견에 귀 기울이고, 사회 현상을 공감하고, 이를 나와 연결 지어 해석해 글이나 영상을 발행하는 '나, 이웃, 세상, 기술과 소통하는 공간'이었다. 그리고 그 소통을 통해 가장 나다운 작품, 아우라Aura가 풍기는 그 무엇을 만들어낼 수 있는 사람으로 성장해나가는 공간임을 알게 되었다. 나를 아는 것이 왜 중요한가? 이제는 글을 쓰면 인공지능 성우가 각국의 언어로 번역해서 내레이션해 준다. 더 나아가서는 내가 두 줄 적으면 그 글을

////////

10) 이지윤님 글 참조

이어서 소설을 적어주는 인공지능도 있다. 강의를 들으면 강의 종료와 동시에 AI가 정리한 리포트가 나오는 세상이다. 이전에 창조라고 생각했던 그 모든 것이 기술로서 대체될 수 있는 시대가 온 것이다. 결국은 내 경험, 내 느낌, 내 생각, 내 의지와 접목되어야만 가치 있는 창조적인 콘텐츠를 생산할 수 있다는 결론에 다다르게 된다.

하지만 생각보다 우리는 자기 자신의 생각을 모르고 있다는 것을 깨달았다. 사회가 알려주는 대로 지내왔기 때문에 좋은 것은 모두가 "좋다"라고 인정하는 것이 좋은 것이지, 나에게 맞는지, 내가 진짜 그것을 좋아하는지를 생각해보지 않았던 것이다. "왜?"라는 질문도 그냥 하기로 했으니 하는 거지 이유가 중요하지 않았던 시대에서 자라온 나는 자꾸 "왜"라고 물음표를 던지는 것이 부담스럽게 느껴졌다.

뉴저널리스트 아카데미 수업을 들으면서 '나는 누구인가'를 생각해보는 시간이 자주 있었다. 이제까지 나는 나를 소중한 존재로 봐주지 못했던 것 같다. 내 아이들을 보는 시선도 존재 자체의 소중함을 잃어버릴 때가 역시 많았다. 수업을 통해 나는 원래 본질적으로 내가 어떤 사람인지를 깨닫는 것이 나의 자존감을 높이는 일이고, 더 나아가 나다운 삶을 사는 첫걸음이라는 것을 깨달았다.

나가는 말

"누구나 남에게서는 볼 수 없는 자기만의 독특함을 갖고 있다. 이를 찾아내고 강점으로 삼는다는 건 세상에서 가장 좋은 무기를 얻는 것과 같다. 원래 내 안에 있었던 것이니 따로 연마할 필요도 없고 필요할 때 언제든 꺼내 쓸 수 있다. 그리고 쓰면 쓸수록 성장한다." 이광형,

‘우리는 모두 각자의 별에서 빛난다’

‘우리는 모두 각자의 별에서 빛난다’에 나온 내용처럼 우리 모두는 밤하늘에 고유하게 빛나는 별이지만 의식하고 알아차리고 성찰하지 않으면 그 별의 빛은 일상에서의 삶의 먼지에 가려져 있기 쉽다. 특정 상황이나 외부 환경 속에서만 나를 바라보면, 내가 반짝이는 별인지 빛이 다 꺼진 운석인지 원래의 진짜 ‘나’는 누구인지 알기가 어렵다. 매일 미래저널을 쓰고 일상에서 지정의知情意를 훈련하는 것은 매일 나의 별에 쌓이는 먼지를 닦아내서 나의 고유한 빛을 되찾아 나를 다시 반짝이게 하고 또 지속적으로 빛나도록 하는 소중한 작업이지 않을까? 스스로의 고유한 빛과 깊은 인간성을 회복한다면, 인간만이 가지는 독특성과 초월성을 가지고 사람들이 자신의 길과 기회를 스스로 찾을 수 있도록 올바르게 연결하는 트웬티 파이버스가 될 수 있을 것이다. 뉴저널리스트아카데미1기 김지혜

25ers
트웬티 파이버스

Chapter V

Chapter V:
웹 3.0시대의 아우라를 찾아서

"다른 사람이 당신에게
당신의 삶에 대해 명령하도록 두지 마라.
자신만의 길을 만들어라"
- 스파이크 리, 미국의 영화감독

들어가는 말

'아우라Aura'라는 말이 무겁지 않게 사용되는 요즘이다. 아우라는 일종의 '끌림'이다. 독특하고 묘한 매력과 느낌으로 시선을 끈다는 의미가 있다. 이것은 굉장히 주관적일 수 있는데 사람으로 보았을 때 훌륭하고, 도덕적인 인물보다 어찌 된 이유인지 특별한 이유가 없어도 마음이 가고 끌리는 매력이 있는 사람이 있다. 이것이 '아우라'다. 물론 훌륭한 인물에게도 말로 형용할 수 없는 아우라가 나온다.

'아우라'는 사람에게뿐 아니라 사물, 자연, 장소 등 우리의 삶 곳곳에 있다. 스스로의 자태를 뽐내는 대자연의 아우라가 있는가 하면 내가 의미와 가치를 부여하거나 사회적으로 합의된 가치를 가진 아우라도 있다. 대상은 조금씩 다르지만 둘러보면 세상의 많은 것들이 아우라를 가지고 있는 셈이다. 심지어 나김지연는 기후 변화로 신음하지만,

최선을 다해 살아 있는 모든 생명을 품고 있는, 마치 엄마의 품 같은 '지구의 아우라'에도 종종 감탄한다.

웹 3.0 시대가 말하는 아우라의 핵심은 대체 불가능한 '나'이다. 시대가 변하고 문명이 바뀌어도 변하지 않는 한 가지는 세상의 유일한 한 사람 바로 '나'가 존재한다는 사실이다. 당신과 나는 존재만으로도 그토록 아름다운 사람인 것이다. 이런 아우라가 상실한 시대에는 내가 아닌 타인에 의해 내가 정의되고 타인의 기준에 의해 나를 평가한다. 그런데 4차 산업혁명이 가져온 새로운 기술인 블록체인과 NFT로 아우라를 회복할 수 있다. 놀랍지 않은가? 웹 3.0시대는 단순히 AI에 의해 지배되는 세상이 아니다. '참된 나'를 회복 할 수 있는 기회로 삼을 수 있는 시대이다. 그러니 두려워하지 말자. AI가 지금은 단순해 보이지만 머지않아 인간처럼 감정을 소유하고 말하고 생각할 것이다. 인간은 뭐로 보나 AI보다 열등한 존재가 될 수밖에 없다. 그런데 생각을 조금만 바꾸어보면 AI는 완전한 인격체가 될 수 없다는 것을 눈치챌 수 있다. '유사 아우라', '가상 아우라'아우라의 진화, p.192를 가진 존재일 수는 있지만 완전한 인격체인 것은 유일한 존재인 '나'인 것이다. 그렇기에 우리는 더 이상 미루지 말고 '참된 나' 찾기에 공들여야 한다.

웹 3.0 시대의 아우라는 유일한 원본인 자신에 대해 분명한 정체성을 가지고 있다. '나'라는 존재는 그 어떤 것으로도 대체할 수 없는 '진품'이기 때문이다. 그렇기에 '복제된 나'이거나 앞서 말한 것처럼 타인에 의해 정의된 내가 아닌 '진짜 나'의 아우라를 찾는 일은 매우 중요해 보인다. 그렇다면 이것을 가능하게 하는 방법이 있을까? 있다. 그것은 바로 저널링이다. 미래저널과 지정의知情意학습을 통해 우리는 진정한 '나'를 찾을 수 있다. 저널링은 '참된 나'를 찾는 일에 기초학문과 같은 역할을 한다.

저널링을 통해 처음 '나'를 가감 없이 마주 보는 일은 어색하고 두려운 일일 수도 있다. 사실 내가 그랬다. 솔직한 나를 보는 것보다는 약간의 포장한 '나'로 사는 것이 언젠가부터 익숙하고 마음에 들었다. 그동안 타인에 의해 정의된 삶을 살려고 애써왔기 때문일 것이다. 그러고 보니 인생의 많은 시간을 주체적인 삶보다 타인에게 묶인 삶을 의식적으로든 무의식적으로든 당연히 여기며 산 것 같다. 부디 이 글을 읽는 당신은 그렇지 않기를 바란다.

김난도 교수의 '트렌드 코리아 2022'에 따르면 지난 2020년 소비 트렌드의 하나로 '멀티 페르소나'가 주목받았다. '멀티 페르소나'란 '다중적 자아'라는 뜻으로 상황에 맞게 다른 사람으로 변신하여 다양한 정체성을 표현하는 것을 의미한다.출처: 네이버 상식 사전 김난도 교수에 의하면 멀티 페르소나의 어원은 고대 그리스에서 배우들이 쓰던 가면이다. 지금은 심리학 용어로 타인에게 비치는 외적 성격을 말한다고 한다. 복잡하고 초개인화가 된 현대사회에서 인간은 '페르소나'를 통해 자신의 역할을 바꿔가며 세상과 소통하고 있다. 쉽게 말하면 일상과 SNS상의 나는 다르다는 것이다. SNS라고 해도 어디에 어떤 계정을 가졌는지에 따라 자기 모습이 바뀐다. 인간의 다원성이 확장되면서 '나'의 정체성은 희미해졌다. 이 시대를 살아가는 우리들이 지향하고 있는 시대 정신은 무엇이며 누구를 위한 것일까? 웹 3.0 시대를 맞이하며 진짜 나로 사는 것, 나다움을 회복하는 것은 매우 중요하고 가치 있는 일이며 새로운 문명으로의 거대한 파도를 자신 있게 맞서게 할 초석이 될 것이다.

미래는 '나'를 바로 아는 자들의 시대다. 현재가 어떠하든 어디에 있든 어떻게 살고 있든 다 괜찮다. 지금부터 온전한 나를 발견하고 웹 3.0 시대를 맞이할 준비를 한다면 우리는 누구든 새 시대를 주도하며 신나게 즐길 서퍼surfer, '트웬티 파이버스25ers'가 될 수 있다. 머지않아 상상하는 그 이상을 뛰어넘는 일들이 펼쳐질 것이다. 모든 이들이 새 시대의 주인공인 '트웬티 파이버스25ers'가 되어 나 다운 삶, 나의 아우라를 찾고 행복한 미래를 살게 되기를 바라는 마음으로 이 챕터를 준비했다. - 뉴저널리스트 아카데미 1기 김지연

●

'아우라'의 새로운 의미

'아우라Aura'란 무엇일까? 아우라는 사전적인 의미로 사람이나 물건을 에워싸고 있는 "영기, 신비스러운 효력과 분위기, 입김, 공기, 가볍고 부드러운 바람, 후광, 진품성, 원본성" 등을 의미한다.아우라의 진화, p.87

독일의 철학자이자 문화비평가인 발터 벤야민은 '기술복제시대의 예술작품p.94'에서 예술작품의 아우라Aura를 "아무리 가까이 있어도 멀리 떨어진 어떤 것의 일회적인 현상이다."라고 정의했다. 이것은 종교적 의미에서의 아우라를 세속화된 아우라로 재정의 한 것이다. 벤야민은 '사진과 같은 복제 기술이 나타나기 이전의 예술 작품은 다른 무엇으로도 대체할 수 없는 고유한 가치를 가졌고 특정 시점과 특정

장소에서만 그 가치를 드러내는 유일한 존재로의 아우라Aura가 있다' 고 했다. 하지만 예술작품에 대한 기술적 복제 시대가 시작되면서 '아 우라는 변형된다.'고 그는 설명했다p.14. 과거의 그림, 음악, 연극 등 예술 작품은 항상 사람들에게 공개되기 위한 것만은 아니었다. 과거 의 예술작품이 제의ritual가치와 같은 아우라를 가졌지만, 기술복제 시대가 도래하면서 원본은 대량 복제되기 시작하였고, 대체 불가로 보였던 원본의 자리에 원본보다 더 생생한 느낌의 복제물이 자리를 잡게 되면서 전통적인 아우라는 붕괴되었다. 예술작품의 원작이 가진 시간성과 공간성은 무의미해져 예술 작품이 가진 제의 가치는 사라지 고 전시 가치만 남게 된 것이다. 다음은 뉴저널리스트 아카데미 정선 월 님의 아우라에 관한 글이다.

"덧붙이면 벤야민은 예술 작품의 진품성Ech-theit과 원본성Origination 에서 아우라의 근원을 찾았으며 단 하나로서만 존재하는 '유일성'을 '아우라Aura'로 보았다 아우라의 진화, p.87. 만일 우리가 어떤 예술 작품 을 보면서 아우라를 느낀다면, 그 작품에는 예술가의 독창성을 포함 하고 있겠지만 그에 앞서 그 예술 작품이 유일성, 원본성을 가진 진 품이기 때문이라는 것이다. 결국 아우라의 개념이 시대에 따라, 기술 변화에 따라 달라지지만, 원본성은 사라지는 것은 아니며 NFT와 같 은 기술 발달을 통해 복원될 수 있고, 전시 가치만으로도 충분히 아우 라를 살릴 수 있음을 알게 되었다. 제의 가치만을 추구할 때의 아우라 가 우리의 사고를 고착화했다면 발터 벤야민은 전시 가치의 개념으로 전환하여 우리의 사고를 확장해 준 것이다. 이로써 아우라가 원본에서만 느껴지는 것이 아니라는 것에 나는 편안함을 느꼈다. 마음은 원하지만, 원본을 모두 경험하기란 쉽지 않으니 말이다. 그러니 제의 가치를 뛰어넘어 전시 가치만으로도 아우라Aura를 경험할 수 있다고 그 개념을 확장한 발터 벤야민에게 나는 감사를 표하고 싶다. 어떤 한 가지에 국한되지 않고 매체, 장소, 사건, 흔적, 우리 삶의 모든 것에서 아우라를 경험할 수 있다고 생각하니 자유로운 느낌이 든다. 예술작품이 어렵다는 편견을 깨고 친근하게 대해야겠다." 뉴저널리스트 아카데미 1기 정선월

벤야민은 예술의 대중화로 새로운 시대에는 새로운 예술이 나타나며 예술의 범주 자체가 새로운 매체의 등장으로 계속 확장하고 변할 것이라고 예견하였다. 무엇보다 그는 '사진과 영화와 같은 기계적인 복제 이미지들은 예술 작품이 될 수 있는가?'라는 질문에 대해 예술이라는 '틀'을 정해놓고 그 범주 안에서 예술이냐 아니냐를 묻는 다른 사람들과는 달리 '예술은 기술로 인해 어떻게 변하는가?'에 대한 완전히 새로운 질문을 대중들에게 던짐으로써 예술의 범주 자체에 대한 획기적인 시선을 갖도록 하였다. 기술복제 시대의 예술작품, p.62 & p.119

이제 예술은 기술로 인하여 끊임없이 새로운 변화를 시도하고 있으며 더는 감추기 위한 것이 아닌 드러내기 위한 것이 되었다. 기술복제의 등장으로 전통적인 예술 작품의 아우라는 상실되었지만, 그로인해 예술 작품의 대중화가 이루어졌다. 그리고 웹 3.0시대의 미래 기술인 블록체인과 NFT 등 신기술의 등장으로 원본만이 가졌던 유일하고 독

특한 아우라를 다시 회복할 수 있게 되었다.

　IT 전공의 공대생으로 그것이 예술이냐 아니냐에 대한 부분에 대해 깊이 생각해 본 적이 없는 나 김지혜는 발터 벤야민의 아우라에 대한 새로운 정의가 흥미로웠다. 100여 년 전 살았던 그는 그 시대의 고정관념의 틀에 자기 생각을 가두지 않았다. 사람들이 '기술복제로 만든 작품이 예술이냐 아니냐'를 따질 때 그 본질에 대해 새로운 질문을 던지고 답을 하는 것이 놀랍게 다가왔고 평소 생각해 볼 기회가 없었던 나에게는 아우라의 의미와 예술에 대해서 생각해 보는 좋은 기회가 되었다. 4차 산업 혁명 등이 거론되는 현재도 기술이 급변하고 있다. 발터 벤야민처럼 시류에 흔들리거나 고정관념의 틀에 갇히지 않고 본질을 생각하며, 왜 그것을 하는지, 늘 스스로 질문하고 대답하도록 해야겠다. - 뉴저널리스트 아카데미 1기 김지혜 & 정선월

●

아우라의 몰락과 붕괴

　"사진복제 기술의 등장으로 예술은 더 이상 숭배의 대상이 아닌 분석과 이해, 재미의 대상이 되었다. 복제 기술은 예술이 원본성 또는 유일성에서 벗어나 '반복성'을 갖도록 하였고 실제로 예술과 수용자 간의 거리를 좁혀주는 계기가 되었다." 아우라의 진화, p.81

　'아우라Aura는 사라진 것이 아닌 변형되었다'는 벤야민의 새로운 정의는 아우라의 '제의 가치'를 세속화, 즉 '전시 가치화' 시킴으로 복제 기술로 인한 "새로운 이미지 수용의 시대"를 열었고 이는 제의 가

치의 붕괴에 결정적 영향을 줬다.아우라의 진화, p.83

언급한 바와 같이 매체, 이미지를 만들어 내는 새로운 기술이 가져오는 본질적 특징은 '무한히 재생산된다'는 것이다. 벤야민은 '재생산성'이 아우라의 몰락으로 이어질 수 있지만 아우라의 몰락보다 더 중요한 것은 매체에 반응하는 "인간의 태도"라고 했다. 사진의 기술이 발달하기 전, 초기 사진은 기술적 한계로 노출시간이 길어져 "초상 사진을 찍으려면 아주 오랫동안 인내심 있게 부동자세를 취해야 했다"고 한다. 이에 따라 순간의 포착에도 아우라의 흔적이 남게 되었는데 이것을 두고 벤야민은 '아우라가 잔존한다'고 보았다. 기술복제 시대의 예술작품, p.15 & 아우라의 진화, p.265

조제프 니세포르 니엡스 Joseph Nicephore Niepce
그라의 집 창 밖 풍경, 1826년경, 헬리오그래피

위에 나오는 최초의 사진은 니엡스의 촬영으로 8시간 이상이 걸렸다고 한다.아우라의 진화, p.266 사람보다 물건이나 풍경이 대상일 수밖에 없을 듯하다. 초기 사진이 복제예술이라는 타이틀을 가졌음에도 '원본성이 주는 제의적 가치를 추구하였다'는 말이 이해되는 부분이다.아우라의 진화, p.267 어쨌든 이러한 전반적인 지각의 변화가 벤야민에게는 아우라의 붕괴를 의미하며 복제된 대중 예술로의 충격적 체험이 새로운 심미적 경험을 맛보게 하는 시작점이 된 것은 분명해 보인다.

벤야민은 사물을 자신에게 더욱더 "가까이 끌어 오려고"하는 것은 오늘날 대중이 지닌 열렬한 관심사이며, 모든 주어진 것의 일회성을 그것의 복제를 수용함으로써 극복하려고 하는 경향이 바로 그 관심을 나타낸다고 하였다.기술복제 시대의 예술작품, p.50 "대상을 감싸고 있는 껍질에서 떼어내는 일, 다시 말해 아우라를 파괴하는 일은 오늘날의 지각이 갖는 특징"기술복제 시대의 예술작품, p.16이라고 볼 수 있다는 것이다. 뉴저널리스트 아카데미의 홍송은 님은 다음과 같이 설명한다.

"이처럼 전시 가치가 제의 가치를 뛰어넘는 '아우라의 상실'은 현대 사회의 특징적인 현상이다. 요즘은 많은 사람이 개인적인 작품을 인스타, 블로그, 트위터, 유튜브 등 여러 매체를 통해 소개하고 있다. 예술작품 안에서 신성함을 찾으려고 하는 것이 아니라 보여주기 위하거나 그 순간을 즐기는 성향이 크다. 사진이라는 복제 기술이 발전하면서 예술 작품을 보거나 경치 좋은 자연환경을 보더라도 나만 가지고 있는 것이 아니고 누구나 손쉽게 볼 수 있다고 생각하면 사람들은 그것이 특별하다고 생각하지 않는다. 여행 팸플릿을 모으는 것은 단순히 그 장소를 추억하며 기억하기 위한 것이지 팸플릿 속에서 아우라를 느끼기 위한 것은 아니다. 사진에서는 더 이상 원본의 중요성이 필요 없어졌다. 그래서 누구나 쉽게 볼 수 있고, 무한대로 복제되는 방

대한 콘텐츠들 속에서 아우라의 몰락으로 끝나는 것이 아니라 그 속에서 아우라가 뿜어져 나오게 하는 방법을 찾는 것이 중요하다. 나만의 독창성과 창의성이 주목받는 웹 3.0의 시대가 오고 있다."

아우라의 유무에 대한 논란은 "아우라가 몰락해서 단순히 사라지는 것이 아닌 사회적 또는 문화 예술적 상황에 따라 진화해 다른 모습으로 드러날 수 있다는 것"을 의미하며 아우라의 진화를 수용한다면, "사진의 수용자와 사진 속 대상 간의 상호작용이 가능하기 때문에 사진에서 아우라가 귀환했다고 보는 것이 가능하다."아우라의 진화, p.262 이것은 벤야민이 사진 속에서 지워진 아우라를, "대상을 '아우라에서 해방시키는 작업'"아우라의 진화, p.269이라고 말한 것과 유사하다.

사진의 출현은 예술 작품이 갖는 아우라에 어떤 영향을 끼쳤는가? 예술은 기술로 인해 어떻게 변하였는가? 등의 논제에 발터 벤야민은 천재적인 통찰력과 예지력으로 논문을 발표하였다. 사진이 출현하기 전의 예술은 종교적 숭배가 미의 숭배로 승화한 것으로 원본만이 가지는 독특하며 그 무엇으로도 흉내낼 수 없는 고유한 분위기인 아우라와 연관이 있었다. 가까이 있어도 나와의 거리는 멀게 느껴지는 어떠한 제의적인 느낌이 강했던 아우라였다.

사진 복제 기술이 나온 이후, 무한 복제가 가능한 사진을 두고 예술의 가치를 상실하였다고 많은 사람은 생각했지만 발터 벤야민의 예리한 시선은 거기에 머무르지 않았고 사진의 순간 포착은 또 다른 형태로의 깨달음을 선사한다고 했다. 그리고 우리가 눈으로 보고 판단하는 것은 각자 뇌에서 여러 가지 기능들을 통해 걸러진 결과물로 그는 판단했다.

그러나 실상 사진과 영상은 인간의 정신에서 걸러지지 않은 날 것 그대로의 시각을 보여주기 때문에 현실의 다양한 측면을 파악할 수 있도록 도와준다고 그는 역설했다. 이는 또 다른 방식으로 세상을 바라볼 수 있도록 만들어 주었고 예술에 대한 시각 또한 제의적인 기능에서 그보다 그 안에 들어있는 의미에 집중하는 데 있다고 했으며 아우라에서 기생적으로 존재하였던 무거운 상태를 해방시켰다. 발터 벤야민의 해석 이후 누구나 쉽게 접근할 수 있으며 특별한 의미를 부여한 사진과 영상 등이 대중 예술로 인정받는 계기가 되었다.

요즘같이 다양한 시각적 이미지와 영상을 만들고 공유하는 디지털 시대에는 아우라의 몰락이라는 말보다 벤야민의 말처럼 '아우라의 변형'이 더 잘 어울린다. 발터 벤야민 이야기는 예술 경영을 공부하면서 다루진 내용인데 그 당시에는 이해하기 애매모호한 내용들이 있어 헷갈렸었는데, 개인적으로 학문의 깊이가 더해진 지금은 무슨 뜻인지 이해하게 된다. 그리고 시대를 앞서간 천재적인 인물의 남다른 통찰력에 감탄사가 저절로 나온다. 세상의 새로운 변화와 이치를 정확히 읽어내고 이론으로 정립한 학자들에게 다시 한번 존경을 표하고 싶다. 사진과 복제가 너무나 흔한 시대이지만 새로운 기술, NFT의 출현으로 아우라의 회복, 원본이 가치를 가지게 되는 시대가 되었다. 아마도 아우라의 의미는 그 예전의 제의적인 느낌이 아닌 고유한 분위기, 카리스마의 느낌일 것이다. 또 다른 획기적인 기술이 가져다준 회복의 시점에서 각 분야에서 다양한 해석이 나오는 중이다. 나는 미래를 읽어내는 눈을 정확히 가지는 학문을 깊이 있게 배워 미래형 인재가 될 것이다. 그것은 생각을 쥐어짜는 고통을 거친다. 그러나 그 과정에 성장과 지혜가 쌓인다는 것을 잊지 않고 독서와 배움에 더욱더 정진하겠다. '트웬티 파이버스25ers'로서 나의 쌓인 지식이 남들과 세상을 이롭게 하는데, 모래알만큼이라도 도움이 된다면 보태야겠다고 다짐하여 본다. - 뉴저널리스트 아카데미 1기 김지원

●

작품 없는 작품, 아우라 없는 아우라

디지털 매체 시대의 예술 작품과 아우라의 이슈는 이 시대의 예술이 갖는 특징과 바로 연결되는데 '작품 없는 작품' 즉 '아우라 없는 아우라'로 설명할 수 있다고 한다.

'아우라 없는 아우라'는 원본을 주장하지 않아도 되는 예술 작품들을 받아들일 때 발생하는데, 새뮤얼 웨버는 이것을 '매체 아우라Media aura'라고 말했다. 그는 아우라는 몰락하지 않았으며, 각 시대에 맞는 매체 아우라가 등장한다고 보았고, 멀리 있는 것을 가까이 가져오는 것이 바로 매체로 여겼다. 매체 아우라가 "매개"의 역할을 하는 셈이다.아우라의 진화, p.280

이와 더불어 벤야민은 시선의 주고받음인 '교감'이 가장 중요하다고 강조하였다. 이것이 아우라의 경험을 가능하게 한다고 생각하니 '진정한 예술작품의 유일무이한 가치는 의식에 근거를 두고 있다'기술복제 시대의 예술작품, p.51는 말에 깊은 공감을 하게 된다. 우리는 매체가 상

호작용과 연결에 탁월한 매개의 역할을 하는 시각적으로도 복잡한 시대에 살고 있다. 무조건적인 수용보다는 나의 기준과 가치, 철학을 가지고 비판적 수용을 할 수 있는 능력이 요구되는 때인 것이다.

내가홍송은 어렸을 때 가장 좋아한 매체는 텔레비전이었다. 드라마를 볼 때 내가 직접 경험하지 못했던 상황을 간접적으로 체험하게 되고 배우들이 혼신의 힘을 다한 역할 연기에 몰입해 보게 되면서 감정이 동하여 함께 울거나 마음에 동요되어 같이 화낸 경험이 있다. 원본성을 가지고 있지 않은 매체지만, 나와 상관없는 상황이라고 해도 매체를 가까이 접함으로써 바로 앞에서 본 것처럼 아우라를 느낄 수 있었다. 최근 내가 활동하고 있는 매체 중 하나는 너와 내가 만나는 메타버스 세상 'ifland'이프랜드다. 이것은 함께 이야기를 나누고, 강의를 들을 수 있는 매체이다. 현실에서는 접하기 힘든 각 분야의 능력 있는 전문가들과 핸드폰 하나만 있으면 누구나 바로 소통할 수 있다. 이 공간에서는 어린이집 원장 선생님이 기질을 소개해주고, 나를 알아보는 시간을 가질 수 있도록 도움을 주신다. 심리치료가 가능하다. 함께 운동하기도 한다. 이프미를 운동복으로 갈아입고, 화면에 보이는 영상을 따라 하며 요가를 하고, 만 보를 걷는다. 작가님들은 자신의 책을 소개하기도 하고, 자신의 NFT 작품을 선보이기도 한다. 우리나라 최초 우주 비행사로 선발되기 위해 훈련에 참여하셨던 분께 체험을 듣기도 하고, 2022년 6월 21일 누리호의 성공을 함께 지켜보고, 축하하기도 했다. 멀게만 느껴졌던 세상을 가까이 끌고 오면서 소통하며 교감함으로써 새로운 분야를 경험하고 느끼면서 아우라를 접하게 된다. 예술작품을 만들 때 각자가 느끼고, 본 것을 있는 그대로 잘 표현하면

보는 사람이 직접 가보지 않고, 겪어보지 않았던 인생의 한 면을 느낄
수 있다. - 뉴저널리스트 아카데미 1기 홍송은

●

아우라의 몰락과 아우라의 변형

　노르베르트 볼츠는 디지털 매체를 "아우라의 몰락"의 원흉으로 보
았다. 디지털 매체 예술은 프로세스에 기반을 둔 "그래픽적인 놀이"
이며 예술이 아닌 디자인이 되었다는 것이다. 그는 이 디자인 된 예술
은 "진품성과 일회성 대신에 반복성과 규칙성을 중심으로 하고 있다"
고 본다. 아우라의 진화, p.282 복제 기술 이후에 등장한 현대 예술에 대
해 발터 벤야민과 볼츠는 의견과 표현방식이 달라 보이지만 결국은
'탈 아우라'를 이야기하고 있다. 어찌 보면 볼츠의 주장은 벤야민보다
한 걸음 더 나아간 '아우라의 해체' 개념이라고도 볼 수 있다. 볼츠는
더 이상 좁은 의미의 예술은 의미가 없다고 생각했다.

　지금은 누구나 마음만 먹으면 그림을 그리고 창작을 할 수 있는 시
대이다. 물론 디지털 아트의 영역은 아날로그와는 방식이 다르니 툴
의 사용법을 익혀야 하는 까다로움이 있어 진입장벽이 있는 것 같다.
하지만 요즘은 AI를 이용해 그림을 그리는 방법도 있다. 이 또한 매
개의 역할이라고 생각하는데 시간이 갈수록 디지털 도구를 잘 다루
면 유리한 방법들이 많아지는 것은 사실이다. 내가 상상하는 단어들
을 입력하고 기다리면 AI가 그린 그림을 볼 수 있는데 아직은 초기 단
계이지만 생각보다 훌륭한 작품들이 나올 때가 있고 실제로 AI가 그

려주는 그림으로 작품 활동하는 작가도 있다. '그 작품이 AI의 작품이지 사람의 작품인가?'에 대한 논란이 나올 법도 하다. 하지만 AI를 길들이기 나름이라는 결론을 나름대로 내본다. 머지않아 인공지능이 더 발달하게 되면 스스로 창작하는 AI 아티스트가 나오겠다는 생각이 든다. 아직은 AI가 스스로 창작하는 단계가 아닌 사람의 창작을 돕는 역할을 하고 있기 때문에 인간이 디지털을 어떤 목적과 방향을 두고 사용하는지에 따라 AI를 길들일 수 있다고 나김지연는 생각한다. 예술은 시대를 반영한다. 웹 3.0시대에 문화가 바뀌고 기술이 인간을 앞선다고 해도 인간의 정신은 앞설 수 없다. AI가 그려주는 그림에도 인간의 정신이 반영된다면 디지털 매체 예술도 아우라를 갖게 될 것이다. 우리는 AI를 선하게 사용하는 법을 배우고 익힐 뿐 아니라 사람들과 공유하는 일에도 힘써야 한다. 박병기 교수는 덧붙인다. 인공지능 작품은 'not guilty until it is proven guilty.'라고. 즉, 유죄로 증명되기 전까지는 무죄라고 말이다. - 뉴저널리스트 아카데미 1기 김지연

●

학문과 예술로 본 아우라

우리는 학교를 다녔던 시절 배운 수학의 이론을 성인이 된 이후에 대부분 잊어버린다. 우리는 많은 책을 읽지만, 하나부터 열까지 다 기억하지 못한다. 사회생활 하는 데는 전혀 수학 이론을 써먹지도 않는데, 왜 그렇게 수학을 배워야만 했을까? 고생해서 배웠지만 잊게 되는 학문에서 얻어지는 것은 무엇일까? 어려운 학문을 배우는 과정에

서 얻어지는 지식보다 '지혜'가 쌓이고 있고, 그것은 배움을 통해서만 가능하다는 것을 나는 깨닫게 됐다. 자기 속에서 잠재된 전혀 생각지 못한 재능이나 소질의 발견도 어느 정도 학문의 단계를 넘어야 발현된다. 학문의 즐거움을 깨닫게 된 것은 예술경영 공부를 할 때였다. 너무 재미있었다. 배움을 통해서 깨달음과 통찰을 얻었을 때의 기쁨이란, 느껴본 사람만이 알 것이다. 어려운 자격시험을 통과했을 때도, 나는 나를 넘어섰다는 자신감을 가졌고, 또 다른 어려운 공부에 도전할 수 있었다. 뉴저널리스트 아카데미 과정에서도 많은 것을 깨닫는 중이다. 생각의 크기가 달라졌음을 느끼고, 진정성에 대한 통찰로 세상을 다시 보는 바라보게 되었다. 배울 때의 즐거움을 알기에 평생 배움의 자세로 살아갈 수 있다.

곧 인공지능이 대부분의 일을 해결하는 시대가 올 터인데 우리가 대비할 자세는 시대가 지나도 변하지 않는 기초 학문에 집중하는 것이다. 4차 산업혁명 시대 강조되어야 할 것은 당장 눈앞에 보이는 얕은 지식이 아닌, 생각의 크기를 키우고, 인간다움의 회복성을 강조하는 인문, 철학 등의 기초 학문임을 잊지 말아야 한다. 학문이 잘 되어 있으면 아무리 새로운 것이 나타나도 흔들리지 않을 것이라고 박병기 교수는 말한다. 계단을 높이 오르다 보면 더 넓은 시야가 눈 앞에 펼쳐지는 것처럼 학문의 과정은 쉬운 것에서부터 얻어진 지식을 바탕으로 시작하고 어렵고, 다양한 과정을 도전할 힘이 생기도록 만든다. 학문은 한자 풀이 그대로 배우고 질문하여 온전히 내 것으로 만드는 것이다. 온 세상을 일일이 직접 경험하지 않아도 풍부한 의미를 부여하게 만들며 삶과 혼합되어 지혜로움을 안겨준다는 점에서 예술도 학문과 마찬가지이다. 예술은 그것이 탄생한 시대를 대표한다. 그 시대의 지식, 사람들의 생각들, 풍습 등 모든 것이 예술에 담겨 있다. 세상에 하나뿐인 예술품은 시대가 아무리 변해도 가치성을 인정받는다. 세월이 흐를수록 그 가치가 올라가는 이유는 고유성과 단일성을 가지기 때문인데 가치를 알기 위해서는 시대의 역사를 배워야 하고 그것은 학문을 통해 가능하다. 말한 바와 같이 예술은 해당 시대를 대표하는 상징이기 때문인데 아무리 복제가 가능하다고 해도 인정되지 않는 유일한 과거의 흔적은 돈으로 환산할 수 없다. 예술이 품고 있는 깊이 있는 성찰과 예술가들의 생각을 읽어내는 것은 재미가 있다. 예술품은 나 아닌 창작자를 이해하게 되는 매개체가 될 수 있기에 예술을 사랑하는 사람들은 타인을 이해하는 폭도 넓은 것 같다.

우리는 학문을 통해 살아가는 방법과 지혜를 습득하게 된다. 인지하고 있지 않을 뿐 우리는 책뿐 아닌 주변인들의 말과 행동, 다양한 매체를 통해서 항상 배우며 살아가고 있다. 물론 단순 습득과 학문은 깊이의 관점에서 큰 차이가 있다. 학문을 통해 새로운 것을 발견하는 창조의 작업은 예술의 기본 가치와도 같다. 학문을 통한 인간다움에 대한 성찰과 생각 능력의 확장은 인간만의 고유성과 독특성, 아우라를 회복하게 만든다. 아우라는 학문, 배움의 힘과 결합했을 때 더 큰 힘을 발휘하게 되는 것이다. - 뉴저널리스트 아카데미 1기 김지원

창조하는 인생이 최고의 인생!

허준이 교수가 한국계로는 처음으로 '수학의 노벨상'으로 불리는 필즈상을 수상한 후 잘 알려지게 된 인물은 바로 히로나카 헤이스케 교수다. 허준이 교수가 헤이스케 교수에게 감명을 받아 수학자의 길로 들어서게 되었다는 보도가 나간 후에 한국에서 헤이스케를 모르는 사람이 없을 정도가 되었다. '필즈상'을 수상하였으며, '학문의 즐거움'이라는 책을 쓴 히로나카 헤이스케는 '창조하는 인생이야말로 최고의 인생이다.'라고 말한 바 있다. 그는 또한 '사는 것은 배우는 것이며 또한 무언가를 창조해 나가는 것이며, 창조에는 배우는 단계에서 맛볼 수 없는 큰 기쁨이 있다'고 했다.

학문의 본래 의의는 창조하는 것이고 창조의 기쁨이란, 자기 속에 잠자고 있던 재능이나 자질을 찾아내고 나 자신을 보다 깊이 이해하는 기쁨이다. 창조해 내기까지는 '배운다'라는 단계를 반드시 거쳐야 하는데, 배움은 단순히 지식을 모으기 위한 것이 아니라 귀로 듣고 몸으로 느끼고 생각하고 배워나가는 과정으로 지혜를 쌓고, 새로운 것을 발견하고, 기쁨을 누릴 수 있다. 사람은 과거에 습득한 것의 극히 일부밖에 기억해 내지 못하고 계속해서 잊어버리지만, 그럼에도 고생해서 배우고 지식을 얻으려 하는 이유는 눈에 보이지 않지만 배워나가는 과정에서 '지혜'가 쌓이기 때문이다.

우리의 배움은 창조를 위한 것이고 지식을 습득하는 것은 지식 그 자체가 아닌 창조를 위한 재료라고 생각한다면, 지식을 기억하거나 습득하는 시간이 빠르고 느린 것은 중요하지 않다는 것을 재인식하게 된다.

사람은 왜 배우는가? 나는 왜 배우는가? 그것의 궁극적인 목적이 결국은 창조하는 삶을 살기 위해서라는 것이다. 학문의 의의가 지식을 습득하는 것을 넘어 창조라는 말에서 나는 학문과 예술뿐 아니라 삶의 모든 것의 목적이 결국은 하나로 연결되어 있다고 느낀다. 창조라고 하는 영역이 인간만이 할 수 있는 근원적인 영역이라고 생각하니 놀랍다. 배움을 통해 내 속에 잠자고 있는, 생각지 못한 자질이나 재능을 찾아내는 기쁨과 나를 보다 깊이 이해하고 새로운 나를 발견하고 창조하는 기쁨을 누려야 하겠다. 그러기 위해 우리는 배움에 있어서 단순히 지식을 습득하는 것으로 생각하지 않고 그것을 넘어 작은 것일지라도 새로운 것을 발견하는 것에 의식적으로 포커스를 두는 삶을 살아야 한다.

그렇다면 웹 3.0 시대에 우리는 왜 학문과 예술을 제대로 알아야 할까? 이것은 '우리는 왜 사는가?'라는 질문과 연결된다. 학문은 우리가 창조의 기쁨을 누리기 위한 배움의 과정이고, 예술은 우리가 창조의 기쁨을 누리기 위한 표현의 행위이다. 곧 다가올 AI가 보편화되는 시대에 단순히 무언가를 잘하는 것은 AI로 대체될 수 있다. 우리는 AI가 흉내내거나 AI로 대체될 수 없는 인간다움, 9번째 지능영성지능을 향상시켜야 한다. 9번째 지능 개발 방법 중 하나는 학문을 통해 배우고 예술을 통해 표현하며 나만의 독특성을 개발하고 발견해 나가는 것이다. 그럴 때 인간만이 가지는 독특성과 고유의 아우라를 회복하게 될 것이다. - 뉴저널리스트 아카데미 1기 김지혜

체험리즘에서 발견한 감동의 아우라

　머니투데이 남형도 기자의 체험리즘의 기사 속에서 나의 시선을 고정시켰던 기사는 '죽은 자의 집 청소'라는 책과 연관된 기사이다. 나김혜미도 이전에 이 책을 우연히 읽게 되었는데, 읽으면서 세상에 이런 직업죽은 자의 집 청소도 있었구나 싶었다. 이 일을 정말 사명감으로 해나가시는 분의 삶의 이야기를 읽으며, 누군가의 삶의 끝을 정리하여주고, 또 새로운 곳을 만들어주는 직업 그리고 누군가의 마지막을 기억해주는 일이 중요함을 깨달았다. 책 속의 직업을 남형도 기자가 실제로 체험하였는데, '냄새 이야기'가 자극을 줬다. 실로 겪어보진 않았고, 상상조차 되지는 않지만, 나도 모르게 인상이 일그러졌다. 죽은 사람의 집을 청소하는 일은 주변에 알려지지 않도록 조용히 해야 하기에 주로 사람이 안 다니는 시간에 한다.

　남형도 기자는 더운 날이어도 죽은 자의 냄새가 창문 밖으로 나가게 되어 민원이 들어가면 안 되기에 창문을 꼭 닫고 밀폐된 공간에서 청소를 했다고 한다. 찜통 속에서 청소하는 것 자체가 힘들 터인데, 혈흔이 배어나오면 잘 지워지지 않아 특수용액으로 다 닦아내야 하는 어려움도 실질적으로 겪은 경험사례를 기자는 이야기하고 있다. 남형도 기자는 '죽은 자'의 집을 청소하러 가면 집이 죽어있는 듯하다고 했다. 기자는 '그대로 두면 누가 들어와서 살 수 없는 집이기에 청소하고 나서 집 안으로 들어오는 햇살을 보며 죽은 자의집이 다시 살아나는 것 같은 기분을 경험하였다'고 한다.

나는 남형도 기자의 체험리즘의 기사들을 좀 더 관심 있게 찾아보고 배워야겠다는 생각이 들었다. 자식을 낳고 키워봐야 부모의 마음을 안다고 했던가? 누군가의 삶, 타인의 삶도 그런 것 같다. 그 삶을 살아보지 않은 한, 한 번이라도 경험하거나 겪어보지 않은 한, 함부로 비판하거나 평가해서는 안 됨을 깨닫게 된다. 각자의 삶은 소중하고 귀하다. 남형도 기자의 체험리즘을 읽으며 나 또한 삶 속에서 내가 할 수 있는 일이 무엇이 있을까 고민하게 되었다. 그리고 이 기사를 읽으면서 '주변의 소리에 귀를 기울여야겠다. 좀 더 주변을 관심 있게 살펴야겠다'는 생각이 들었다.

대단하지 않아도, 겉으로 드러나지 않더라도 내가 할 수 있는 것들로 누군가의 삶을 동행해주고, 손잡아주고, 귀 기울여주는 삶…. 남형도 기자가 온전히 그들의 이야기를 전하고자 직접 뛰어 행하는 모습이 도전이 된다.

나의 3년 후, 5년 후, 10년 후를 그렸던 적이 있다. 나는 2022년에 쳇바퀴 같은 성장이 없는 삶, 계속 겉도는 것만 같은 삶에서 더 이상 머물고 싶지 않았다. 그렇게 마음을 다지고 나니, 진정으로 내가 무엇을 해야 하는가에 대해 생각을 하게 되었고, 나는 선한 영향력을 전하는 통로이자 도구로 쓰이고 싶었다. 그러기 위해서는 그러한 쓸모 있는, 쓰임 받을 수 있는 내가 준비되어야 했다.

그런 내가 성장을 해서 이루고자 하는 꿈은 과연 무엇일까? 나는 이 세상의 가장 약자의 소리를 듣는 일을 하고 싶었다. 바로 아이들의 목소리이다. 누구라도 언제든지 찾아와서 삶의 고민을 내어놓고 이야기를 나누고 좀 더 나은 삶을 향해 꿈을 그려가며 나누는 공간. 그런 쉼

터를 만들고 싶은 게 나의 꿈이다. 특히 요즘 세상은 모든 것이 빠름에 익숙해져 있고 잠시나마 멈춰있으면 혼자 도태되는 듯한, 뒤처지는 듯한 창의적인 좌절을 하기 쉽게 만들어져 있다. 그렇게 힘든 세상을 살아가다 보니 혼인율, 출산율은 점차 낮아지고 있다. 자녀는 정말 존재만으로 축복이다. 모든 생명은 소중하다.

나는 온라인으로 작은 수익들을 창출하기 시작하면 혼자서도 열심히 자녀를 사랑으로 키우는 그루맘에 후원할 예정이다. 그리고 더 나아가 이야기를 들어줄 수 있는 시간을 자주 갖는 삶의 무게를 조금이나마 덜어드릴 수 있는 능력 있는 봉사자가 되고 싶다. 그리고 우리 친구들, 아이들의 엄마가 되고 싶다. 나는 세 남매의 엄마이기도 하지만 세상에 온전한 사랑 안에 보호받지 못하는 아이들에게도 관심이 많은 편이다. 이 세상에 태어나서 사랑을 받고 자랄 아이들에게 이 세상은 너무나 각박하고 숨이 차다. 나는 다문화 가정의 엄마이고 주변에서도 나와 같은 이들을 자주 보게 된다. 고향을 떠나 타국에서의 삶 또 그곳에서 새로운 가정을 일구어 나간다는 것은 정말 쉽지 않은 일이다. 다문화 가정의 삶들도 들여다보고 그분들의 삶 이야기를 함께하고 서로서로 인연을 연결해주는 연결고리가 되고 싶다.

작고 작은, 연약한 듯하지만 강인한 그런 삶을 세상에 알리는 일, 함께함이 이 세상을 둥글게 둥글게 살아가는 방향임을 나누고 전하는 일, 그곳에서의 김혜미 기자로 활동할 수 있다면, 그 자체가 나에겐 가슴 벅찬 삶이 될 것이다. 남형도 기자가 '체험리즘'으로 저널리즘의 아우라를 실천했다면 나도 '나널리즘나눔 저널리즘'으로 내 아우라를 뿜어내고 싶다. - 뉴저널리스트 아카데미 1기 김혜미

교감과 흔적 속의 아우라

"사건의 특징은 '우연성'이다. 사건은 계획과 무관하게 마치 사랑이 그렇듯 갑자기 섬광처럼 발생하는 것이다. 예기지 않은 장소에서 벼락처럼 찾아오는 예술적 경험도 그렇다. 아우라, 두려운 낯섦, 그리고 숭고 모두 우연성과 깊은 관련이 있다."아우라의 진화, pp.240-241

나홍송은는 우연히 아우라를 느꼈던 두 가지 경험이 있다. 첫 번째는 스위스 여행에서 배를 타고 이동할 때 자연이 주는 아우라였다. 햇살에 비치는 강이 별 가득한 밤하늘처럼 반짝반짝 빛이나 눈 부시도록 아름다웠다. 동시에 나무들 사이로 지나가는 미지의 세계를 탐험하며 동화 속 주인공이 된 듯한 느낌을 받아 신비로운 기운을 느낄 수 있었다.

두 번째는 파리에서 모나리자 그림을 보았을 때이다. 사람들이 유독 모나리자 그림 앞에 많이 모여있었다. 생각보다 그림도 작고, 평범해 보였다. 그런데 인터넷과 사진 속에서 보았던 그림과 다르게 아우라가 느껴졌다. 아우라는 사람, 물건 모두에게서 나온다고 했다. 호감있는 이성을 볼 때 알 수 없는 끌림으로 자꾸 쳐다보게 되고 소유하고 싶어지는 이유는 그 사람의 고유 아우라가 있기 때문이다. 남들과 다른 나만의 분위기와 나를 생각할 때 풍기는 유일하고 독특한 이미지가 있다.

트위터 스페이스를 통해 '돈신 궁예'라는 작가님의 작품에 담긴 스토리와 세계관을 우연히 듣게 되었다. 내용을 듣기 전에는 애니메이션 NFT 정도로 생각하고, 감정의 변화는 없었다. 설명을 듣고 작품을 보니 작가의 의도와 섬세한 면이 보였고, 아우라가 느껴졌다. 아우라는 내용과 의미를 깊이 알게 되면 그 느끼는 것이 더욱더 강하게 올 때가 있다.

디터 메르슈19세기~20세기 매체 철학자는 "시선의 주고받음과 시선의 응답으로 아우라를 경험할 수 있다"고 했다. 이것은 '교감'한다는 것을 의미한다아우라의 진화, p.100. 오래전 컨텍스트 관련된 글을 읽다 우연히 보게 된 사진이 있다. 남아프리카공화국 출신 휴머니즘 사진작가인 케빈 카터의 '수단의 굶주린 소녀'라는 사진은 임팩트가 너무나 강해 종종 생각나는 사진 중 하나이다. 오래 굶주려 앙상한 뼈를 드러낸 채 쓰러져 있는 작고 어린 소녀의 곁에는 여린 생명의 죽음을 고대하며 지켜보는 독수리 한 마리가 있었다.

수단의 식량 배급소 인근에서 찍힌 위 사진은 1993년 3월 뉴욕타임스에 실렸고 그로 인해 아프리카 수단의 참상이 전 세계에 알려졌으며 동시에 아프리카에 대규모의 구호가 이루어지는데 큰 역할을 했다. 그 공로로 이 사진을 촬영한 케빈 카터는 1994년 퓰리처상을 받았다. 나김지연는 처음 이 사진을 보았을 때 심장이 아려오는 아픔과 슬픔에 오랫동안 눈물을 흘린 적이 있다. 사진 한 장으로 삶의 고통이 전달됐다. 나는 가끔 내 자녀의 숙제를 돕기 위해 역사적인 사건의 사진을 찾아볼 때도 비슷한 경험을 한다. 그리고 아이들의 어릴 적 사진이나 영상들에서도 저절로 미소가 지어지고 그때까지의 고생이 다 보상받는 느낌이 든다. 의도적이든 그렇지 않든 의미 있는 찰나의 포착은 생생한 현장을 간접 경험하게 하고 수용자에게 의미를 제공함으로 삶 자체를 예술로 승화시킨다. 벤야민이 시선의 주고받음인 '교감'이 중요하다고 강조한 것은 이를 통해 아우라를 경험하고 수용자들에게 자발적인 행동을 하게 하는 마법 같은 힘이 있기 때문일 것이다.

우리가 알고 있는 A.I.는 Artificial Intelligence로 인공지능의 약자이다. 박병기 교수는 뉴저널리스트 아카데미 수업에서 새로운 AI를 소개했는데 바로 Appreciative Inquiry긍정적 탐구의 약자인 A.I.였다. 우리는 4차 산업 혁명을 이야기하고 웹 3.0 시대의 기술은 부각되고 있지만 실제로 삶에 있어서 서로에게 긍정적인 시선의 주고받음과 교감이 중요하다며 그는 새로운 AI를 소개했다.

긍정적 탐구AI를 하게 되면 조직, 공동체에서뿐만 아니라 우리가 활동하는 디지털 공간에서도 긍정적인 흔적을 남길 수 있게 된다. 긍정적인 것을 기초로 세웠다는 것은 우리가 가지고 있는 어떤 것으로 청지기 역할을 하려고 하기에 적절한 곳에 쓰이고 삶이 바로 세워짐을 경험한다는 것이라고 그는 말했다. 반대로 타인을 비판하고 지적하는 것처럼 잘못된 것을 고치려고만 한다면 갖고 있지 않은 것으로 청지기 역할을 하려고 하기에 구걸 문화가 만들어질 수 있다고 했다. 이는 자신^{박병기 교수}이 졸업한 바키 대학원Bakke Graduate University의 로월 바키 박사에게서 배운 것이라고 그는 말했다. 긍정적 탐구 AI는 존재 자체를 감사로 즐기고 어떻게 될지를 상상하며 존재의 주체가 어떻게 되어야 하는지를 스스로 결정하고 존재의 새로운 모습을 창조해 낸다고 하니 못 할 일이 있겠는가? 부끄럽게도 나는 긍정적 탐구형이 아닌 문제 해결 중심형이다. 잘못된 것은 빠르게 수정하고 수용하는 편이다. 뉴저널리스트 아카데미들은 긍정적 탐구를 즐길 줄 안다. 내가 부족해도 그들을 보며 성장할 수 있음이 기쁘다. 매일 저널링을 통해 긍정적인 탐구를 즐기는 '트웬티 파이버스25ers'가 되도록 노력해야겠다. - 뉴저널리스트 아카데미 1기/ 홍송은, 김지연

●

디지털 공간과 장소에도 있는 아우라

"일상 공간에서 인간의 존재 뒤에 남겨진 흔적은 어떤 경우에는 독이 되고, 또 어떤 경우에는 약이 된다. 디지털 공간에서도 마찬가지다. 처음에는 이 공간에서는 모든 것이 쉽게 삭제되기 때문에 흔적이될 줄 몰랐으나 이 공간에 남아 사라지지 않는 흔적이 어떻게 작용할

지에 대해 생각을 못 해본 것이다. 어떤 경우에도 또 어떤 방식으로도 흔적을 남기는 디지털의 매체적 속성 때문에 우리는 이제 잊힐 권리마저 잃어버리게 된 것이다. 따라서 흔적과 망각은 디지털 매체 철학에서 하나의 중요한 주제가 되었다."아우라의 진화, p.198

　현재를 사는 우리는 직, 간접적으로 많은 매체를 접하며 흡수하는 정보의 홍수 속에 살고 있다. 말 그대로 많은 정보 속에서 중심을 잡기 힘든 시대에 사는 것이다. 다 알 수도 없고 다 알 필요도 없는 많은 소식에 나만 뒤처진 것 같은 느낌이 들 때가 자주 있다. 쏟아지는 정보로 인해 생각의 미니멀라이프를 실행하지 못하기도 한다. 이것이 스트레스를 유발하기도 하는데 정화되지 않은 '카더라 통신'까지 더해지면 삶이 피폐해지는 속도에 가속도가 붙게 된다. 그런 수많은 정보 속에서 우리의 삶을 윤택하게 하고 행복하게 하는 내용이 몇 개나 있을까? 방전된 에너지를 충전해 줄 가슴 따뜻한 소식이 몇 개나 있었던가? 그 흔적이 지금 나를 살게 하고 있다고 느끼는가? 그 많은 매체 안에서 단 하나의 매체만, 아니 많은 종방 중 한 채널만이라도 온종일 훈훈한 소식만 전해주는, 단기간의 시청률에 몰입하지 않는 실험대의 언론이 생기길 바란다. 자극적인 것을 좀 더 추구하려는 인간의 마음에 선한 마음이 발현되어 지친 영혼이 회복되는 그런 긍정의 흔적을 남길 수 있는 언론이 있다면 사건과 사고가 줄어들며 기자들의 바라보는 시선도 달라지리라 나는 생각한다. 우리의 후세대를 위해 남겨줄 유산은 사회의 분위기가 긍정적으로 흐르고 기운을 밝게 하고 삶을 윤택하게 하는 흔적을 쌓아주려는 노력과 그 결과물이다.

디지털 매체를 사용할 때 긍정의 흔적을 남겨야 하는 이유가 있다. 좀 생뚱맞을 수도 있겠다. 웹 3.0시대에 기술이 아닌 긍정의 흔적을 이야기한다니. 웹 3.0시대는 블록체인, 암호화폐, 메타버스가 주를 이루는 시대이다. 얼핏 보면 기술이 주를 이루는 시대인 것 같지만 웹 3.0이라는 새로운 시대를 건강하게 이끌어 나가기 위해서는 기술에 앞서 이러한 기술들을 어떻게 선하게 사용할 것인지를 먼저 염두해 두어야 한다. 사실 우리가 남기는 디지털상에서의 흔적이 선한 영향력을 만들 수도 있고 반대로 악의적 댓글 하나로도 누군가의 마음을 크게 다치게 할 수도 있다. 어떤 경우는 '입장 바꾸어 생각해 본다면 어쩌면 이럴 수 있을까?' 싶을 정도다. 익명성이 남긴 인간애의 상실은 디지털상 어디에나 존재한다. 익명성이 보장된다고 함부로 말할 권리까지 준 것은 아니다. 디지털 매체의 사용자들은 어떤 흔적을 남겨야 할지를 선택할 수 있다. 우리는 선한 흔적을 남기기를 애써야 한다. 또한, 웹 3.0시대에는 초양극화 현상이 더욱 두드러질 것이라고 한다. 경쟁구도가 아닌 모든 이들에게 균등한 기회가 주어진다면 우리는 미래에도 더불어 행복하게 살아 갈 수 있을 것이다.

"흔적이 남겨진 장소는 기억의 장소가 되고, 이러한 기억의 장소와 마주한 주체는 기억과 망각 그리고 회상 사이에서 묘한 경험, 즉 아우라적 경험을 하게 된다. 이것이 바로 '기억장소의 아우라'이다."아우라의 진화, p.223

나김지연는 내성적인 성향의 사람이어서 흔적 남기기를 싫어했다.

하지만 가능하지 않은 이야기이다. 어느새 나도 중년이 되고 아이들을 키우다 보니 가끔 과거를 회상하며 친구들이나 남편, 가족들과 '그 때 거기, 수녀원이 있던 우리 학교 동산, 어릴 적 살던 사과나무가 있던 집 앞마당, 처음 데이트를 시작한 그 카페'처럼 추억의 공간을 소환하며 이야기를 나누다 보면 생각지도 않게 행복한 그때 그 장소로 가 있는 착각을 한다. 부끄러운 기억으로 생각하고 싶지 않고 지우고 싶은데 그래도 기억의 한편을 쥐어 잡고 어쩌다가 생각나기도 하는 장소도 있다. 지나고 보면 좋든 싫든 모두 내 인생의 흔적과 추억인 셈이다.

나는 홍송은 아이들과 함께 초콜릿 박물관에 간 적이 있다. 초콜릿 만드는 체험과 함께 1층에는 사진과 유물이 전시되었고 초콜릿의 역사 콘텐츠가 있었다. 직접 카카오 씨앗도 만져 보고, 카카오의 실제 크기도 보았다. 아이는 이 장소를 통해서 초콜릿에 대한 전반적인 기억을 하고 있었다. 우리는 카카오 메스 함량이 20%가 되지 않기 때문에 초콜릿 표기를 쓰지 못한다는 것을 배웠다. 그래서 우리는 초콜릿을 고를 때는 카카오 메스 함량을 잘 보고 사야 한다는 것을 알게 되었다. 박물관 관계자는 시중에 판매되는 초콜릿을 먹으면 왜 이가 썩을 수밖에 없는지 설명해 주셨다. 아이는 이 설명을 듣고 초콜릿에 더는 집착하지 않게 되었다. 아이는 마트에서 허쉬 초콜릿, M&M 초콜릿을 보면 엄마 박물관에서 보았던 거라고 말하곤 한다. 초콜릿을 만들었던 장소를 통해 우리는 아우라를 경험했던 것 같다. 복제된 예술작품이 전시되어 있어도 그 장소에서 느꼈던 경험을 통해 생각이 난다. 잊었다고 생각했는데 불현듯 되살아나는 경험이 아우라적 경험이라고 생각한다.

기억의 소환이 아닌 실제로도 도시공간은 많은 흔적을 간직하고 있다. 일상을 통해 흔적의 아우라화 현상들을 곳곳에서 볼 수 있기 때문이다. 도시공간에는 우리가 역사적으로 반드시 기억해야 하는 장소가 있다. 그렇기에 그 장소에 흔적들을 보존할 필요가 있다. 그러나 주변 환경을 고려하지 않은 채 지나치게 기억과 기념을 강조하며 적극적으로 흔적을 아우라화 한 곳도 있다. 그렇다고 역사적인 장소와 흔적을 보존하지 않을 수는 없기에 당연히 보존 작업은 최소화되어야 마땅하며 기념물은 장소성을 고려해서 설치되어야 한다.

벤야민의 흔적과 아우라에 대한 이론을 도시공간과 연결해보면, 도시는 흔적 또는 아우라와 관련해서 기억과 망각의 문제를 다루고 있다고 한다. 하나는 '강제적인 망각'의 강요이며 다른 하나는 기억의 '강제적 확장'이라고 말한다. "도시공간은 그곳에 살았거나 살고 있는 도시인들의 기억의 가장 큰 부분을 차지하며 그들에게 하나의 문화적 기억으로 작용한다. 그러나 공간의 강제적 소멸과 기억의 강제적 확장 등으로 도시는 고유한 특징을 가지고 있지 않으며, 마치 공장에서 찍어낸 듯한 대량 생산물의 모습을 갖게 된다"는 것이다.아우라의 진화, p.215

도시는 사람들을 현혹하는 허울만으로 치장해서는 안 된다. 또 이 허울로 인하여 산책자가 도시공간에 거리감을 느껴서도 안 된다. 허울을 벗어던지고 흔적을 텍스트 삼아 자신의 추억을 기억할 수 있는 곳이어야 한다. 기억의 장소로 작용하기 위해 모든 공간의 흔적은 보존되어야 하는가? 결코 그럴 수 없고 그래서도 안 된다.

　우리 동네 중심가에 향교가 있다. 지나다닐 때마다 '저 자리에 존치하고 있는 이유는 무엇일까?' '조선시대부터 저 위치에 향교가 있었던 것일까?'라는 질문을 하곤 했다. 그 당시에 향교가 있었다고 해도 현재 저곳에서 조선시대를 경험해볼 수 있는 체험을 하는 것도 아니고, 잡초가 한가득 있는 것을 보면 관리하지 않는 공공기관의 무관심에 실망하기도 한다. 이렇게 관리와 활용이 안 되는 곳을 바라볼 때 감흥은 일어나지 않는다. 돌아가신 분들의 기억 속에 있는 흔적을 위해, 그 흔적이 우리 현재를 살아가는 사람에게 필요하다면 그 장소가 복원되는 것이 맞다. 그리고 복원된다면 그 장소의 의미를 널리 홍보하거나 교육을 통해 과거 세대와 현재를 사는 우리와 미래를 살아낼 우리 후손들에게도 그 장의 아우라를 경험하게 하는 것이 의미 있는 일일 것이다. 좋은 사례가 있다. 서울 청계천 복원 사업이 그것이다. 복원 사업을 하면서 여러 잡음이 있었지만, 청계천 주변에 있던 상가들은 세운상가 등으로 옮기고, 청계천 주변을 산책로로 조성, 잦은 서울시 행사 등으로 시민들이 자주 찾도록 배려했다. 매년 서울 빛 초롱 축제를 개최하여 청계천이 흐르는 곳에 빛 조형물을 설치하여 외국인도 많이 찾는 유명한 장소가 되었다. 그런 의미에서 본다면 우리 동네 향교도 주민이 그 위치와 장소에 향교가 존재하는 의미에 대해 함께 고민할 기회, 알아갈 기회를 가진다면 그 역사의 흔적에서 그때의 아우라를 느낄 수 있을 것이다. - 뉴저널리스트 아카데미 1기 정선월, 김지연, 홍송은

과시 욕망을 자극한 명품 아우라

상품이 사용 가치의 유용성 때문에 소비되던 시대는 이미 지나갔다. '브랜드 가치'가 모든 가치의 기준이 된 시대로 과시적 소비가 대중화되고 있다.아우라의 진화, p.292

과시적 소비의 전제 조건은 상품인데 자본은 예술이 가지고 있던 아우라를 상품 세계로 소환했다. 아우라만큼 상품을 과시적으로 만들기에 좋은 것은 없기에 자본은 자신들의 상품에 '가상의 아우라'를 부여한다.아우라의 진화, p.297

현대사회에서 명품 소비 현상은 심각하다. 나는홍송은 친구를 만나기 위해서 아웃렛을 갔다가 1층 매장에 유독 줄이 길게 서 있는 장면을 보게 되었다. 구O 매장이었다. 비싼 가격임에도 불구하고 물건을 사려는 사람들의 행렬은 엄청난 수준이다. 신혼여행을 로마로 갔을 때 내 친구가 그곳은 명품값이 저렴하니 꼭 사 오라고 했다. 에코백을 좋아하지만, 한국보다 더 싸다는 생각에 가방을 사 왔다. 그런데 가방 사진을 인스타에 한 번 올리고, 그것은 5년 동안 장롱에 박혀있다.

커피계의 명품, '스타벅스'도 가상의 아우라 이야기에서 빠질 수 없다. 스타벅스는 카페의 기능뿐 아니라 문화의 기능을 보태 성장했다. 굿즈의 발암물질 검출로 논란이 된 적도 있지만 매해 품절 대란을 일으키는 스타벅스의 e-프리퀀시 이벤트는 정해진 기간 안에 17잔의 음료를 구매하면 굿즈를 가질 수 있는 행사다. 스타벅스에서 판매하는 카드를 구매해서 그 카드로 결제해야지만 적립을 할 수 있고, 17잔 중

3잔은 스타벅스에서 추천하는 음료를 먹어야 한다는 미션이 있다. 하지만 스타벅스에서 발행하는 굿즈는 한정된 기간과 한정된 수량으로 빠르게 소진된다. 또한, 17잔 가격보다 비싸게 재판매 되기도 한다. 스타벅스라는 브랜드 가치가 굿즈를 과시할만한 그 무엇으로 만들었다. 친구에게 선물을 보내거나 이벤트를 할 때 커피 상품권으로 스타벅스 커피 쿠폰은 다른 커피 브랜드에 비해 가격이 비싸다. 그럼에도 스타벅스의 브랜드 이미지가 좋고 여러 가지 메뉴로 인해 적당한 가격으로 선물을 주기에 적합해서 많은 사람이 상품권을 주고받는다. 상품의 아우라를 이용하여 소비하게 만들고 사람들이 가치 있다고 믿게 만드는 것이 기업들이 만들어낸 '가상의 아우라'인 것이다.

자본은 상품을 가상의 아우라로 덮어씌우고 이것을 소비하게 만들기 위해서 허위 욕구를 만들어낸다. 결코 충족될 수 없고, 식을 줄 모르는 욕망을 만들어내는 것이다.아우라의 진화, p.299

명품에 대한 갈망은 자본주의 방식으로 사회시스템을 운영할 때 더욱 강렬해진다. 어떤 상품의 가격을 높여놓고, 그것을 취한 사람은 승리자로 인식하는 사회시스템이다. 사실 난정선월 명품을 선호하지 않는다. 돈이 있어도 명품과 외제 차는 절대 사지 않는 것을 철칙으로 한다. 가격 대비 그만큼의 효용이 얼마큼 지속되고 끝날지를 알기 때문이다. 자본주의 논리에 다치고 아파하는 사람들이 많다 보니 그들의 편에서 일하는 사람으로서 그것만은 늘 지키고자 애쓴다. 사실 상품에 아우라가 있다고 생각한 적은 있다. 그러나 그때를 돌이켜 생각해 보면 인기 연예인들이 예쁜 모습을 하고 명품을 착용하면 사람들은 '가상의 아우라'에 환영했던 것 같다. 상품의 아우라인지, 사람의 아우라인지는 모르겠으나 어떤 아우라에 이끌리어 상품을 구매하는 사람이 많았다. 아마도 연예인이나 명품의 아우라를 이용한 상품을 내세우는 것은 자본가들의 전략이 아닐까 한다.

나김지연는 가끔 지인의 선물을 사기 위해 백화점에 갈 때가 있는데 1층의 화려한 명품 매장이 눈에 띌 때가 있다. 더욱 눈에 띄는 것은 명품 매장의 선글라스를 낀 다부진 체격의 보디가드들이다. 몸값 하는 물건인 만큼 매장을 지키고 있는 보디가드의 숫자도 많다.

명품들이 시대도 잘 만났다. 한때는 짝퉁으로 몸살을 앓았다지만 NFT의 등장으로 제대로 몸값을 할 수 있게 되었다. 블록체인 기술을 이용해 제품의 고유번호가 새겨지고, 정품임이 확인된다. 또 명품의 NFT를 소유한 홀더들에게는 다양하고 특별한 혜택이 주어진다. 다른 유명 NFT와 협업을 하면서 그 영역을 확장해 나가며 그 부류에 합류하게 되는 것이 소수의 특별한 존재가 되는 느낌을 받게 한다. 또한, 명품들은 거대 자본으로 발 빠르게 메타버스를 점령하고 있다. 고가의 브랜드들은 훗날 고객 확보를 위해 자연스럽게 10대의 의식을 사로잡기 위해 메타버스를 이용하기도 한다. '제페토'에는 다양한 명품과 브랜드들이 이미 입점하여 그 문화를 즐길 수 있게 했다. 이곳에서 아바타들은 현실에서는 살 수 없지만, 만원 상당으로 명품을 구매하고 치장하며 자랑하고 선물도 한다. 이미 현실에서도 요즘 10대들은 고가의 명품에 열광하며 '플렉스 문화'를 즐기고 있다고 하니 상품에 부여한 '가상 아우라' 전략이 성공한 셈이다. 명품으로 인한 안타까운 사건도 있다. 명품을 사기 위해 불법 도박을 한 10대의 이야기는 마음을 아프게 했으며 어른으로서 아이들에게 참된 가치에 대한 기준을 가르쳐 주지 못한 미안함과 책임이 느껴지게 했다. 내가 가지고 있는 물건에 대한 가치와 의미를 부여하는 것이 아닌 과시하고 자랑하는 것을 가치로 삼는 과시적 소비 시대의 우울한 잔상일 것이다.

대기업의 거대 자본이 NFT를 만난 예는 백화점에서도 볼 수 있다. 최근 신OO 백화점의 NFT인 '푸빌라'는 엄청난 인기를 끌었다. '오픈씨'에 오픈하자마자 1만 개가 1초 만에 매진되었다니 그 인기를 가늠해 볼 수 있다. 신OO 백화점의 NFT는 6가지 등급에 따라 다양한 혜택을 제공한다. 이 안에서도 등급과 계급이 생기게 된다. 거대 자본으로 인한 웹 3.0시대의 디지털 빈부격차는 시간이 지날수록 더 심해질 것이다. NFT는 희소성을 가진다는 특성이 있어 소수만이 누리는 혜택이 다수에게는 반대로 상실감을 줄 수도 있다. 그 상실감으로 무기력해지지 않으려면 과시하는 것이 가치인 시대에 진짜 가치를 위해 살아야 한다. 그렇기 위해 나의 가치, 나의 철학과 기준이 분명해야 미래의 기술이 어떤 문화를 이끌든지 휩쓸리지 않을 수 있다. 우리는 어떤 기준과 가치를 가지고 있을까? 어떻게 하면 휩쓸리지 않는 진짜 가치와 기준을 가질 수 있을까? 답은 의외로 단순하고 가까운 곳에 있다. 저널링이 우리가 원하는 것들을 가능하게 한다. ⁻ 뉴저널리스트 아카데미 1기 정선월, 김지연, 홍송은

저널리즘으로 본 아우라

"저널리즘의 일차적인 목적은 시민들이 자유로울 수 있고, 그들이 자치를 시행할 수 있도록 필요한 정보를 제공하는 데 있다." 저널리즘의 기본 원칙, p.8

저널리즘의 첫 번째 원칙은 '진실 추구'이다. 사실과 진실이 같은 말이라 생각될 수 있지만, 엄연히 다르다. 사실은 머리로만 이해하면 되지만, 진실은 그렇지 않다. 마음에 울림이 있어야 한다. 곧 진정성이 담겨야 한다는 말이다. 진정성을 담아야 하는 이유는 실천으로 이어져야 하기 때문이다. 머리로 이해한 것은 행동으로 옮기기 어렵지만, 마음에 울린 것은 행동으로 이어질 가능성이 크다. 그래서 저널리즘의 진실 추구는 미래저널, 지정의知情意학습, 아우라와 연결된다. 미래저널을 작성할 때 머리로 생각해서 쓰지만, 거기에는 반드시 진정성을 담는다. 내가 깨닫고 느낀 것을 적는다. 그렇게 온전한 나를 바라보고 진정한 나를 찾는 기회를 얻는다. 그렇게 찾은 나를 위한 노력은 계속해서 실천으로 이어진다.

지정의知情意학습에서 가장 중요한 건 순서다. 머리로 이해한 것이 가슴으로 내려와 울림을 주어야 행동으로 옮겨진다. 가슴이 먼저 반응하면 곤란한 상황이 발생하기도 한다. 문제가 생겼을 때, 의욕이 넘쳤다고 말하는 이유도 이 때문이다. 지정의知情意가 순차적으로 온전하게 이어지면, 거기서 나오는 실천의 힘은 매우 크다.

아우라는 진품에서 발휘되는 기운이다. 겉모습은 모방할 수 있지만,

그 기운은 절대 모방할 수 없다. 이 기운이 어디서 나오겠는가? 진정성을 담은 진실에서 나온다. 같은 말이라도, 누군가의 말은 그냥 말로 들리는데, 누군가의 말에는 가슴이 울릴 때가 있다. 진정성을 담았기 때문이다. 이해한 내용이 아닌 자신이 깨닫고 느낀 것을 말하기 때문이다. 그 말을 들으면 어떻게 되겠는가? 행동으로 이어질 가능성이 크다.

평안 감사도 자기 싫으면 그만이라는 말처럼, 아무리 좋은 것도 본인의 의지가 없으면 소용이 없다. 하물며 사서 하는 고생은 어떨까? 단순히 의지만 있어서는 될 게 아니다. 반드시 사명이 동반되어야 한다. 의지가 머리의 영역이라면, 사명은 마음의 영역이다. 그래서 행동으로 이어질 수 있다. '체험리즘으로 잘 알려진 남형도 기자는 기사가 세상을 바꿀 수 있다는 사명을 가지고 저널리즘을 실행하고 있다. 난관에 부딪혀도 사람을 움직이게 하는 건, 마음에서 울리는 사명이다. '나라면 과연 할 수 있을까?' 그의 기사를 읽으면서 들었던 생각이다. 그는 취재를 하고 기사를 쓰며 욕을 먹기도 한다. 좋은 마음으로 직접 체험하면서 기사를 쓰는데 욕이라니. 마음이 짠했다. 그럼에도 불구하고 체험리즘을 계속 실천하는 모습에서는 존경에 마음이 들었다.

누군가를 설득하기 위해서는 좋은 생각도 필요하고 설득하는 말재주도 필요하다. 하지만 진정성을 통해 보여주는 행동이 가장 중요하다. 나는 누군가 어려움을 호소할 때, 머리로 이해하고 설득하려고 했다. 하지만 앞으로는 최대한 마음으로 바라볼 수 있도록 직접 바라보거나 할 수 있다면 실제 해본 다음 이야기를 하도록 노력하겠다. ‐뉴저널리스트 아카데미 1기 김영태

지정의, 저널링 속 아우라

최근에는 여러 형태의 저널링들이 있다. 내유은지. 1단계 원우가 미래 저널을 통하여 저널링을 하는 것처럼 많은 사람이 #다꾸다이어리 꾸미기 하며 저널링을 한다. 저널은 정기적으로 간행되는 잡지나 신문을 의미한다. 저널링은 정기적으로 지속해서 기록으로 남기는 것, 기록하는 행위를 뜻한다. 저널리스트에게 저널링은 매일 자신을 들여다보는 하나의 시스템일지도 모르겠다.

최근에는 학습 과정을 잘 진행하고 있음을 증명하기 위해, 최종 수료를 위해 우리는 로그기록을 남긴다. 저널리스트에게 저널링은 '로그기록' 같은 것이다. 하루에도 수많은 글을 써내는 저널리스트들이 자기 생각과 자신의 가치와 자신의 하루를 로그 기록하듯 남김으로써 보다 더 성장할 수 있을 것으로 생각한다. 100세 철학자 김형석 교수의 일과를 영상으로 본 적이 있다. 잠들기 전, 저널링을 하는 교수님의 모습에서 새롭게 눈에 들어온 것은 오늘 기록하는 저널과 작년의 같은 날 작성했던 저널 내용을 함께 비교하며 기록하는 모습이었다.

아! 정말 이 시대의 현학자는 남달랐다. 100세가 넘어가는 분도 자신의 기록을 그토록 치열하게 남기고 있는 것은 분명 저널링이 가진 매력과 파워가 있기 때문일 것이다. 저널리스트는 글로, 각종 여러 매체로, 수많은 사람에게 영향력을 행사할 수 있는 존재이다. 그러므로 저널리스트에게 저널링은 자신을 스스로 공부하게 하는 하나의 도구이다.

우리는 뉴스에서만이 아닌 SNS, 유튜브 등 여러 매체를 통해 정보를 접하고 있다. 또한, 특정인이 아닌 누구나 자신이 알고 있는 정보 또는 소식을 전할 수 있다. 콘텐츠 생산자이면서 소비자인 것이다. 그렇다면 우리는 이 역할을 해내기 위해 무엇을 어떻게 공부해야 할까? 지금까지 해온 수동적인 교육 방식으로는 우리에게 미래가 없어 보인다. 더 많은 사실을 나열하거나 정보, 소식을 수준 높게 전하는 일은 AI인공지능가 적격이라는 생각이 들었다.

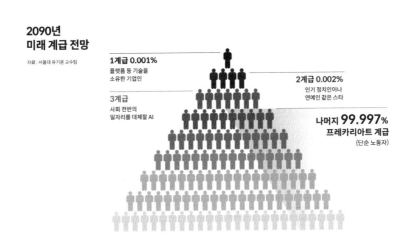

서울대 유기윤 교수를 통해 알려진 미래의 계급 중 3계급은 사회 전반의 일자리를 대체할 AI인공지성이다. 우리는 누구나 콘텐츠를 만들고 그것을 드러내는 시대를 살고 있다. 콘텐츠의 양이나 속도, 콘텐츠의 질수준로는 AI인공지능를 따라갈 수 없다. 무수히 쏟아지는 콘텐츠들 속에서 지식의 많고 적음이 아닌 나만의 독특함아우라을 가져야 한다.

미래저널과 지정의知情意학습은 바로 이런 시대를 살아가는 우리들과 아이들에게 더할 나위 없는 학습법이다. 저널과 지정의知情意학습을 통해 내 안의 나를 발견해 냄은 물론, 타인의 관점을 수용하는 태도를 기를 수 있기 때문이다. '학습'이라고 하면 머리에 떠오르는 이미지나 방법을 지우기가 쉽지 않다. 그만큼 변혁이 큰 시대의 흐름 속에 들어와 있기 때문인 것 같다.

나하민혜는 뉴저널리스트 아카데미 과정을 지속하며 학습은 위로부터 주입받는 것이 아니라, 끊임없는 질문과 아웃풋을 통해 삶에 적용해 가는 일이라는 생각이 확고해졌다. 미래저널과 지정의知情意학습을 통해 나를 알아가며 '자성지겸예협自性智謙禮協'을 기르고 실천하는 배움을 경험하고 있다. 세상을 보는 관점이 다양해지고, 바른 마음가짐과 태도를 점검하게 되었다. 자신을 알고, 스토리를 가지는 것은 매우 중요하지만, 그 이상으로 중요한 것은 타인을 수용하고, 공감하고 존중하는 태도를 키워나가는 것이다. 아우라를 통해 남을 밟고 경쟁으로 우위에 서기 위해서가 아니라, 진정한 아우라를 꺼내어 모두가 함께 잘 사는 좀 더 나은 세상을 위해서이기 때문이다.

뉴저널리스트 아카데미 과정을 하며 미래저널과 지정의知情意학습을 통해 나는 그 어느 때보다 큰 희열을 느낀다. 표현하기 어려웠던 나의 관점과 닮아있다는 점을 느끼고, 그것을 학습 과정으로 바병기 교수께서 만드셨기 때문이기도 하다. 그간 가정 내에서 그리고 내가 속한 사회 집단에서 나름의 원칙을 지키며 살았다. 뉴저널리스트 아카데미는 나열하거나 정리하지 못했던 원칙들을 학습으로 보여주고, 그에 더해 새로운 깨달음을 통한 환희를 느끼게 했다. 미래저널과 지정의^{知情意}학습이 어떤 효용성과 가치가 있는지를 바로 알 것 같다. 아직 더 많은 깨달음이 있으리라 생각하니 기대감에 가슴이 부풀고, '전생에 나라를 구했나' 생각하며 행복한 마음이 든다. 더 많은 사람에게, 특히 아이들에게 미래저널과 지정의^{知情意}학습을 안내하고 이끌어 주는 사람이 되고 싶다는 꿈을 꾼다.

나^{최선영}만의 독특하고 유일한 아우라를 살리기 위해 저널링은 자기 내면을 깊이 들여다보고 내가 누구인지 바로 인식하고 글을 쓰는 것이니, 그 저널링은 자신만의 유일한 원본성을 가진다. 나만의 글, 자신만의 아우라를 가진다는 것이다. 저널링, 학문, 예술은 자기 내면을 바로 알아야 비로소 자기만의 독특성, 유일성을 제대로 표현할 수 있고 그것을 통해 아우라를 가질 수 있다는 점에서 깊은 연관성이 있다. 예전의 원본 예술 작품에는 아우라가 있었다. 기술복제의 시대에 예술작품의 아우라가 점점 사라져간다. 하지만 더 새로운 기술인 NFT와 미래 교육을 통해 사라졌던 예술작품의 아우라가 다시 살아날 수 있다. 학문은 이미 축적해 놓은 것을 배우고, 좋은 질문을 계속하는 것. 좋은 질문을 계속하려면 자기 자신을 잘 아는 것이라고 한다. 나다움을 찾기 위해서는 미래 교육이 필요하다. 미래 교육의 핵심인 지정의^{知情意}학습과 미래저널은 나다움을 찾고 AI에 대체되지 않을 자신만의 독창적인 글을 쓰고, 사진을 찍고, 그림을 그리고, 영상을 만들 수 있는 교육이다. 그러한 활동이 학문과 예술인 것이다. 미래저널과 지정의^{知情意}학습을 통해 나의 학문과 예술 작품에 독특성과 유일성을 드러내므로 아우라가 살아나게 된다. 모든 사람이 콘텐츠를 만들고 공유할 수 있는 시대에 미래저널과 지정의知情意학습은 우리 모두에게 필수이다.

　지정의知情意학습을 하게 되면서 행동을 돌아보는 일이 잦아졌다. 대부분의 사람은 '지知'보다 '정情'이 앞서는 일이 많다. 그러니 화를 내거나 소리를 지르는 일이 생긴다. 나도정선월 세 아이를 키우면서 이야기하거나 설명을 먼저 하기보다는 마음이 급해져 소리를 내지르는 일이 종종 있었다. 어떤 이야기를 듣거나 경험했을 때도 제대로 알아보지 않고 갑자기 든 감정으로 생각을 이끌었을 때 이루어진 일들을 생각해 보면 지정의知情意학습이 얼마나 중요한지를 지정의를 배우고 나서야 깨달았다. 그런 잘못된 실행의 시작이 지를 잘못 세웠기 때문이라고 박병기 교수께서 말했을 때 무릎을 탁 쳤다. 제대로 알면 모든 것이 이해된다는 말이 있듯이 올바른 '지知'에서 출발한 올바른 감정이 인간을 올바르게 이끌며 올바른 사회를 향한 변화까지 바라볼 수 있다는 점에서 지정의知情意학습은 매우 매력적이다. 지정의 학습이 확대되어 나를 돌아보고, 우리 사회를 돌아볼 때 조금씩 변화의 진폭이 생길 것이다. 그걸 위해 오늘도 즐겁게 지정의를 해나가고 있다. ˉ
뉴저널리스트 아카데미 1기 하민혜, 최선영, 정선월

●

다시 아우라를 회복하다

　"여러 예술 활동이 제각기 의식의 모태에서 해방됨에 따라 예술 활동의 산물들이 전시될 기회는 날이 갈수록 커지고 있다."기술복제 시대

백세희 변호사는 매거진 한경에 기고한 글에서 NFT를 다음과 같이 설명한다. "NFT에는 음악, 그림, 영상 등의 콘텐츠를 입힐 수 있으며 아무리 그 작품이 인터넷 세상에서 복사되어 온 지구로 퍼져나가더라도 그림의 원본 파일이나 나만의 것이라는 사실은 블록체인 기술이 증명해 줄 수 있다. 한마디로 NFT 아트는 '디지털 아트+ 암호화폐 NFT 기술=유일무이한 정품임을 인증받은 디지털 아트 영수증'인 셈이다."

박병기 교수는 NFT가 일회적 아우라를 영속적 아우라로 발전시킬 수 있는 특별한 기술이라고 했다. 그리고 벤야민이 정의한 아우라를 다시 새롭게 정의하며 그는 "유일하고 아주 먼 것이 아주 가까운 것으로 나타날 수 있는 일회적 현상에서 다시 유일무이성을 회복하고 독특성과 초월성을 회복하도록 돕는 기술이 NFT블록체인와 미래 교육이다"라고 말한다.

박병기 교수는 미래 교육은 기술이라고 말한다. 미래 교육을 통한 독특성과 초월성이 드러남은 예술 작품에 신성성을 주고 상업과 유행으로 휘몰아가던 예술에 새로운 후광을 안겨줄 것이라고 하며 NFT 등의 기술이 없었다면 상당히 '부앙부앙한' 말이 되겠지만 기술이 아우라의 회복을 도울 것이라고 설명했다. 박병기 교수는 NFT의 등장이 희미해진 진품성, 영속성, 지속성에 힘을 불어넣어 줄 것으로 기대하며 사람들이 이토록 NFT에 열광하는 이유를 아우라의 변화 때문이라고 부연했다. 우리는 전통적인 아우라를 맞아들일 준비를 해야 한다고 그는 말했다. 또한, 그는 아우라를 회복하기 위해 독창성과 초월성으로 연결하는 연습을 해야 한다고 강조했고 그것을 가능하게 하는 것이 바로 미래 교육이라고 했다.

미래교육의 기초는 미래저널과 지정의知情意학습으로 완성되며 원래의 아우라를 회복하기 위해서는 무엇보다 독창성과 '참나'를 발견해야 한다고 그는 강조했다. 먼저, 나를 잘 알아야 하고 내가 만나는 사람지인을 잘 알아야 하며선한 영향력 또 나는 공동체의 유익을 위해 살고 있는지 확인해 보아야 한다고 그는 전했다. '왜 사는지'에 대한 질문은 꼭 필요하며 '나는 홍익인간으로 서번트 리더십을 발휘하는지 살펴보아야 한다'고 그는 말했다. 그것이 '참나'라는 것이다. 연결되지 않는 나는 '참나'가 될 수 없으며 그 '참나'를 알아가기 시작하면 독창성이 생긴다고 했다. 거기에서 참 예술이 나오고 참 예술을 알아보게 된다는 것이다.

'오픈씨'의 80%는 가짜라고 한다. 왜 이런 일이 생겼을까? 박병기 교수의 말에 의하면 첫째, 자기만의 독창적인 것이 없어서이다. 둘째, '참나'를 모르기 때문이다. 셋째, 자신과 이웃을 살필 여유가 없기 때문이라고 한다. NFT 시장의 추락을 회복할 수 있는 길은 진품만을 인정하고 독창성을 알아보는 분위기를 만들어 나가는 것이라고 그는 설명했다. 그 후 독창적인 진품이 80~90%를 이룰 때 NFT는 각광받게될 것이며 규정에 의해 정해지기도 하지만 무엇보다도 문화를 만들어야 한다고 그는 강조했다. 그것은 진품 문화이며 내 작품은 진품이라는 말이다.

뉴저널리스트 아카데미 원우이자 아티스트인 김지원은 다음과 같이 말한다. "NFT가 무한 반복이 가능한 디지털 시대에 유일성과 원본성을 증명해 주는 역할을 한다는 말은 참으로 혁명적인 것임에 틀림이 없다. 블록체인 기술의 기록을 통해 원본성을 증명한다는 것은 디지털 이미지, 영상, 기타 콘텐츠 등에도 단일 소유권이 부여되는 것을 말한다. 이는 19세기 초 무한 복제의 사진 혁명이 가져다준 아우라의 파괴에서 다시, 기술로 인한 아우라의 회복을 예고하는 것이다. 아우라는 고유한 가치와 쉽게 흉내 낼 수 없는 분위기로 많은 사람에게 영감을 부여한다. 이러한, 아우라의 회복은 인간의 마음을 하나로 모으고, 변화시킬 수 있는 선한 영향력의 역할을 하며 앞으로 더 중요한 가치가 될 것이다."

메이플라워 호가 신대륙에 도착했을 때는 겨울이었다. 이주민들은 고생 끝에 낯선 곳에 도착하였지만 도움을 청할 자들이 없었고 오랜 항해로 인해 몸조차 가누지 못했다. 결국 도착 인원의 반 정도가 봄을 맞지 못하고 숨졌다. 견뎌내기 힘든 두려움이 엄습한 그때, 그들에게 먼저 손을 내민 사람은 그 땅의 원주민들이었다. 고기를 선물하고 집 짓기와 고기잡이를 가르쳐 주었으며 풍토에 맞는 옥수수 씨앗을 주고 재배법도 전수해 주었다. 이주민들이 첫 수확을 하게 되자 원주민들을 초청해 감사축제를 벌였다.

우리는 낯선 웹 3.0시대를 항해하게 된다. 그 거친 파도를 유유히 타는 서퍼가 바로 '트웬티 파이버스25ers'이다. 시간이 흐를수록 더 많은 사람들이 웹 3.0 세계에 합류하게 될 것이다. 미래에는 AI가 인간을 지배하게 될 것 같은 두려움과 우려도 있지만 먼저 항해를 시작한 '트웬티 파이버스25ers'들은 미래의 기술을 선하게 사용하여 웹 3.0시대를 개척하고 다음 세대에게 길을 만들어줄 것이다. 박병기 교수는 이것을 '선점善占'이라고 하였다. 여기서 주목할 것은 '선점先占'이 아니라 '선점善占'이다. 먼저 선先이 아니라 착할 선善이다. 이것은 사명에 가깝다. 신대륙의 원주민들처럼 선한 역할을 하며 끝까지 인내해야 하는 것이다.

 NFT라는 미래 기술이 인간의 유일무이성을 회복할 수 있게 해준다는 것은 나김지연에게 가슴 뛰는 일이다. 그러나 기준과 기초가 없이는 가치를 상실하고 이리저리 휩쓸리게 된다. 미래저널과 지정의 학습을 포함한 미래 교육이 홍익인간의 정신과 인간의 참된 아우라를 회복할 수 있게 도와준다. 나 또한 끝까지 미래저널과 지정의 학습을 게을리하지 않고 습관을 잘 들여 세상의 가치에 휩쓸리지 않고 온전한 나로 살아가기를 매일 고민하고 힘쓸 것이다. 지금과 다음 세대에 선한 영향력을 전달하는 '트웬티 파이버25er'로 성장하도록 노력하겠다. ─ 뉴저널리스트 아카데미 1기 김지원, 김지연

Chapter VI:
웹 3.0과 디지털 미디어 리터러시

"안전한 항구를 떠나 항해하라. 그리고 탐험하라.
꿈꾸라. 발견하라."

- 마크 트웨인

들어가는 말 (하민혜, 김지원, 유수현, 전용선)

'제물론'에서 장자는 꿈과 현실의 구별이 안 되는 '호접몽'을 이야기했다. 4차 산업혁명이라는 이름과 함께 실제 꿈과 현실의 경계가 허물어지는 시대가 오고 있다. 2022년 코로나19를 지나며 새로운 생태계가 만들어졌다. 미래학자들은 2030년에 일어날 일들이 10년은 앞당겨졌다고 입을 모은다. 메타버스 시대가 열리고, NFT가 급성장했으며 웹 3.0 시대를 알리는 종이 울렸다. 다른 혁명과 같이 신흥 부자들이 탄생하며 사회 곳곳에서 몰락과 탄생이 일어나고 있다. 최후의 자기 계발 시대라는 말이 돌고 있는 지금 트웬티 파이버스25ers는 무엇을 준비하고 대처해야 할까?

트웬티 파이버스25ers는 세상에 관심을 기울이고 애정을 가진 사람들이다. 사랑하는 이의 일거수일투족을 알고 싶은 것처럼, 이들은 관심 어린 눈으로 사회를 관찰한다. 이들은 뉴저널리스트 아카데미에

들어오기 전까지 대부분 주변 일정치, 사회 저변에 벌어지는 일들에 관심이 없는 사람들이었다. 이들은 뉴저널리즘을 학습하며 이런 무심한 태도가 얼마나 무자비한 일인지를 깨달았다.

민주주의의 적은 바로 무관심이다. 무관심은 무지에서 시작한다. 알지도 못하는 대상을 사랑할 수는 없다. 더해 어떤 대상에 관심을 주었다가 상처받은 경험이 있어 무관심으로 빠질 때도 있다. 관심을 기울여봐야 무엇도 바뀌지 않는다는 생각이 우리에게 있다. 혼자만의 싸움이었다면 어려웠을 테지만, 관심을 기울이는 사람이 다수라면 문제는 쉽게 풀린다.

이 글을 쓰는 저자 중 한 명의 회사에서 있었던 일이다. 프로젝트를 진행하는데 팀원의 태도가 마음에 들지 않았다. 그는 소극적이고 게으른 데다, 자신의 책임을 타인에게 미루었다. 회의 때면 늘 부정적인 이야기를 하면서 동료들의 사기를 꺾기까지 했다. 모두 불만이 쌓여 갔지만 해결 방법을 찾지 못하고 있었다. 어느 날, 멘토가 나를 찾아와 어려운 그 팀원을 향한 나의 시선, 말투를 바꿔보면 어떠냐고 제안했다. '저 사람이 저러는데, 내가 노력하라고? 나만 바뀌면 뭐 해? 저 사람은 안 바뀔 텐데'라며 구시렁대는 내 입술의 말과는 달리 나는 다음날 바로 나의 시선, 말투, 표정을 신경 쓰기 시작했다. 시작은 겉으로 억지로 바꾼 것이지만, 점점 그 사람에 대한 부정적인 마음을 내려놓게 되었다. 신기한 것은 유명한 트러블 메이커였던 그분이 언제부턴가 누구보다 협력하고 도움이 되는 구성원이 되었다는 것이다. 세상이 바뀌지 않으니 더 이상 아무것도 할 수가 없다고 생각하는가? 그렇다면 우선 나의 시선, 태도부터 바꿔보려 노력하는 것을 제안하고 싶다.

시대는 연속성을 지닌 아날로그에서 비연속적이며 전파성, 복제성을 지닌 디지털 시대로 넘어왔다. 무분별한 공유로 원본성을 잃은 디지털 미디어는 본래의 고유성을 회복하고자 했다. NFT 기술의 출현은 디지털 시대에 필연적인 일이라고 할 수 있다. 진통을 앓는 중에도 그 시장은 끊임없이 성장하고 있다. NFT는 진품성을 지닌 아우라를 회복하도록 돕는다. 인공지능의 범용화를 앞둔 웹 3.0 시대에 NFT 기술에 인간만의 아우라와 가치를 담을 수 있어야 한다. 트웬티 파이버스25ers는 기술에 앞선 철학과 가치를 공유한다. 공동체 안에서 자신을 발견해 가며 온정과 협력을 통해 기술과 연결한다.

트웬티 파이버스25ers는 콘텐츠를 공유해 사람들이 서로 대화할 수 있도록 돕고, 다양한 목소리에 귀를 기울이는 사람들이다. 원활한 소통을 위해서는 다양한 디지털 도구를 습득하고 활용할 수 있어야 한다. '재미가 없으면 죽는다'고까지 다짐한다는 머니투데이남형도 기자의 이야기가 떠오른다. 수많은 콘텐츠가 쏟아지는 지금, 유익함과 진정성이 없다면 콘텐츠는 선택받을 수 없을 것이다. 지피지기면 백전불태知彼知己百戰不殆라고 했다. 즐거운 소통 능력을 키워가기 위해 우선해야 할 것은 나를 알고 성찰하는 일이다. 단순히 소식과 정보만을 전하는 일에는 자기성찰 필요치 않을지 모른다. 가치와 진정성, 아우라가 담긴 콘텐츠에는 기술이 아닌 내면의 힘이 필요하다. 트웬티 파이버스25ers는 이를 이해하고 매일 저널을 작성하며 자기 자신을 성찰하는 시간을 쌓아가고 있다. 미래저널을 통한 자기 성찰을 기반으로 서번트 리더십을 훈련하며 디지털 툴과 AI인공지능 기술을 다루려고 한다. 트웬티 파이버스25ers의 미디어는 널리 세상을 이롭게 하라는 홍익인간 정신과 철학을 담고 있다. 뉴저널리스트 아카데미 1기 원우 6조는 다음과 같이 지정의知情意로 들어가는 말을 마무리하려고 한다.

지知: 트웬티 파이버스25ers는 디지털 시대에 사람들과 소통하고 민주주의의 발전과 세상을 따뜻하게 만드는 일에 앞장서야 한다. 단순히 지식, 정보 전달만이 아니라 타인에 대한 선한 마음을 담을 때 바뀌지 않을 것 같은 것들도 점점 물든다는 것을 깨닫는다.

정情: 나만의 철학을 미디어 기술에 담아 세상과 소통할 수 있다는 것이 설레고 가슴이 뛴다. 더 나은 세상을 위해 성찰하고 고민하는 움직임이 감동으로 밀려온다.

의意: 내가 만든 콘텐츠를 통해 사람들에게 감동을 주려면 우선, 나의 태도와 가치를 점검해야 할 것이다. 매일 저널을 작성하며 성찰의 시간과 AI 디.미.리.시디지털 미디어 리터러시를 키우는 노력을 게을리 하지 않겠다.

●

새 시대에 디지털 미디어 리터러시는 왜 필요한가?
유수현, 하민혜, 김지연, 김지원

마샬 맥루한은 '미디어의 이해'에서 '미디어'를 신체 기관과 감각 또는 기능을 증폭 강화하는 어떤 것이라고 했다. 그의 말대로 미디어는 우리의 범위를 확장하고, 효율성을 증대시키며 우리의 사회적 존재를 설명하는 필터로서 기능한다.

　30여 년 전만 해도 공영 뉴스 방송 때가 되면 가족 모두가 티브이 앞에 앉아 방송이 전하는 이야기를 들었다. 이후 디지털 혁명이 생태계를 근본적으로 흔들고 뒤바꿔 놓았다. 기존의 언론이 사실을 전달하는 것에 집중이 되어 있었다면, 지금의 언론은 이제 좀 더 큰 범위에서 그 역할을 한다.

　지금 시대의 뉴스 즉 정보 또는 소식은 유튜브YouTube, 트위터Twitter 등 각종 매체를 통해 쏟아지고 있다. 사람들은 수시로 무분별하고 검증되지 않은 콘텐츠들을 마주한다. 누구나 무엇이든 창조할 수 있는 지적 자유 앞에 우리의 책임이 동시에 커졌다. 우리는 신뢰성 없는 정보의 이해와 사용을 주의해야 한다. 디지털 언어를 제대로 해석하는 능력이 없다면 왜곡된 프레임으로 세상을 바라볼 수 있기 때문이다.

　디지털 미디어 리터러시디미리시란 디지털화된 사회에 필요한 지식, 기술, 능력을 총체적으로 일컫는다. 콘텐츠를 제작하는 기술적인 측면은 물론 미디어 이용의 주체가 되는 이용자의 능력을 포함해서 말한다. 미디어는 이제 특정인의 무엇이 아니다. 콘텐츠 생산자이면서 소비자인 우리 모두가 디지털 미디어 리터러시를 공부하고 미디어에 대한 책임감을 느껴야 한다. 미디어가 사람들의 무의식을 침잠하는 위력은 가히 종교를 대체할 만하다. 우리는 여러 매체를 통해 아무 의식 없이, 별다른 주의 없이 수많은 콘텐츠를 소비한다. 때론 분노하고 두려워하지만 무엇을 얻고 잃고 있는지 점검하지 않는다. 정치적인 목적이 다분한 콘텐츠를 보며 의식이 사로잡힌 사람들도 상당수이다. 누구나 볼 수 있는 콘텐츠임에도 불구하고 나만 아는 비밀인 양 정보를 흡수하고 마음을 내어준다. 광범위한 정보의 홍수 속에서 정보의 이해가 흐려질 수 있다.

안타깝게도 우리 부모 세대는 디지털 미디어 리터러시디미리시를 학습하지 않고 변화를 맞이했다. 우리 또한 제대로 된 교육을 받기 전에 미디어를 접했다. 유튜브나 트위터에 증거 없는 정보들을 누가 믿을까 싶은데, 믿음을 주는 사람들은 다름 아닌 바로 우리 자신과 부모님 세대이다. 미디어에서 뿜어내는 그대로를 받아들이고 그것이 진실이라고 우리는 믿었다. 전 국민이 함께 들고 일어섰던 사건도 몇 년이 지난 뒤에서야 진실이 아니었음이 밝혀진 적도 여러 차례 있었다. 공신력 있는 미디어가 진실만을 이야기할 것이라고 믿는 것은 의심하지 않는 주입식 교육으로 인한 착각이었다. 평소 책도 많이 읽고, 무엇보다 지식인이라고 여겨지는 사람들조차 판단력을 잃은 것에 우리는 경악을 금치 못했다.

우리 부모 세대가 유튜브 시청률이 가장 높다는 통계가 나온 적이 있다. 자아가 분명하지 못한 어린이, 청년들 역시 무분별한 콘텐츠 섭렵이 심각한 수준이다. 따라서 디지털 미디어 리터러시디미리시 능력의 부재는 가볍게 넘기지 않아야 할 문제이다. 대중은 감정을 자극하고 선동하는 정보에 더 빠르게 반응한다. 알고리즘은 분노를 일으키는 자극적인 정보, 가짜 뉴스를 빠르게 확산시키는 경향이 있다. 트웬티 파이버스25ers는 점차 스며들고 있는 이런 현상들이 심각한 사회 문제가 될 것이라는 경각심을 갖는다. 언론과 민주주의는 함께 일어서고 함께 무너지는 관계이다. 디지털 미디어 리터러시디미리시를 준비하지 않으면, 그 피해는 고스란히 우리가 경험하게 된다.

디지털 미디어 리터러시^{디미리시}의 부재로 민주주의를 위협하는 상황을 이야기했다면, 이번은 개개인에게 실질적인 필요성을 이야기할 차례이다. 언제부터인가 우리 주변에 평생직장이란 말이 사라졌다. 한 미래학자는 한 사람이 적어도 대여섯 번, 많게는 일곱 번 직종을 변경하는 미래에 대해 이야기한다. 이젠 제2의 인생을 준비해야 하는 게 아니라, 원하든 원치 않든 제3, 제4의 인생을 그려야 하는 시대이다. 현재도 많은 이들이 투잡, N잡, 부캐^{부캐릭터} 등의 용어를 사용한다. 그 누구도 학교에서 배운 것을 일생 사용할 수 없다. 우리 모두 평생학습을 해야 하며 변화하는 세상에 빠르게 적응해야 한다. 꼿꼿하게 홀로 고집한다고 해서 세상의 변화를 막을 수는 없는 것이다. 트웬티 파이버스^{25ers}는 미래 사회를 대처하기 위한 방편으로 디지털 미디어 리터러시^{디미리시}를 학습하고 있다.

디지털 미디어 리터러시를 키우기 위해서는 우선 직접 그 과정에 뛰어들어야 한다. 인간은 직접 무언가를 창조할 때 가장 효과적으로 배운다. 미디어 제작은 글뿐만 아니라 목소리, 영상, 그림, 음악 등 다양한 표현방식을 사용할 수 있다. 콘텐츠를 접하는 이들의 행동을 끌어낼 수 있도록 가슴에 울림을 줄 수 있어야 한다. 듣는 것, 보는 것, 행동하는 것 모두가 서로를 견인한다. 진정성이 있는 정보는 머리에서 가슴으로, 가슴에서 손과 발로 이어져 행동을 유도한다. 글이나 영상으로 콘텐츠를 만들고, 사람들과 공유하는 행위는 넓은 의미의 저널리즘이다. 저널리즘을 통해 타자가 무엇을 느낄지, 이 콘텐츠가 어떤 영향력을 미치는지 염두에 두어야 한다. 미디어를 제작하는 경험은 배움의 직접적이고 핵심적인 부분이다. 이를 통해 학습한 내용을 살아있는 지식으로 만들 수 있기 때문이다.

다양한 디지털 도구를 활용하고 자유로운 형식으로 표현할 수 있어야 한다. 디지털 미디어 리터러시_{디미리시}를 학습하는 과정을 통해 디지털 세상에서의 커뮤니케이션 역량을 키울 수 있다. 트웬티 파이버스_{25ers}는 인간만이 가능한 경험과 성찰을 더 해 나만의 것을 창조할 수 있는 사람들이다. 스스로는 배움을 하는 동시에 누군가에게는 기회가 되고 영감을 줄 수 있다. 작품을 만드는 것이 일방이 아닌 쌍방의 소통이 되어야 한다. 트웬티 파이버스_{25ers}는 청지기 정신을 바탕으로 디지털 미디어 리터러시를 학습하는 사람들이다. 우리는 위 내용을 지정의_{知情意}로 정리해보았다.

지知: 미디어의 위력은 대단하며 무분별한 미디어 소비는 민주주의의 훼손으로 우리 모두가 피해를 볼 수 있는 상황임을 인지할 수 있었다. 디지털 미디어 리터러시의 교육을 통한 건전한 정착이 시급함을 깨닫는다. 현재의 교육에 이 부분이 꼭 들어가야 하지 않을까 고민하게 된다. 개인의 입장에서도 시대의 변화에 맞는 디지털 미디어 리터러시의 필요성을 알 수 있었다.

정情: 디미리시가 사람들에게 미치는 영향을 생각하니 사회 곳곳에서 들려오는 정보 오류로 인한 사례들에 화가 나기도 하고, 슬프기도 하다. 자신만의 분별력, 성찰 등을 통해 미디어를 거르는 힘이 필요한데, 대부분 그러한 힘이 부족하다는 게 안타깝다. 정보가 쏟아지는 우리 사회에서 진짜와 가짜를 구별하기 위해 사람들에게 교육이 필요하다는 생각이 절실하다.

　의意: 모든 정보에 있어, 객관적이고, 내 생각이 어디에 머무르게 되는지 인지하며 디지털 미디어 리터러시를 학습하고, 사람들에게 이를 어떻게 하면 교육하고 그 중요성을 알릴 수 있을지 주 1회 블로그에 꾸준히 글을 남겨보려고 한다.

●

웹 3.0 시대의 디지털 라이프
전용선

　'지금이 조선시대인가요?' 또는 '난 아날로그 시대에 살고 있어' 라고 말하는 것은 주로 시대의 변화로부터 먼 경우를 빗대어 말하는 경우이다. 그러나 이제는 조선시대 혹은 아날로그 시대라는 단어를 사용하기보다　시대의 표준이 되는 것으로 웹 1.0, 웹 2.0 , 웹 3.0으로 구별하여 말하는 시대가 되었다. 영국의 '이코노미스트'지는 2015년 2월28일자 기사에서 '스마트폰이 세상을 바꿔 놓아, 지금은 포노 사피엔스Phono Sapiens' 시대가 되었다고 보도했다. 각종 디지털 미디어가 우리 사회의 중심이 되고, 생존에 필수가 된 것이다. 수많은 정보와 오락, 사람들의 의견들이 공유되고, 우리 모두가 콘텐츠를 생산하고 소비하고 있다. 이에 따라 '디지털 미디어 리터러시' 학습이 요구된다. 지금까지 우리는 주로 글로써 사회와 대화했다면, 이제는 글 뿐만 아니라 목소리, 영상, 애니메이션, 그림, 음악 등등 다양한 표현방식을 사용할 수 있어야 하고, 디지털 소통 공간에서 다양하게 자신의 의견을 낼 수 있어야 하기 때문에 디지털 미디어 리터러시가 필수적이다.

'리터러시literacy'란 문자를 읽고 쓸 수 있는 능력인 '문해력'을 포괄하는 개념으로 글을 읽는 것에서 더 나아가 세상을 이해하고, 내가 보고 읽은 텍스트에 내 경험과 지식을 더해 새로운 나만의 지식을 만들어 가는 과정이다. 읽고 쓰고 생각하는 것을 이미지, 소리, 상호작용을 통해 공유, 소통하고 정보와 지식을 습득할 수 있다. '리터러시'는 개인의 성장을 위할 뿐 아니라 우리가 속한 공동체를 발전시키기 위한 도구가 된다.

모든 이들이 지식을 공유하고 기여할 것으로 기대하는 참여 문화 속에 살아가며 모두가 연결되어 평생학습자가 되어야 한다. 미디어를 창조하는 것은 배움의 직접적이고 핵심적인 부분으로 다양한 형식으로 아이디어를 표현하는 경험을 쌓게 한다. 학습한 내용을 미디어로 제작하는것은 다른 사람들에게도 배움의 기회를 제공한다.

디지털 미디어는 정보, 콘텐츠, 소식 등을 전달하는 다리 역할을 한다. 미디어 전문가인 르네 홉스 교수는 저서 '디지털 미디어 리터러시'에서 미디어의 구성요소를 5가지로 나누어 이야기했다. 첫 번째는 접근성이다. 콘텐츠를 소비하는데에 그치지 않고 미디어를 통해 적절하고 가치 있는 내용을 전달하고 공유하는 성격을 말한다. 즉 미디어가 쌍방향으로 사람을 연결해야 한다는 의미이다. 두 번째로 분석과 평가이다. 콘텐츠의 목적과 관점을 식별하고 진가와 신뢰성을 평가하여 다양한 메시지를 분석할 수 있어야 한다. 편향된 정보, 저작권과 초상권을 침해하는 미디어 등을 걸러낼 수 있어야 한다. 세 번째는 창조이다. 글 영상 및 이미지를 디지털 도구를 활용하여 다양한 콘텐츠를 생성할 수 있다. 그러므로 메타버스 버전의 미디어, 각종 SNS 영상 앱, 카드뉴스 등을 제작할 수 있는 능력 등이 필요하다. 또한, AI인공지능에 대체되지 않도록 한 사람만의 독특하고 통찰력 있는 콘텐츠를 만들 수 있어야 한다. 네 번째는 성찰이다. 사회적인 책임과 윤리적 기준에 따라 그에 맞는 철학과 가치를 담을 수 있어야 한다. 콘텐츠를 만든 후 타인과 공유할 때에도 의식적으로 할 수 있어야 한다. 진실하고 정확한 정보의 전달은 물론, 타인을 공감하고 이해하는 능력이 있어야 한다. 다섯 번째로 자발성이다. 민주적인 가치와 태도에 기반한 정치 대리인이 되기 위해 시민권을 행사하고 참여하는 역량을 말한다.

시대의 변화에 따라 미디어의 성격은 달라지고 있다. 웹 1.0 시대의 미디어는 대형 미디어로서 일방의 소통이었다. 읽기만 하고 댓글을 올릴 수 없었다. 웹 2.0 시대는 미디어 소비자가 소비자에만 머물지 않고 생산자로서 사람들과 소통하는 시대이다. 미디어 콘텐츠를 보고 '좋아요' 혹은 '댓글'을 누르고 달며 소통하는 시대이다. 웹 3.0시대의 미디어는 커뮤니티를 형성하여 블록체인과 NFT 기술 등으로 가치를 인정하고 인정받는 공유 미디어의 시대이다. 이러한 시대의 변화로 웹 3.0시대에는 커뮤니티 안에서 경제 생태계를 구축한다. 그리고 정보의 교환이 아닌 가치 교환의 시대가 된다. 웹 2.0시대에서 웹 3.0 시대로 변화해가는 길목에서 트웬티 파이버스25ers는 디지털 미디어에 모든 것의 근본이 되는 자기 성찰과 홍익인간 정신을 담아가며 새로운 시대를 향한 준비를 한다. 그리고 성장해간다.

지知: 웹 1.0 시대에 지금의 세상은 감히 상상조차 하지 못했다는 사실이 새삼 와닿았다. 옳다고 생각했던 모든 기준이 시대에 따라 바뀌어 왔다. 다가올 웹 3.0시대의 변화에 대비하여 필요한 요소들이 무엇인지, 왜 디지털 미디어 리터러시를 알아야 하는지 되짚어 볼 수 있었다.

정情: 몇 년 전까지만 해도 다가오는 세상을 준비하지 못하는 대한민국의 현실에 답답하고 불안했다. 경험하지 못한 미래의 기술들이 점점 확증으로 다가오고, 과연 시대의 변화를 타고 잘 해나가고 있는지 두렵고 혼란스럽다. 한편으로는 새 시대를 맞이하는 기대감이 느껴진다. 트웬티 파이버25er로서 그 철학을 배우고 다양한 학습을 경험하며 걱정보다는 설렘이 앞선다.

의意: 앞으로는 기술의 속도가 엄청날 것이기에 항상 깨어있어야 함을 느낀다. 트웬티 파이버25er로서 자기 성찰은 기본으로 새로운 디지털 기술을 익히는 데 적극적으로 공부하는 자세로 임해야겠다. 새로운 디지털 기술들을 활용해 일주일에 한 번은 SNS에 올리며 사람들에게 공유할 것이다.

●

4차 산업혁명의 핵심 역량은 자기 성찰이다
하민혜, 최경옥, 김지혜

디지털 미디어 리터러시는 올바른 디지털 시민이 되기 위한 문해능력이다. 그리고 정보를 읽고 이해할 뿐 아니라 미디어에 담긴 메시지를 비판적 사고와 접근을 통해 분석하고 새로운 컨텐츠를 만들어내는 능력이다. AI와 공존해야 하는 웹 3.0 시대에는 특히 디지털 미디어를 연결하고 총체적으로 바라보는 관점이 필요하다. 개별 기술을 나열하고 접근하면 연결이 어려울 수 있다. 나를 바로 알고, 사람들을 이해하며 나아갈 때 비로소 제대로 된 연결 능력이 발휘될 수 있다.

그리스 아폴로 신전에 새겨져 있는 '너 자신을 알라' 는 문구는 인간 존재의 물음에 대한 신의 응답으로 알려져 있다. 저널링은 나에 대한 질문에 스스로 답을 하는 과정을 기록하는 일이다. 저널링을 하는 가장 큰 목적은 객관적으로 나를 관찰하기 위해서이다.

뇌과학자이자 법학자인 모기 겐이치로는 '좋은 질문이 좋은 인생을 만든다'에서 자신의 감정 상태 등을 알아야 메타인지를 제대로 활용할 수 있다고 했다. 1980년대에 이르러 '메타인지' 과학 분야가 본격적으로 연구되기 시작했는데, 상위권 성적의 학생, 사회적 성취가 뛰어난 사람의 공통점으로 메타인지가 높다는 것이 발견됐다. 자신이 무엇을 알고 모르는지, 잘하고 못하는지를 아는 것이 실제 능력의 간극보다 더 큰 차이를 가져온다는 것이다. 저널링은 자신을 객관적으로 바라보고 기록해감으로써 메타인지를 높이고 세계관을 확장하는데 크게 기여한다.

생전에 과학자, 화가, 시인, 공학자, 건축가, 기술자, 음악가였던 레오나르도 다빈치의 방대한 저널은 약 절반 정도가 남아 알려져 있다. 빌 게이츠는 레오나르도 다빈치에게 매료되어 그의 저널 일부를 소유하는데 약 340억 원을 지불했다. 다양한 직업에 어마어마한 업적을 남긴 예술가이자 천재 과학자인 다빈치의 힘은 무엇이었을까. 세상을 향한 끊임없는 호기심과 삶에 대한 궁금증은 그를 저널하게 했고 그 것은 그를 천재로 만들었다. 만일 다빈치가 스스로 질문하지 않거나 기록하지 않았더라면 어땠을까?

우리는 "그건 내가 잘 알지!"라는 말을 어렵지 않게 한다. 컬럼비아 대학교 심리학과 교수인 리사 손은 대개의 사람이 '자기 과신'에 빠져 있다고 말한다. 자신이 좋아하는 것을 잘못 알고 있는 경우도 허다한 데도 말이다. 심사숙고해서 내리는 대부분의 판단과 결정이, 논리가 아닌 감정에 의해 내려진다고 한다. 우리의 뇌에선 사회의 고정관념 과 자기 경험 등을 토대로 확증 편향에 빠져, 메타인지 착각이 수시로 일어난다고 한다. 나도 모르게 나를 조종하는 것은 바로 나 자신인 셈 이다. 인생은 매 순간 선택의 장이라고 해도 틀린 말이 아니다. 메타 인지를 통해 착각이 줄어들수록 나와 타인에게 도움이 되고, 조금 더 성공적인 선택과 결정을 할 수 있다. 트웬티 파이버스25ers는 자신을 바로 알고 선한 영향력을 발휘하기 위해 매일 자신에게 질문을 하며 저널을 작성한다.

4차 산업혁명은 무지막지한 속도로 우리를 덮쳐오고 있다. 유발 하 라리는 저서 '호모 데우스Homo Deus'에서 '지식을 부의 원천으로 하는 지금 시대를 지나, 미래의 사이버 전쟁을 우려한다'고 썼다. 수많은 학 자가 디지털 시대의 전쟁은 그 어느 때보다 치열한 전쟁일 것으로 예 상하고 있다. 누구보다 긴 학습 기간을 갖고 그 어느 때보다 '똑똑한' 이 시대의 우리에게 긴급하게 요구되는 능력은 무엇일까? 디지털 미 디어 리터러시다.

리터러시literacy란, 문자화된 기록물을 통해 지식과 정보를 획득하고 이해할 수 있는 능력을 말한다. 단지 읽고, 쓰는 피상적인 의미만이 아닌 언어를 이해하고 적응 및 대처하는 능력까지 이야기한다. 우리는 글이 사진과 영상으로 대체되는 시대에 살고 있다. 따라서 디지털 미디어Digital media를 접할 때 비판적으로 정보를 받아들이고, 적용하는 법을 배우는 능력이 필요하다. 출처가 명확하지 않고 신뢰성이 없는 정보들, 특정한 목적을 두고 AI인공지능에 의해 만들어진 콘텐츠들이 다량으로 생산되고 있기 때문이다. 다가오는 웹 3.0시대를 선점先占하기 위해 필수적으로 디지털 미디어 리터러시를 함양해야 한다.

지나온 시대는 저렴하고 질이 좋은 상품, 예쁘거나 멋진 사람연예인, 인플루언서, 상업과 유행으로 휘몰아가던 시대였다. 웹 3.0에는 좀 더 세분된 개개인의 취향과 관심사가 대두된다. 우리 각 개인은 자신의 이름, 히스토리를 가지고 있다. 뛰어난 이력과 엄청난 스토리를 요구하는 게 아니라, 개개인의 독특함, 인간만이 지닌 고유한 지성 그 자체가 중요해진 시대라고 할 수 있다. 트웬티 파이버스25ers는 디지털 미디어 리터러시 함양에 앞서 자기성찰을 꾸준히 실천하며, 그 가치와 철학을 널리 알리는 이들이다.

지知: '나는 내가 모른다는 것을 알기위해 배운다'라는 소크라테스의 말이 생각난다. 저널링을 하는 것은 스스로를 지속적으로 알아가도록하고 생각의 크기를 키우는 메타인지를 높인다. 자신만의 독특성을 위해서는 자기 성찰이 필요하며 실천이 반드시 뒤따라야 하기에 이 과정은 AI와 구별되는 사람으로도 만들어준다는 사실을 깨닫는다.

정情: 미래의 준비가 나를 알아가기 위한 기초인 저널링이라 어렵지 않겠다고 느껴졌고 조급함보다 편안하게 다가가도 되겠다는 안도감이 생긴다. 미래의 내 모습을 상상하니 설렌다.

의意: 새로운 시대를 준비하기 위해서 서번트 리더십, 겸손이라는 단어를 새기며 주 3회이상 저널을 작성하고 행동으로 실천하는 사람이 되어야겠다.

●

협업의 가능성
유수현

태어나면서부터 스마트폰을 접한 M세대와 Z세대에겐 온라인 플랫폼이 놀이터이고, 교육의 장이면서 일터가 된 지 오래다. 성인들뿐 아니라 아이들도 스마트폰으로 영상을 찍어 플랫폼에 올리는 일은 일상이 되었다. 디지털 미디어가 아이들의 성장 발달에 가장 큰 영향을 미치는 시대인 것이다.

누군가가 별 생각없이 온라인상에 발행해 내는 글, 사진, 영상 모두가 디지털 콘텐츠이다. 사람들은 디지털 미디어를 통해 그것을 내면화 하고 자기 것으로 만든다. 그 과정은 자신의 세계관으로 이루어진다. 그 위력을 조금만 생각해보면 소름끼치는 일이지 않을 수 없다. 그럼에도 불구하고 디지털 미디어를 올바르게 만들고, 이용하며 분별하여 받아들이게 하는 교육은 제대로 이루어지지 않고 있다. 그 어느 때보다 디지털 미디어 리터러시디미리시 능력이 중요한 시대이다.

디미리시란, 단순히 읽고 쓰는 것에서 나아가 새로운 지식을 만들어가는 창조, 그리고 배움의 과정이다. 사람들은 직접 무언가를 만들고 창조할 때 가장 효과적으로 배운다. 특히 미디어 제작은 학습한 내용을 응용하고 표현하는데 유용할 뿐 아니라 추상적이고 애매하게 이해했던 내용들을 살아 있는 지식으로 받아 들일 수 있게 한다.

디지털 미디어 리터러시디미리시 능력을 키우기 위해선 직접 콘텐츠를 제작해 보는 것이 가장 빠른 방법이다. 하지만 막상 콘텐츠를 만들려고 시도하면 잘되지 않을 수 있다. 왜냐하면 창의적인 작업을 할 때에는 새로움에 도전하는 용기를 내야하기 때문이다. 의도한 반응을 얻지 못할 수 있으나 자신감을 가지고 해나가야 하며 때로는 처음부터 다시 해야 할 때도 있을 것이다. 그렇기에 디미리시를 함양하기 위해서는 도전정신과 용기를 필요로 한다. 보통은 머릿속으로 생각만 하다가 끝나기 쉽다. 평범한 사람들에게 새로운 콘텐츠 제작에 도전하는 일은 다른 나라 이야기 일지 모른다. 그렇다면 우리가 어떻게 하면 효과적으로 콘텐츠를 만들 수 있을까?

뇌 과학자 장동선은 '실험으로 밝혀진 집단이 천재를 이기기 위한 법칙'이란 제목의 유튜브 영상에서 문제 해결에 있어 한 명의 천재보다 집단지성의 힘이 컸다고 실험 결과를 공유했다. 협업의 효과는 이미 오래전부터 다수의 학자에 의해 확증되었다. 하지만 많은 사람이 협업을 꺼린다. 협업하는 과정이 즐겁기만 하지는 않기 때문이다. 협업을 하다보면 차라리 혼자 하는 게 낫겠다고 생각하게 된다. 협업이 쉬운 일은 아니다. 개인으로 일할 때는 충돌이 없고 자유롭다. 협업은 다르다. 협업을 수월하게 하기 위해서는 팀 구성원들이 각자의 몫을 잘 분배하고 미리 규칙을 정하는 협의 알고리즘이 필요하다. 협의가 없는 상태에서 활동이 들어간다면 누군가는 불편할 수 있기 때문이다. 대부분의 경우 프로젝트가 어려워서 힘든 경우보다 팀원들 간의 관계에서 문제가 생긴다. 누군가가 불편함을 느끼고 이것이 지속된다면 갈등 요소로 발전하여, 효과적인 결과물을 기대하기 어려워진다.

　재미있는 사실은 팀 구성원 중 한 명이라도 관계 지능이 높아 중재자의 역할을 한다면 어떤 팀이라고 하더라도 프로젝트를 완수한다는 것이다. 굉장히 뛰어난 사람들이 모였다고 해도 작은 갈등을 해결할 수 없다면 최소한의 성과조차 내기 힘들다. 하지만 평범한 사람들이 모인 집단이라도 중재자의 역할을 하는 사람이 있다면 천재 집단보다 좋은 성과를 낼 수 있었다. 한 명이라도 부당하거나 불편함을 느끼지 않도록 하는 것이 중요하다. 모두가 함께 공감하고 배려하며 노력을 지속할 때 협업은 발전적인 행동 양식이 될 수 있다. 혼자 작업한다면 내가 아는 만큼만큼의 결과물을 만들 수 있다. 그러나 협업으로 만들어내는 결과물은 상상 이상이다.

　도전정신이 뛰어나지 않은 사람이라고 할 지라도 같은 목적을 가진 평범한 사람들이 함께 한다면 그 어떤 전문가 집단보다도 뛰어난 디지털 컨텐츠를 생산 할 수 있다. 뉴저널리스트 아카데미의 과정을 수료하며 대미를 장식한 이 책 역시 협업을 통해 이루어졌다. 그동안 디스코드Discord에 모여 토론하고, 강의를 하기도 하고 다른 분들의 강의를 듣기도 하며 일방통행이 아닌 쌍방의 수업이 이루어졌다. 협업이 어려운만큼 성장하며 낯설고 어려운 디지털 미디어에도 도전할 수 있는 힘이 생기는 것을 알 수 있었다.

　트웬티 파이버스25ers는 디지털 미디어 리터러시 능력을 키우기 위해 관계와 연결과 협업의 중요성에 주목한다. 미래 시대에는 함께 더 좋은 것을 만들어내는 사람이 큰 쓰임을 받을 것이다.

지知: 지구상에 인간이 여기까지 생존한 데는 무엇보다 사람들과의 협업이 있었기에 가능했다. 협업시 중요한 것이 관계 지능이다. 누구 한 명이라도 부당하다고 느끼거나 불편함을 느끼지 않아야 하는 것이 매우 중요하다는 점에서 협업이 얼마나 어려운 일인지, 또 중요한지 다시 새길 수 있었다.

정情: 나는 협업을 잘하고 있는가 의문이 생기면서, 반성하는 마음이 들었다. 협업은 다함께 이뤄냈다는 뿌듯함이 있는 동시에 마찰도 있기에 이에 대한 훈련이 필요하다고 느끼는데 이에 관한 내용이 나오니 그렇지 하는 마음에 사이다 같은 느낌을 받게 됐다.

내가 생각했을 때 가장 크고 어려운 협업은 '부부'간의 일이다. 자녀를 키우고 집안 경조사를 함께하는 남편과의 불협화음이 있던 시절을 떠올리며, 나의 불찰을 반성할 수 있었다.

의意: 웹 3.0시대는 온라인에서의 협업이 엄청나게 중요하다. 나는 관계지능을 훈련해가며, 그 속에서 서로에게 먼저 다가갈 수 있는 사람이 될 것이다. 앞으로도 협업의 기회가 온다면 놓치지 않고 최선을 다해 경청하고 공감하도록 노력해야 겠다.

AI시대 디.미.리.시
유수현

4차 산업혁명이라는 말이 돌기 시작하자, 직업의 변화에 세인의 관심이 쏠리기 시작했다. 인터넷을 검색해보면 인공지능에 대체될 직업과 대체되지 않을 직업을 쉽게 찾아볼 수 있다. 4차 산업혁명이라는 대변혁의 상황에서 '내가 하는 일은 어떻게 될까?' '우리 아이들은 무엇을 해야 할까?'하는 걱정의 마음이 일어난 것이다.

인공지능에 대체되기 쉬운 직업으로는 단순 작업을 하는 직업이 손꼽힌다. 청소원, 매표원, 안내원, 배달원, 가사도우미, 콜센터직원, 일반사무 등이다. 인공지능에 대체 될 확률이 적은 직업으로는 작가, 화가, 조각가, 가수, 심리학자, 내과, 외과, 음악가, 초등학교 교사, 패션 디자이너, 사진작가, 대학교수, 만화가, 제품 디자이너 등이 꼽힌다.

두뇌를 쓰며 사유가 필요한 직업군은 대체될 확률이 적은 편이다. 하지만, 인공지능은 분야를 가리지 않고 우리의 모든 분야로 들어올 것이다. 알파고와 이세돌의 대결에서 사람들은 충격을 받았다. 바둑은 깊은 생각을 해야 하기에 인공지능이 이길 것으로 생각하지 못한 것이다. 이세돌 역시 대결 후 이 세계에 더 이상 머무를 수 없음을 느끼고 은퇴를 결심했다. 바둑의 얘기만이 아니다. AI인공지능 기술은 인간 고유의 영역이라고 여긴 글쓰기, 그림 그리기까지 넘어왔다. 심지어 사회현상과 그간 베스트셀러의 상관관계를 분석해 AI가 베스트셀러를 만들고 있다. 해외에선 인공지능 의사가 환자들을 치료하고 상담한다. 환자들 또한 감정에 의해 좌우되는 의사보다 언제나 따뜻하게 자기 말을 더 잘 들어주고, 실수하지 않는 인공지능을 선호한다는 결과가 나왔다. 감정의 영역이라 침범할 수 없을 것 같았던 상담영역까지 AI가 갖고 간 것이다.

해외에선 교수들이 대면 강의하지 않는 곳들이 생겨나고 있다. 누구나 무크MOOC를 통해 스탠퍼드, 하버드, MIT 대학의 강의를 들을 수 있는 세상이다. AI가 그린 그림 작품 역시 심심치 않게 찾아볼 수 있다. AI는 다른 작품들을 보고 조합해서 그림을 그리기에 창작이 아니라고 말하는 이들도 있다. 창의성은 무에서 유를 창조하는 것이 아님을 생각하면 그들의 주장에 완전히 동의하긴 어렵다. 창조주 외에는 그 어느누구도 아무것도 없는 무無에서 무언가를 만들어 내지 않는다. 그동안의 경험과 지식을 바탕으로 결과물을 만들어내는 것이 창조이다. AI는 지식과 정보를 종합해 새로운 것을 창조해낸다. AI의 등장으로 이제 고만고만한 창작물은 인정받을 수 없다. 그런 일들은 AI가 잠도 안 자고 인간보다 더 잘 해낼 것이기 때문이다. 우리는 인간만이 할 수 있는 것을 해야 한다. 바로 인간 지성, 따뜻함, 진심을 담은 창작물이 필요하다. 웹 3.0 시대를 살아가기 위해 함양해야 하는 능력 그 첫 번째가 바로 기본과 본질에 충실하는 것이다. 이 기본이 되어 있을 때 비로소 응용이 가능하다. 아무리 높이 쌓은들 기본이 약한 성은 휘몰아치는 바람이 불 때 무너질 수 있다. 하지만 뿌리부터 강하게 뻗은 갈대는 강한 태풍이 불어와도 꺾이지 않는다. 세상이 변한다고 하지만, 변하지 않는, 변하지 말아야 할 것이 분명히 있다. 그것은 기초 학문, 바로 나에 대한 깊은 이해이다. 내가 누구인지, 내가 좋아하는 것은 무엇이고 나는 어떤 일을 왜 하고 싶은지 나의 가치관은 무엇인지를 인지하는 것 등이 바로 기초학문이다. 하버드나 옥스퍼드 대학은 몇백 년의 역사를 가지고 있지만 교과 과정이 거의 변하지 않는다는 강의를 들은 적이 있다. 4차 산업혁명이라고 IoT, 블록체인, NFT, 코딩, 인공지능 등의 기술 배우기에 급급한 우리나라의 시각에선 놀라운 발언이다. 그들은 기초학문이 튼튼하기에 어떤 새로운 세상이 온다고 해도 두려워하지 않는다고 한다. 오히려 새로운 세상을 즐기기까지 한다.

월드컵 4강 신화가 기억나는가? 히딩크 감독이 한국 선수들에게 처음 했던 훈련이 기초체력 훈련이었다. 이 때문에 히딩크는 주변 사람들에게 조롱당하고 쫓겨날 위기까지 처했다. 기초가 단단해야 다음도 가능하다고 생각한 히딩크 감독은 기초 위에 기술을 입혔고, 월드컵 4강 신화의 역사적인 주인공이 되었다.

AI는 겉모습은 모방할 수 있지만, 개인이 가진 아우라만큼은 결코 모방할 수 없다. 아우라는 진정성을 담은 진심에서 나온다. 같은 말이라도, 누군가의 말은 그냥 말로 들리는데, 다른 누군가의 말은 가슴이 울릴 때가 있다. 그만의 진정성이 담겨있기 때문이다.

우리의 재능은 타고나는 것일까? 씨앗은 태초부터 그 안에 어떤 나무가 되리라는 것이 프로그래밍 되어 있다. 비슷해 보이는 씨앗이 땅에 심어져 프로그래밍이 된 대로 물을 주고 햇볕을 받을 때 각자 다른 아름다운 열매가 맺어진다. 프로그래밍과는 상관없이 모든 나무에 같은 양의 물과 햇볕을 준다면, 어떤 나무는 제대로 자라나지 못하고 죽을 것이다. 이 과정이 우리와 같다. 박병기 교수에 의하면 각자의 사명은 태중에서부터 주어진 그 무엇이다. 그는 이 말을 자신이 졸업한 바키대학원의 로월 바키 박사로부터 들었다고 했다. 태중에서 부여받은 이 사명을 찾아야 한다. 사명을 찾기 위해 모두가 획일화된 교육에서 벗어나야 한다. 같은 방식으로 자란 나무는 꽃도 피우지 못한다. 트웬티 파이버스25ers는 미래저널을 통해 나에 대해 깊이 성찰하며 그 방향과 방법을 찾는 이들이다. 각자의 사명을 찾을 때 그것이 자신의 가치와 철학이 된다. 때로 사람들은 조용한 일인데, 유독 내 마음에서 부딪히는 일이 있을 수 있다. 그런 부딪힘, 분노의 지점이 바로 우리가 중요하게 생각하는 부분이다. 각자의 다름을 발견하고 인정하며, 발전시켜야 한다. 나다움과 독특함을 인지하고, 선한 영향력으로 내가 원하는 세상을 바깥으로 꺼내고 표현하는 작업이 필요하다. 웹 3.0시대, NFT 시대는 진품을 가리는 시대이다. 앞으로의 세상에선 AI도 내가 하는 분야의 일을 하고 있을 것이다. 웹 3.0 시대의 트웬티 파이버스25ers가 저널링, 디지털 미디어 리터러시를 해야 하는 이유가 여기에 있다. 나로부터 바뀔 세상을 꿈꾸며 철학을 전하고 사람들과 협력하며 선한 세상을 만들 수 있어야 한다. 그럴 때 우리는 생각지 못했던 더 큰 세상을 꿈꾸게 되고, 밝은 미래로 확장될 것이다. 지정의知情意로 정리해본다.

지知: AI가 해내고 있는 많은 일들을 알고 다시 한번 놀라움이 요동쳤으며, 기초가 튼튼하면 무너지지 않는다는 말에 공감했다. AI 인공지능으로 모든 직업을 잃을 것 같지만, 결국 인간만이 가진 능력을 키우면 그렇지 않고, 그러기 위해선 나만의 독특성을 찾기 위한 저널링을 실천해야 함을 다시금 되뇌었다. AI와 내가 차별되는 것은 기준점은 철학이다. 사람만이 가진 철학과 가치를 꺼내는 일을 지속해 가야겠다는 생각이 들었다.

정情: AI에 대한 두려움, 기대감이 느껴졌다. 나의 내면이 튼튼하다면 막연한 미래에 대한 두려움은 가질 필요가 없다고 생각하니 안도감이 느껴진다. 미래에 관한 공부와 훈련을 통해 내면의 변화를 느끼며, 뉴저널리스트 아카데미에서 함께하는 이 시간이 더욱 소중하고 안심이 드는 느낌이다.

의意: 미래저널, 지정의 학습 그리고 서번트 리더십 훈련을 꾸준히 하면서, 나를 깊이 있게 성찰하고 주변 사람들과 공유해야겠다고 결심했다.

다중지능시대, 9번째 지능에 주목하라
하민혜, 안소영

"직관에 대해 무지하거나 또는 이를 외면한 채 사고에 의한 논리만으로 미래를 도모하는 자는 편협의 막다른 골목에 봉착할 것이다. 그러한 외골수 청춘에게 미래는 더욱 야속하다. 그러니 문을 활짝 열어젖히고, 내면의 자신을 융숭하게 대접할 각오를 해라. 답은 안에서 얻어진다." - 2050 미래 사회 보고서(유기윤 著)중에서

"지능이란 특정 문화나 사회 속에서 어떤 상징 도구를 활용하여 중요한 문제를 해결하거나 산출하는 능력을 말하며, 여기에는 다양한

개인차가 수반되는데, 이는 종래의 IQ와는 아주 다른 능력이다. 이런 의미의 지능을 '다중지능'이라고 부른다."

- 다중지능(하워드 가드너 著) 중에서

아래 내용은 뇌과학자 장동선 박사의 온라인 강연을 참고해 필자가 메모해둔 것을 정리한 것임을 미리 밝힌다.

인간은 왜 뇌를 가지고 있을까? 뇌 없는 단세포 생물인 '아메바'는 10억 년 전부터 생존했다. 아메바는 뇌 없이도 대사활동을 하며, 생식의 과정을 거친다. 사람 역시 동물과 다름없이 먹고 배변 활동을 하며 종족 번식을 한다. 다른 장기들과 다르게 뇌는 24시간 일하며 에너지 소모량이 어마어마한 것으로 알려져 있다. 말미잘, 성게 등 피낭동물 역시 뇌를 가지고 자신이 정착할 곳을 찾아 다닌다. 변화를 맞이할 이유가 없을 만한 장소를 찾아낸 피낭동물은 자신의 뇌를 꺼내 깨끗이 먹어버린다. 이유는 단순하다. 에너지 소모량이 많은 뇌가 불필요해서이다. 사는 동안 자그마치 80% 이상의 에너지가 있어야 하는 뇌의 유용성은 무엇인지 고민해 보자. 당신이 잠을 자는 순간조차 뇌는 쉴 새 없이 일하고 있다. 동물처럼 단순한 대사 활동을 위해 뇌가 필요한 것이 아니다. 우리의 뇌는 변화를 예측하기 위해 그리고 대응하기 위해 존재한다. 인류의 자연 및 정신문명에 커다란 발전에 기여한 진화론자 찰스 다윈은 "결국 살아남는 개체는 가장 강한 종이 아니라 변화에 적응하는 종이다."라고 말했다. 지금 이 순간에도 세상은 끊임없이 변화한다. 물속에 있는 물고기는 물이 어디에 있는지 알 수 없는 법이다. 코로나19 시대를 지나며 그 어느 때보다도 빠르게 세상이 변화하고 있다. 바로 지금, 이 순간이야말로 우리의 '뇌'를 절실히 사용해야 하는 때이다. 그렇다면 우리는 어떤 지능을 활용하여 변화에 대응해야 하는 것일까?

하워드 가드너는 인간이라면 누구에게나 다중지능이 있다고 했다. 다중지능은 언어 지능, 논리 수학 지능, 음악 지능, 공간 지능, 신체 운동 지능, 대인 지능, 대내 지능자아 성찰 지능, 자연 지능 그리고 9번째 실존적 지능영성 지능을 포함한다.

트웬티 파이버스25ers는 가드너의 이론에서 9번째 지능, 즉 영성실존 지능에 주목한다. 이는 결코 AI가 따라 할 수 없는 지능이고 오직 인간만이 가진 능력이기 때문이다. 두산백과에 의하면 영성 지능은 존재 이유, 삶과 죽음의 문제, 희로애락, 인간의 본성 등 철학적이고 실존적인 사고를 할 수 있는 능력을 말한다.

사회에서 두각을 나타내는 것은 물론 아우라가 돋보이는 이들에게서 9번째 지능의 수준이 높음을 측정한 실험이 있다. 인간 수준의 AI 인공지능를 기대하는 웹 3.0시대에 가장 필요한 능력은, 인간의 인간다움 즉 나만이 가진 아우라를 꺼내는 일이다. 서울대 유기윤 교수는 그의 저서 '2050 미래 사회 보고서'에서 이를 깊이 있게 다루고 있다. 유 교수는 '정보의 대주주가 정부에서 플랫폼으로 넘어갔으며, 인공지능에 종속된 기계와 같은 인간의 삶을 우려한다'고 썼다.

정보와 오락, 사람들의 의견 개진까지 모든 것이 디지털로 공유되고 있다. 개인적, 사회적, 전문적 관계 역시 소셜미디어와 대중매체의 상호작용을 통해 발전하고 있다. 가족과 친구와의 소통, 여가, 학습 등 모든 영역이 디지털 미디어 기술과 연결되어 있다. 디지털 리터러시와 미디어 리터러시는 미디어 접근, 분석, 제작, 성찰, 행동까지 포괄하는 평생학습 과정으로 커뮤니케이션과 정보의 힘을 이용해 세상을 변화시킬 수 있는 힘이다. 나이에 상관없이 우리 모두에게 다양한 디지털 도구와 표현방식, 커뮤니케이션 전략을 사용하여 정보에 접근, 분석, 제작, 성찰 및 행동할 수 있는 능력이 필요하다. 디지털 미디어 리터러시를 함양하기 위해 필요한 것은 고차원적인 사고와 9번째 지능이다. 인공지능에 종속되지 않기 위해 절실하게 필요한 것이 이것이다.

이전 시대에는 경쟁자로서 축적하고 투쟁하는 사람으로 살아야 했지만, 지금은 공유하고 공감하며 돕는 사람이 살아남게 된다. 또는, 타인이 살아남도록 돕는다. 미래를 준비하기 위해 우리는 기술보다 먼저 보이지 않는 내면에 집중해야 한다. 트웬티 파이버스25ers는 매일 미래저널의 7가지 질문에 답을 하며 하루를 돌아보고 성찰의 시간을 갖는다.

1) 사람, 동물, 자연 등 감사 3가지
2) 나는 누구인가?
3) 세상에 선한 영향력을 미친 사람과 이유는?
4) 시간 가는 줄 모르는 놀이는?
5) 왜 공부하는지, 왜 사는지, 왜 그 일을 하는가?
6) 오늘 화가 나는 일은?
7) 오늘 내가 노력해 본 것은?

박병기 교수의 저서인 '미래저널과 미래리딩'에 따르면 '미래저널은 9번째 지능뿐만 아니라 여덟 가지 다중 지능에도 직, 간접적인 영향을 미친다'고 한다. 미래저널은 말 그대로 미래 사회를 살아가기 위한 능력을 준비하는 저널이라 할 수 있다. 트웬티 파이버스25ers는 디지털 미디어의 홍수 속에 잠겨버리는 개개인의 독특성을 꺼내고자 노력할 수 있어야 한다. 쏟아지는 미디어를 비판적으로 수용하고 바르게 사용하기 위해서는 자신을 먼저 세워야 하기 때문이다

지知: 뇌가 필요 없는 피낭동물이 뇌를 먹어버린다는 이야기는 충격적이다. 우리는 우리의 뇌를 어떻게 사용하고 있는가 생각해 보게 되는 대목이다. 인간의 뇌활동을 지금까지 배워왔던 학습방법과 인공지능이 대체 가능한 학습에 사용한다면 인간보다 우위인 인공지능에 종속된 기계와 같은 삶을 살아가게 될 것이다. '내면의 자신을 융숭하게 대접할 각오를 하라'는 유기윤 교수의 글귀에서 자신을 들여다보는 것이 얼마나 중요한지 단번에 깨달았다.

정情: 현 사회는 인간의 고유영역이 아닌 대체 가능한 영역을 키우고 평가한다는 사실이 안타깝다. '2050미래사회 보고서'를 읽으며 다가올 미래는 누구를 위한 것인지 의구심과 함께 소름이 돋았다. 그러나 이젠 우리의 할일을 찾았다. 인간만이 가지는 9번째 지능을 발달시키는데 힘쓴다면 미래는 두려워할 이유가 없을 것이다.

의意: 미래저널을 날마다 작성하며 나의 내면의 더 들여다보고 성찰하는 자세가 되어야겠다. 또한, 어떤 형태로든 인간 본연의 감정을 느낄 수 있고 나의 감정을 표현하는 또한 나의 내면을 바라볼 수 있는

시간을 더욱 갖고자 한다. 나의 성찰로부터 근원적인 답이 나오기 때문이다. 이 책이 출간되면 가족, 지인들에게 보여주며 미래를 대비할 수 있도록 도와야겠다.

●

기술과 미디어에 철학을 담다
전용선

웹 2.0시대의 대표 플랫폼으로는 네이버, 인스타, 트위터, 페이스북 등이 손꼽힌다. 디지털 시민들은 수많은 사진, 영상, 좋아요, 댓글 등으로 해당 플랫폼에 엄청난 기여를 했다. 하지만 이에 대한 보상이 없다는 자각이 일어났다. 플랫폼 기업이 만들어 놓은 기준점과 규칙에서 벗어나 개인과 개인이 정한 기준을 만들어가는 탈중앙화를 사람들은 꿈꾸기 시작했다. 그 희망은 블록체인이라는 기술 출현의 원천이 되었다. 블록체인은 기술이기 앞서 새로운 시대를 준비하는 사람들의 철학을 바탕으로 한다. 이전에는 기술의 발달에 따라 사람들이 그에 맞게 생각과 라이프를 변화시켰지만 웹 3.0시대에는 사람들의 생각과 라이프를 중심으로 기술이 만들어진다.

동일한 가치를 추구하는 커뮤니티안에서 블록체인과 NFT 기술을 활용하여 쌍방간에 이익을 주는 새로운 상생철학을 담기 시작한 것이다. 우리는 웹 3.0시대로의 전환을 마주하고 있다.

웹 2.0 시대에는 나의 콘텐츠, 나의 데이터를 그저 다른 사람들과 공유할 뿐 소유할 수는 없었으나 웹 3.0시대에는 내가 소유자가 되어 다른 사람들이 나의 콘텐츠, 나의 데이터를 사용할 수 있도록 권한을 부여하게 된다. 이렇게 커뮤니티 안에서 상생하며 서로 이익이 되는 경제 생태계를 구축하는 것이 웹 3.0 시대다. 탈 중앙화를 하면서 개인의 개방이 시작되는 것이다.

또 다른 변화로 우리는 AI와 상생하는 시대를 맞이한다. 요즘은 사람의 목소리를 녹음하여 안내하는 자동응답 시스템이 아닌 AI가 그 일을 대신한다. 교통사고로 인해 장애를 입은 사람들이 모인 단체인 한국 교통 장애인 협회에서도 AI기술을 통해 교통사고 예방에 기여한다. AI 기술은 차량을 운행하는 운전자의 안전교육에서 운전자들의 운전 데이터를 수집 후 정밀 분석을 하여 개인별 맞춤 교육을 진행 할 수 있는 데이터 리포트를 제공하게 된다. 이러한 AI 기술은 영상엔진이라는 '눈'을 바탕으로 급감속을 한 이유까지 파악해 보다 상세한 운전 리포트를 제공한다. 이를 토대로 운전자는 자신의 운전 습관을 더 상세히 알 수 있게 된다. AI 기술은 병원에도 적용된다. 병원을 방문하지 않아도 메타버스에서 진료를 받을 수 있는 일상이 다가오고 있다. 가상공간에 현실공간을 재현하고 인공지능 기반 AR-VR등을 이용해 원격의료, 환자 맞춤형 의료서비스를 제공한다. 그 외 많은 영역에서 AI기술이 적용되는 시대가 다가온다. 우리의 일상에는 많은 변화가 일어날 것이다. 이러한 미래를 준비하는 트웬티 파이버스25ers는 어떤 사람들인가?

트웬티 파이버스25ers는 AI 디지털 미디어 리터러시 기술을 함양한다. 우리는 상상하는 것을 볼 수 있게끔 해주고 작곡이나 소설 쓰는 일도 가능하게 하는 AI 디지털 툴을 활용한다. 트웬티 파이버스25ers

는 이러한 AI 디지털 미디어 리터러시를 함양하여 타인의 디미리시 향상을 돕고자 한다. AI 기술은 사람들의 꿈을 도울 것이고 누구나 새로운 분야에 도전할 수 있기 때문이다. 트웬티 파이버스25ers의 디지털 미디어 리터러시는 타인을 돕고자 하는 철학을 담고 있다. 트웬티 파이버스25ers는 인공지능과 차별되는 인간 존엄에 대한 근본적인 성찰을 통해 고유한 가치를 전달하고 감성을 연결하는 희망의 아이콘이 되려 한다. 트웬티 파이버스25ers는 미디어에 녹아 있는 내면화 아이디어, 행동, 태도를 자신의 특정한 세계관으로 통합하고 수용하는 과정을 중요시한다. 지식 정보 및 아이디어를 만드는 과정에서 스스로 강점과 약점을 보완하면서 협업을 경험한다.

새 시대는 개인과 개인이 연결되고 평생학습자가 되는 시대가 된다. 트웬티 파이버스25ers는 다른 사람들과 가치와 철학을 공유하며 더불어 성장하고자 한다. 그를 위해 스스로에 대한 성찰과 지정의知情意학습 및 서번트 리더십 등을 훈련하고 있다. 서번트 리더십은 통제하고 지시하는 일방적인 관계를 형성하는 것이 아니고 상대방에 대한 배려와 공감, 존중과 격려로 가치 있는 관계를 맺는 것을 말한다.

트웬티 파이버스25ers는 서번트 리더십을 함양하기 위해 자신을 체크한다. 겸손한지, 편견을 없애려고 하는지, 외모로 판단하지 않는지, 남의 유익을 생각하며 이해하고 귀 기울여 듣는지, 타인을 감싸주려고 노력하며 어려운 사람을 돕는지, 다른 사람의 생각을 소중하게 여기는지, 시기 질투하지는 않는지, 느긋하려고 노력하는지, 남의 정신적, 육체적 건강을 돌보는지, 꾸준함과 지속성을 노력하는지, 나의 장단점을 파악한 하루였는지, 남을 존중하고 남들에게 좋은 일을 하고

자 설득하는지, 비판하려고 하진 않았는지, 잘난 체하지 않는지, 가진 것을 남들과 나누며 남이 성장하도록 돕고 있는지를 매일 점검한다. 이 글을 지정의知情意로 정리해보기로 한다.

지知: 다양한 콘텐츠를 만들어 내면서도 소유권이나 보상에 대해 생각해본 적이 없다는 사실을 깨달았다. 블록체인 기술의 출현, 특히 AI 기술 역시 인간을 이롭게 하기 위한 기술이며, 상생하는 사회를 위해 무엇을 중요하게 여겨야 하는지 사유할 수 있었다.

정情: 평생 학습자로 살아갈 것을 요구받고 개개인 고유의 생각, 창작물 등이 인정받는 세상이라고 생각하니 가슴이 뛴다. 한 시절의 학력을 평생 볼모 삼았던 시대를 벗어나, 능력껏 자유롭게 공부할 수 있다는 것이 기쁘다. 트웬티 파이버스25ers로서 미래 기술을 바르게 선점하여, 리더로서의 역할을 할 생각에 설레는 마음이 든다.

의意: AI가 인간보다 더 멋진 작품을 만들어 내는 세상에서 나만의 초월적인 무엇인가를 만들고 싶은 욕구가 생긴다. 아무리 기술이 발전하더라도 결국은 사람이다. 나만의 아우라가 돋보이는 콘텐츠를 개발할 수 있도록 노력해야겠다. 블록체인 기술에 관한 서너 권의 책을 읽으며 기술과 친해지기로 한다. 동시에 진실한 마음과 행동으로 소통할 수 있도록 그것을 해야 하는 이유와 어떻게 할 것인지를 주말마다 저널에 작성해보려 한다.

추억의 아날로그와 낯선 디지털[11)]
전용선

얼마 전 집안 정리를 하다가 개인 호출기였던 삐삐를 발견했다. 8282빨리빨리, 0001영원히 하나가되자 등 숫자를 통해 소통했던 일들을 추억하게 되었고 그 방법들이 더이상 친숙하지 않다는 생각이 들었다. 지난 주말에 KTX를 탔다. 종이 승차권이 없이 승차하는 일은 아주 자연스럽다. 일본 승무원이 승차권 확인시 펀치로 구멍을 뚫어주는 모습은 그야말로 타임머신을 탄 추억의 영화 장면으로 받아들여진다.

이제는 디지털 승차권뿐만 아니라 모바일 뱅킹, 음식주문 앱, 고속버스 예약 앱 등 많은 디지털 도구가 일상에 깊숙이 들어와 있다. 이 기술을 활용하지 못하면 기술이 주는 편리함을 누릴 수 없다. 이런 디지털 활용 역량은 생계와도 연계가 된다.

사람들은 이제 다양한 소셜 미디어와 디지털 기기를 통해 음악을 듣고 영상을 본다. 이전처럼 대형 방송국이 있기도 하지만, 개개인이 직접 만든 콘텐츠에도 주목을 하게 된다. 우리는 비슷한 취미나 관심을 가진 이들과 소통하며 10억 명의 세계인들과 연결되어 교류할 수 있다. 우리는 디지털 제품과 플랫폼이 빠르게 변화함에 따라 디지털 미디어와 기술에 대해서는 평생 학습자가 되어야한다는 과제에 직면하

////////

11) 1기 1단계를 하신 오진아 님의 글을 일부 발췌했습니다.

고 있다.

새로운 디지털 툴을 접할 때 우리는 낯설고 불편함을 먼저 느끼게 된다. 또한, 낯선 방식에 대한 불신이 생기기도 한다. 보이스 피싱과 스미싱 등이 그런 마음을 부추긴다. 새로움에 대한 낯섦과 두려움은 이전의 방식에 머물고 싶게 한다. 지금도 그리 나쁘지 않다는 생각과 변화하지 않아도 당장 별일이 없다는 생각을 갖는다. 새로운 길로 나서기보다 익숙함에 안주하기를 원하는 것이다.

우리는 지난 2022년 1월부터 뉴저널리스트 아카데미 과정을 수행하며 미래를 준비하기 시작했다. 처음에는 모든 것이 낯설었다. 구글 클래스룸을 활용하는 방식부터 교수자박병기 교수의 지도 방법도 익숙하지 않았다. 줌zoom에서 수업받으며 소그룹으로 연결해 발표하기도 했다. 과제로 영상을 만들고 소그룹 안에서 서로의 의견을 강의하고 합의점을 만들어 협업하는 일을 했다. 또한, 디스코드Discord에서 다른 사람의 강의 내용을 듣고 지정의知情意로 글을 적었다. 모든 과제를 블로그, 인스타그램, 트위터, 노션 등등에 게시하여 공유하며 사람들과 연결했다.

웹 3.0 시대는 머릿속에 있던 지식을 밖으로 드러내어 표현하고 다양한 유형의 미디어를 실천하기 위해 노력해야 하는 시대이다. 소그룹이나 커뮤니티를 통해 다른 사람들의 다양한 정보와 의견을 바라봄으로 주변 세계에 세심한 주의를 기울이며 폭넓은 시야를 가져야 한다. 그렇기에 뉴저널리스트 아카데미의 수업은 미래를 바라보고 디자인된 것임을 알 수 있다.

오늘날 현대인들은 디지털 미디어의 홍수속에 살아간다. 기술이 발달하고 정보의 양이 늘어날수록 정확한 정보를 선별해 내는 일은 더욱 어려워진다. 이러한 시대에 각종 미디어 정보를 주체적으로 해석하고 이해할 수 있는 능력인 디지털 미디어 리터러시는 반드시 갖춰야 할 필수 역량이라 말할 수 있다.

독일과 핀란드의 경우는 미디어 교육이 학교와 가정에서 모두 디미리시 교육이 이루어질 수 있도록 부모의 참여를 위한 프로그램도 있는가 하면, 청소년 미디어 캠프를 열어 미디어 종사자를 직접 만나는 자리도 마련한다. 이처럼 학생, 교사, 부모 모두가 각자의 눈높이와 상황에 맞게 다양한 미디어 교육이 이루어지는 독일은 미디어 리터러시 강국으로 손꼽기에 부족함이 없다. 전통적인 미디어인 신문을 통해 인터넷으로는 접하기 힘든 분량의 텍스트를 접함으로서 미디어 수용 능력을 키울 수 있기 때문에 적극적으로 신문 구독을 장려하고 있다.

트웬티 파이버스25ers는 미래를 위해 무엇을 준비해야 하는지를 사람들과 공유한다. 뉴저널리스트 아카데미를 운영 중인 박병기 교수는 "미래 교육은 학습자의 잠재된 것을 끌어내어 미래의 생활에 대응하고 준비시키는 것이다."라고 말한다. 박병기 교수는 미래를 준비하기 위해 eBPSSBig Picture, Spiritual Intelligence, Servant Leadership 철학을 바탕으로 뉴저널리스트 교육을 진행했다.

새로운 세상에 가까이 가려고 시도할 때 두렵고 혼란스럽게 느끼는 것은 일반적인 현상이다. 하지만 트웬티 파이버스25ers는 두려움에 집중하기보단 함께 가치를 나누며 성장하고 있다. 미래를 준비하는 과정에서의 모든 경험을 토대로 사람들을 돕고 이끌 수 있는 역량을 키운다. 현재의 일로 인한 버거움과 미래에 대한 막연함, 아무도 가지 않은 길에 대한 두려움을 이겨내며 미래를 준비하고 있다.

시대를 읽는 사람은 격동의 움직임들을 감지하고 그것을 기회로 받아들인다. 지금이 또 한 번의 커다란 변화의 길임엔 틀림없다. 다가올 미래를 준비하며 담대히 걸어가는 사람들인 트웬티 파이버스25ers는 사람들과 함께할 수 있는 만남의 장을 마련해놓고 있다. 트웬티 파이버스25ers는 한 알의 밀알이 땅에 떨어져 풍성한 열매를 맺는 2025년을 미리 기념하며 오늘도 묵묵히 걸어간다.

지知: 4차 산업혁명, 프레카리아계층이 되지 않기 위해 부단히 공부해왔다. 2020년부터 주위 사람들에게 이런 시대가 온다고 외치며 그들을 깨우기 위해 영상과, 관련 책들을 추천해 줬지만 듣고 흘리는 사람, 말도 안 된다고 비웃는 사람이 대부분이었다. 익숙함과 낯섦의 경계에서 사람은 두려움을 느끼고, 그대로 안주하려는 사람과 새로움을 기꺼이 받아들이는 사람들이 생긴다. 하루가 멀다 하고 새로운 것들이 생기는 현재를 살아가려면 늘 배우는 자세가 되지 않으면 안 된다. 트웬티 파이버스25ers는 도전하는 사람이며 우리가 해나가야 할 일들에 대해 다시금 새길 수 있었다.

정情: 처음 4차 산업혁명의 이야기를 들을 땐 두려움이 앞섰다. 가끔, 아날로그 시절의 감성이 그립기도 하지만, 우리에게 이미 익숙해져 버린 편리한 디지털 생활을 버릴 수 있을지 생각해보게 된다. 결론은 이렇게 편리한 디지털 문화에 감사하다는 마음이다. 사람들을 도울 수 있다는 생각에 두려운 마음보다는 설레는 마음이 든다. 트웬티 파이버스25ers로부터 뻗어나갈 세상이 기대된다.

의意: 트웬티 파이버스25ers로서 평생 배우고 적용하며 앞서나갈 것이다. 뒤처지는 사람들에게 선한 영향력으로 이끌기 위해 저널링을 게을리하지 않고 단기계획부터 세워보려 한다.

●

트웬티 파이버스25ers의 필수자질
김지원

지금의 중년은 아날로그와 디지털을 모두 경험한 세대이다. 그들은 라디오와 카세트 테이프를 통해서 음악을 듣고, 문자가 아닌 편지를 주고 받으며 학창 시절을 보냈다. 두꺼운 영어 사전을 가방에 넣고 다녔고, 도서관에서 책과 자료를 찾아야 했다. 거북이 걸음같은 흐름 속에 사색과 통찰, 생각이 깊어지게 하는 글쓰기는 그 시절의 리터러시 방법이었다.

컴퓨터와 IT 기술의 발전은 사람들의 의식을 빠른 검색으로 대처하게 만들었다. 휴대폰이 처음 나오고 어플리케이션 세계를 받아들인 후엔 빠른 처리와 편리함을 경험했다. 그리고 그것의 오류를 찾아 통찰할 시점인데도 문제점을 외면할 때가 많다. 통찰력은 더 이상 빠져나갈 구멍이 없다고 생각한 뇌가 이전과 다른 방법으로 탈출구를 찾을 때 갑자기 비상하는 판단력이라고 한다. 그래서 주어진 문제를 재정의하고 이를 해결하고야 말겠다는 불굴의 의지와 불타는 욕망이 점화되어 기존의 지식을 총동원해서 문제해결을 도모할 때 비로소 발현된다.' 유영만, 생각사전, p.45

빠르고 편리한 것만이 정답이 될 수는 없다. 모두가 인터넷 연결망을 통해 콘텐츠를 소비하고 생산하는 지금, 무엇보다 올바른 정보의 판별이 필요한 시점이다.

'과거의 미디어 리터러시는 엘리트에 의해 생산된 글쓰기가 대다수였으며, 나름의 검증과 전문성을 바탕으로 한 신뢰를 가지고 있었다. 하지만 지금의 사회는 초개인화되어 누구나 콘텐츠를 생산한다. 과거의 리터러시가 완행열차를 타고 사람들에게 전파되었다면 요즘은 초고속 제트기와 같은 인터넷망을 통해 전파되고 있다. 그 힘과 위력은 상상초월 그 자체라고 할 수 있다.' 뉴저널리스트 아카데미 1기 최경옥

날마다 전세계 수억 개의 콘텐츠가 생성된다고 한다. 그 많은 콘텐츠가 모두 질적으로 우수하고 유익하다고 판단할 수 있을까? 일부는 특정한 이를 비방하거나 이득을 취하기 위한 목적을 가지기도 한다. 웹 3.0 시대를 맞이하는 트웬티 파이버스는 디지털 미디어 리터러시 박병기 교수는 이를 '디미리시'로 줄여 부른다 역량을 길러야 한다. 박일준, 김묘은의 '디지털 미디어 리터러시'에 의하면 디지털 미디어 리터러시란 '디지털 영상과 지식, 정보를 잘 해석하고 쓸 줄 아는 능력'을 의미한다. 디지털 리터러시 능력은 통합된 정보를 얻는 능력으로 STMPE의 수업 방식으로 능력을 기를 수 있다고 두 저자는 말한다. S는 Search 검색하다로 직접 정보를 찾아보게 하고, T는 Talk 말하는 것은 메타인지를 향상시키고, 문제를 객관적으로 바라볼 수 있게 된다. M은 Make로 정보를 다양한 기술앱/플랫폼을 이용해서 만들어 보고, P는 Presentation 만든 것을 다른 사람과 공유 및 서로 발표하고, E는 Evaluation 피드백을 주고 받는 것이다.

뉴저널리스트 아카데미NJA 과정을 통해 디미리시의 효과적인 수업 방식이 있다는 사실을 처음 알게 되었고, 모든 교육 과정에 적용해도 좋겠다는 생각이 들었다. 웹 3.0시대는 평생 교육의 시대라고 한다. 우리가 배워야 할 지식은 몇 백년에 걸친 지식보다 그 양이 훨씬 많을 것이다. 모든 지식과 정보를 무분별하게 받아들이기보다는 유용하고 질적인 콘텐츠를 분별할 수 있어야 한다.

디지털 미디어 리터러시의 권위자인 르네 홉스디지털 미디어 리터러시, p.30의 디미리시 5가지 단계를 함께 알아보자.

첫 번째, 접근단계는 전략적인 검색, 탐구, 발견을 통한 관련 자료를 수집하는 단계이다. 두 번째, 분석단계는 저자나 제작자의 동기, 전제, 세계관 등을 분석하는 과정이다. 세 번째, 제작단계는 처음에 희미했던 아이디어가 작업을 시작하고 만들어 가면서 구체화된다. 마지막, 성찰단계는 외부와 내부 평가 단계로 만든 작품의 의미와 자신이 배운점 등 깨닫는 단계이다. 행동은 작품의 영향력과 가치를 찾아보는 단계이다.

전 교육부장관 유은혜는 디미리시의 역량은 정보와 내용에 대한 접근 능력, 비판적 이해 능력, 창의적 활용 능력, 민주적 소통 능력, 생산자로서의 책임 의식을 5대 필수 영양소로 비유하며 이를 강조하였다.

디지털 미디어 리터러시는 AI와 엮일 수밖에 없다. 인공지능은 디지털 미리디어 리터러시에 대혁명을 불러일으킬 것이다. 인간을 대체할 인공지능과 더불어 살아갈 웹 3.0 시대에는 올바른 디미리시의 역량을 키워 AI와 협업 관계로 나아가야 한다.

뉴저널리스트 아카데미 3단계는 AI 디미리시 과정이었고 이 과정을 통해 참가자들은 놀라운 경험을 했다. '인간이 앞으로 생각을 할 필요가 있을까?'라는 의문이 들 정도였다. 우리가 필요로 하는 정보를 제대로 분간하지도 못한 채 AI에 의존한다고 가정해 보았다. 이미 가짜 정보와 잘못된 오류들이 넘쳐나고 있다. AI가 제공하는 디지털 미디어를 무작위로 수집하여 어떤 오류를 범하게 될 지, 그것이 사람들에게 전달되어 어떤 영향으로 작용할 지 염려스럽다.

미래를 선하게 주도할 트웬티 파이버스라면 디지털 미디어 리터러시 역량을 두텁게 쌓아 바른 수용과 올바른 과정을 널리 알려야 한다.

웹 3.0시대는 온라인 세상, 메타버스 가상 세계를 중심으로 지금보다 사람들과의 교류가 훨씬 많아질 것이다. 또한, 플랫폼 중심 생태계에서 사람과 커뮤니티 중심으로 바뀌게 될 것이다. 블록체인과 NFT의 출현으로 커뮤니티 중심으로의 문화는 이미 시작되었다. 앞으로 더욱 더 비슷한 생각과 선호하는 취향이 맞는 사람들끼리의 온라인 커뮤니티 문화는 활발히 이루어질 것이다. 온라인 커뮤니케이션이 중요한 사회에서 여러 사람이 의견을 나누는 일은 더 자주 일어나게 된다. 토론과 토의 참여자는 상대방을 배려하는 마음을 갖고, 적극적으로 참여할 수 있어야 한다. 함께 공부를 하거나, 프로젝트를 진행하면서 다양한 사람들간의 의견 수렴, 협력, 공감과 배려 등이 필요하다. 다음은 뉴저널리스트 아카데미 1기 최경옥 님의 글이다.

'지금은 국가라는 경계선도 없이 전 지구인이 연결되어 있다. 트웬티 파이버스는 이러한 흐름을 빠르게 포착한 사람들이다. 웹 3.0 시대로 넘어가는 흐름속에서 커뮤니케이션 능력과 디지털 미디어를 다양한 방식으로 표현하는 능력이 곧 디미리시이다. 미래를 준비하는 우리 모두가 정답을 맞추는 교육이 아닌, 커뮤니케이션을 통한 생각키우기에 초점을 맞춰야 한다는 생각이 든다. 특히 태생부터 디지털 환경인 아이들의 기본 교육에 바른 콘텐츠를 구분하고 그 철학을 바탕으로 직접 제작하는 디지털 미디어 리터러시 능력을 길러 다가올 미래가 희망적이길 기대한다.'

지知: 미래 교육을 경험하고 있는 뉴저널리스트 아카데미에 있어 다행이다. 빠르게 세상이 변화하고 있고, 그 속에 사람들을 이끌어야 할 사명감이 들어왔다. 그게 우리의 깨달음이다.

정情: 정작 집에 있는 우리 아이들도 디미리시를 학습하고 있지 않다는 불안감과 공교육에 대한 불신감이 든다. 빠르게 변화하고 있는 시대를 느끼고 준비하는 사람들과 함께라서 기쁜 마음도 들었다.

의意: 트웬티 파이버스로서 디지털 미디어 리터러시 능력을 함양하고 길러 많은 사람들에게 그 필요성을 알리는 일을 지속해야겠다고 다짐했다. 그것이 나와 아이들 그리고 우리 국가를 위한 중차대한 일이라는 생각이 확고해진다.

웹 3.0 시대 진정성을 담은 NFT
김지원

개인 모바일 시대를 열고, 어플리케이션 앱을 이용한 여러 서비스가 시작된 것은 불과 20년 내외다. 그와 관련된 IT 기술의 변화 속도는 빠르게 진행되었고, 현재 4차 산업혁명을 맞이하여 AI, 가상세계 등 지금껏 경험하지 못한 새로운 문화로 진입 중이다.

변화의 시작에는 늘 기대와 경계가 공존한다. 웹 3.0 시대의 NFTNon-Fungible Token 기술 또한, 새로운 혁신 산업인지, 허무 맹랑한 것인지 찬반 논란이 뜨겁다. 과거에도 그랬듯이 신생 기술은 부정적 시각이 강하지만, 서서히 우리 생활 전반에 스며들게 된다.

NFT의 시장 진입은 누구에게나 개방적으로 열려 있다. 문턱이 낮은 만큼 경쟁이 치열하다. 그러기에 NFT를 발행하기만 하면 무조건 성공적으로 팔린다는 인식은 잘못된 것이다.

NFT를 다룬 책에서 언급하는 성공 사례는 극히 소수로 보아야 한다. 자신만의 NFT를 만들어 성공하기에는 여러 가지 짚고 넘어가야 할 것들이 있다.

비플이라는 이름으로 유명한 마이크 윈켈만은 매일 새로운 디지털 그림을 하나씩 그려 14년 동안 모은 '에브리데이: 첫 5000일'을 NFT로 만들어 성공을 거뒀다. 미술 경험이 전무한 컴퓨터 공학도가 꾸준한 그림 그리기 실천으로 그의 진정성, 자신의 가치를 담았기에 가능한 것이었다. NFT 그림의 소유는 그 노력과 끈기의 가치를 소유한다는 것이기도 하다.

그렇다고 비플처럼 '14년 동안 하루도 빠짐없이 그림을 그려 NFT로 발행하면 되겠구나'라고 생각하면 큰 오산이다. 중요한 것은 NFT에 담아내는 스토리다. 세계 최다 작품을 보유한 오픈씨opensea.io에서도 인정했듯이, 발행된 NFT 중 많은 것들은 가짜와 무의미한 것들이라고 하였다. 그렇다면 NFT의 가치를 제대로 담아내려면 무엇이 중요할까? 그것은 진정성이다.

자신이 NFT에 담아내고자 하는 것이 무엇이며, 어떤 생각을 가지고 발행하는지가 중요하고 설득력 있어야 한다. 그것이 자신의 NFT 세계관이 되는 것이다.

웹 2.0시대에는 다양한 SNS 활동으로 소통하는 사람이라면, 모두가 크리에이터라 할 수 있었다. 자신이 만든 사진, 영상, 글 등의 콘텐츠를 남들과 함께 공유하며 플랫폼의 성격에 맞도록 또 변형하여 활동하였다. 웹 3.0 시대에는 개인이 만든 디지털 콘텐츠 모두 다 원본성을 지니는 NFT로 발행하여 가치를 지니게 만들 수 있다.

그렇다면 NFT화를 할 때 콘텐츠가 무분별하지 않고, 자신만의 독특성과 가치를 콘텐츠에 담아내려면 어떤 노력을 기울여야 할까? 사람들은 무엇이든 직접 창조할 때 가장 효과적으로 배우게 된다. 메타버스 세상이 도래한 현재 많은 부분이 디지털화되었다. 변화하는 속도에 맞추어 디지털 미디어와 기술에 관한 것은 물론이거니와 가치와 철학을 세워야 한다.

NFT기술 활용에 앞서 꾸준히 배워나가야 할 것이 '디미리시'디지털 미디어 리터러시를 줄인 말인 이유이다.

'정보를 읽고 이해할 뿐만 아니라 미디어에 담긴 메세지를 비판적 사고와 접근을 통해 정보를 수집하고 자료를 분석하여 새로운 컨텐츠를 만들어 내는 능력'이 바로 '디미리시'이다.

디미리시를 위해선 만든 사람이 어떤 관점에서 만들었는지, 만든 의도는 무엇인지를 파악할 수 있는 판단능력과 사실확인을 통해 신뢰할 수 있는 콘텐츠인지 분별해 낼 수 있는 힘을 기르는 것이 중요하다.

르네 홉스에 의하면 미디어를 제작하는 과정은 지식을 깊이 있게 내면화해 자기 것으로 만들 수 있게 한다. 내면화는 아이디어, 행동, 태도를 자신의 특정한 세계관으로 통합하고 수용하는 과정이다. 지식 , 정보 및 아이디어를 다른 사람에게 적절한 형식으로 표현하는 것은 그 내용을 숙달하고 통달해야 가능하다. 또한, 완성된 능력이 아닌 미디어 접근, 분석, 창작, 성찰, 행동을 할 수 있는 능력을 향해 나아가는 과정이다.

디지털 미디어 리터러시를 익히고 역량을 키워, 자신만의 정체성을 성찰해 나가는 일은 창의적인 NFT 를 만드는 데 필수적으로 필요한 일이다.

4차 산업 혁명은 시작되었고, AI의 발달은 크나큰 변화를 예견하고 있다. 현재, AI는 인간의 고유한 능력인 창작 영역까지 들어왔다. 어마무시한 데이터를 바탕으로 글을 써주고, 문장을 입력하면 그림을 그려주기도 한다. '진짜'를 분별해 내는 힘을 기르고 좋은 콘텐츠를 만들기 위해 디미리시가 필요하다.

지금까지 방식을 고집해서는 AI에 잠식되고 만다. 인공지능 기술을 거부할 것이 아니라 우리에게 이롭도록 잘 활용할 수 있어야겠다. 또한, 좋은 정보를 판단하고 가짜에 휘둘리지 않는 단단한 힘 이 필요하다. 끊임없는 자기에 대한 질문을 통해 자신의 정체성을 확립하는 일이 기본이 되어야 가능하다. 자신을 적절하게 세우면 타인을 이해하고 존중할 수 있는 이타심과 통찰하고 분석하는 건전한 세계관도 함께 길러진다. 개인의 수단과 목적이 아닌 공동의 선을 위한 콘텐츠를 제작할 수 있고, '인간다움'을 공유하는 큰 그림을 그려나갈 수 있다. 이에 대비하여 배워나가야 할 것은 AI가 아무리 발달하여도 인간을 흉내낼 수 없는 것! 인간이 가지는 독특한 능력! 9번째 지능Spiritual Intelligence이 그것이다.

우리가 의미와 가치의 문제를 다루고 해결할 때 사용하는 지능, 우리의 행동과 삶을 풍부한 의미의 맥락에 자리매김할 수 있게 하는 지능, 곧 영성실존지능으로 SQ 연구소에 의하면 실존, 초월, 의미, 관계, 내면, 의식지능으로 구성된다.

이 지능을 개발하기 위한 학습법이 박병기 교수가 개발한 '지정의知情意' 학습이다. 지知는 독서, 영상 등을 보고 새롭게 알게 된 것과 다시 인지하게 된 내용을 성찰하여 적는 것이다. 정情은 인간만이 가진 감정을 쓰는 것이고, 의意는 지知와 정情을 나의 삶에 어떻게 적용할 것인지에 관한 것이다.

지정의知情意를 통한 학습법을 익히고, 적용하여 NFT로 발행되는 글과 기사, 디지털 영상 콘텐츠 등을 선보이고자 하는 곳이 뉴저널리스트 아카데미이고 NFT 플랫폼을 운영할 아우라 유니브. 진정한 미래 교육은 증강현실에 대비한 기술적인 것이 아니다. 인공지능과 차별되는 인간만이 가지는 능력을 더 개발시키는 일이 우선하는 것이다. 뉴저널리스트 아카데미와 아우라 유니브는 세상 사람들을 이롭게 하고, 선한 미래를 준비하는 사람들의 집합체이며, 이를 실행에 옮기는 어려운 일을 실행하고 있다.

지정의知情意학습으로 단단해진 사람이 쓴 글과 만든 영상은 AI가 만들어낸 것과 차별화된, 마음을 움직이는 내용이 들어갈 가능성이 크다. 이러한 마음의 뿌리로 만들어진 NFT는 쉽게 무너지지 않는다. 그 NFT는 세상에 단 하나의 가치로 아우라를 내뿜게 될 것이며, 더불어 세상을 이롭게 할 것이다.

새로운 문화에의 적응은 누구에게나 넘어야 할 산이다. 미래를 준비하는 트웬티 파이버스가 되려면 미지를 개척하는 일에 망설이지 않아야 한다. 수동적인 자세에서 벗어나 능동적으로 부딪힐 수 있어야 한다. 누구보다 일찍 그 시대를 선점하여 후발 주자들에게 손을 내밀어 도와줄 수 있는 사람이 되면 좋겠다. 우리 모두는 서로 연결되어 있고, 더 많은 사람들을 연결하는 고리가 되는 세상이 웹 3.0 시대에 우리가 꿈꾸는 아름다운 세계이다.

NFT는 새로운 기회의 장이다. 혼자보다는 커뮤니티 안에서 정보를 공유하면서 활동을 강화하고, 함께 이뤄갈 선한 미래의 꿈을 실현시키기 위해 협력하는 것, 동료가 되어 서로 진실한 관계로 도움을 주고받을 때 성공의 커다란 열매를 맺을 수 있다는 것을 잊지 말아야겠다.

지知: 사람들은 개인의 가치를 인정받길 원한다. 내가 작업한 결과물들이 NFT화 되어 개인에게 소유권을 주장해주는 세상. 이전 세상에선 생각해보지 못했던 개념이었고 생각할수록 바람직한 개념이다.

새로운 NFT 시장의 출현으로 우왕좌왕하는 개인들에게 기회가 많음을 다시 한번 새길 수 있었다. 마음을 열고 커뮤니티 활동을 한다면 우리 모두에게 길이 열려 있다. NFT와 커뮤니티는 떼려야 뗄 수 없는 관계이다. '함께'가 더 중요하다는 걸 늘 생각해야겠다.

정情: 커뮤니티에서 얻는 경험이 얼마나 소중한지를 알게 되어 기쁘다. 서로 협력하고 도움이 되는 커뮤니티 함께하는 행복한 미래를 그리며 가슴이 뛰고 기쁜 마음이 들었다.

의意: 트웬티 파이버스25ers로서 NFT 커뮤니티에 들어가 열정적으로 활동하며 미래를 준비하겠다.

25ers
트웬티 파이버스

Epilogue

에필로그: 뉴저널리스트들께[12]

이 챕터는 뉴저널리스트 훈련을 받는 원우들에게 박병기 교수가 보냈던
음성, 영상 메시지를 요약 정리 보완한 내용을 다루고 있다.

●

독특성과 자발성을 중요시하는
뉴저널리스트 아카데미

안녕하세요, 뉴저널리스트 여러분, 반갑습니다. 오늘 첫번째 수업
을 하고 '이제 이분들을 내가 잘 섬기고 도와드리고 또 함께 갈 분들이
구나' 그런 생각이 들어서 너무 좋았습니다. 제가 이 수업에서 몇 가지
중점적으로 보는 부분을 좀 나누도록 하겠습니다.

미국 대통령 오바마가 한국에 왔을 때 기자회견을 갖고 기자들에게
질문을 받고 답하는 그런 과정이 있었습니다. 그때 오바마 대통령이
'한국에 왔으니까 질문을 할 게 있으면 한국기자들이 하면 좋겠다'라
고 했을 때 어떤 결과가 나왔을까요?

영상을 보신 분은 아시겠지만 너무나 오랜 시간 아무도 손을 들지
않고 질문을 하지 않았고 한 중국 기자가 '한국 기자들에게 준 기회를

///////////

12) 녹취 및 정리를 위해 수고해주신 김지혜 님께 감사드립니다.

내가 써도 되겠냐'라고 계속 물어보는 장면이 있었습니다. 영상을 보며 부끄럽다는 생각이 들었습니다.

그 후 한국 기자들을 인터뷰한 영상이 나옵니다. '왜 질문을 하지 않았나?'라는 질문에 기자들은, "질문을 하면 다른 사람이 어떻게 생각할까" 또는 "내 영어가 틀릴지도 몰라" 뭐 이런 여러 복잡한 생각이 질문을 못하게 막았다라고 기자들이 답을 하는 것을 보았습니다. 이해도 되면서도 그렇게 좋은 기회를 그러한 프레임에 갇혀서 날려버리는구나 라는 생각을 하게 되었습니다. 사실 이것은 제 옛날 모습이기도 합니다.

저는 워낙 내성적이기에 그랬는데 이번 경우는 튀는 것을 싫어하는 한국 문화 때문에 그런 현상이 있었다는 것을 알게 된 기회였습니다. 독자나 시청자가 궁금할 것으로 생각하는 내용을 물어보는 것은 너무나 정당하고 그 질문 자체는 어떤 질문이든 독특한 질문이라고 저는 생각합니다. 그래서 독특성에 대한 개념이 중요합니다. 여전히 한국 문화는 튀는 것을 싫어하는 것이 주를 이루는 것 같습니다. 저는 미래 교육을 하고 뉴저널리스트 아카데미의 리더가 되고, 기타 여러 교육을 하면서 또한 뉴저널리스트 투데이라는 언론사도 운영할 예정인데, 이런 일들을 진행하면서 가장 중요하게 여기는 것이 제가 강의 때도 말씀드렸지만 자발성입니다. 자발성에는 여러 의미가 있는데요, 나의 독특함을 드러내는 것, 표출하는 것, 그에 앞서서 내 안의 무언가를 이끌어내는 것입니다. 높은 레벨에서의 자발성은 연합하고자 하는 마음에서 나오는 것입니다.

저는 독특성, 자발성을 굉장히 중요하게 여깁니다. 물론 나의 독특함으로인해 주변 사람들에게 엄청난 피해를 준다든가 그것이 범죄행위면 안 되겠죠. 큰 그림을 품고 독특성을 품는 것이 필요합니다. 피해를 주는 게 아니라면 자발적인 어떤 태도 그리고 독특함을 표현하는 것을 저는 굉장히 중요하게 여깁니다

그래서 자성지겸예협 리더십에서 '자'^{자발성}가 제일 앞에 있는 것입니다. 그러한 교육을 우리는 하고 있고 여기 계신 분들 중에는 그러한 분들이 많다고 생각합니다. 그래서 저는 참 행복하고 기쁩니다.

뉴저널리스트 아카데미를 통해서 여러분이 꿈꿨던 일들이 잘 이루어지고 또 우리에게 주어진 남은 시간들을 보람차고 알차게 높은 가치를 이루는데 사용하시길 바랍니다.

●

사방이 막힌 교실에서 망망대해인 디지털의 바다로…

'디지털 시대엔 창의력이 관건. 메타버스에서 들은 과목의 수료증을 NFT로 받고 블록체인에서 보존. 온라인 공간에서 교육 대혁신 나서야. 대학은 새로운 선발기준 필요.'

김창경 한양공대 교수님은 MIT 출신으로 새 시대를 가장 빨리 현실과 접목하는데 앞서 있는 분입니다. 이 분은 이미 오래전부터 위와 같은 이야기를 했는데 '창의력' '메타버스' 'NFT' '블록체인' '온라인 교육 대혁신' '새로운 선발기준'이 그의 논지를 설명하는 키워드들입니다.

이런 키워드들은 뉴저널리스트 아카데미와 뉴저널리스트 투데이 그리고 아우라 유니브^{NFT} 플랫폼에서 이미 적용해서 진행하고 있는 내용

들입니다.

먼저 김창겸 교수님이 말한 '창의력'에 대해 나눕니다.

이를 위해 우리는 저널링을 하고 지정의知情意학습을 합니다. 그리고 서번트 리더십과 아홉 번째 지능을 익힙니다. 나만의 독특성을 드러내는 저널링을 강조하고그게 창의력과 밀접한 연관이 있음, 똑바로 알고 똑바로 적용해야 창의력도 의미가 있기에 지정의知情意학습을 합니다. 타인이 보여야 창의력이 극대화하기에 서번트 리더십과 9번째 지능을 교육에서 강조합니다.

다음으로 김창겸 교수님이 거론한 '메타버스'입니다.

아우라 유니브NFT 플랫폼는 메타버스 공간에서 미래교육을 진행할 예정입니다. 수업을 하고 수업을 받는 것이 수료증과 NFT로 이어진다면 이는 교육 혁명으로 이어질 수 있다고 저는 생각합니다. 아우라 유니브의 메타버스 교육은 엄청난 파급효과를 낼 것입니다. 메타버스 교육이 정착되면 많은 분이 참여하기를 기대합니다.

다음으로 김창겸 교수님이 지목한 NFT에 대해 나눕니다.

아우라 유니브NFT 플랫폼는 개인의 독창성에서 나온 모든 컨텐츠사전에는 콘텐츠로 나오지만 나는 컨텐츠로 적는다를 소유할 수 있도록 이끌 예정입니다. 이를 위해 기획 개발이 진행 중이고 2022년 후반부에는 컨텐츠의 NFT화가 무엇인지 여러분들이 경험할 수 있도록 할 것입니다.

그 다음은 김창겸 교수님이 강조한 블록체인.

우리는 탈중앙화를 꿈꿉니다. 그 이하도 그 이상도 아닙니다. 어떻게 탈중앙화를 할지 계속 연구 중이고 고민 중입니다. 코인을 몇 배수로 만들어서 큰 돈을 벌 수 있는 게 블록체인은 아닙니다. 탈중앙화가 진정한 블록체인 정신입니다. 물론 그렇게 하다보면 시민들이 적지 않은 돈을 버는 것도 사실입니다. 하지만 순서는 1번이 탈중앙화이고 2번이 코인 보상입니다.

또 그 다음으로 김창겸 교수님이 예상한 온라인 교육 대혁신.

우리는 이미 교육 대혁신에 앞장 서 미래교육이라는 전공을 대학원에서 개설했고 증강세계관학교를 통해 그것을 현실화시켰습니다. 우리에게 필요한 것은 새로운 선발 기준입니다. 김창경 교수님은 다음과 같이 썼습니다.

"블라인드 채용을 하는 구글, 일론 머스크의 스페이스X 등 글로벌 플랫폼 기업들의 채용 전형은 자신만의 '문제해결능력', 경험을 통해 터득한 노하우나 창의적 문제해결 역량을 검증하는 것이 핵심입니다. 그러나 우리나라 암기식 입시위주 교육에 익숙해진 청소년들은 이런 면접과 오랜 시간 동안 진행하며 '경험'과 '문제해결 능력'을 보는 창의적 채용 방식에 취약합니다."

우리의 모든 교육 프로그램, 프로젝트의 핵심은 '문제해결' 능력에 있습니다. 그리고 어떻게 문제를 해결할 것인가는 창의력과 인성에 달려 있습니다. 우리는 정답을 주지 않습니다. 문제가 있거나 과제가 있으면 그것을 해결할 것을 요구합니다.

증강세계관학교에서 우리는 정답을 요구하는 시험을 본 적이 거의 없습니다. 심지어 시험을 본다고 할지라도 점수가 중요하지 않고 똑바로 아는 것에 집중되어 있습니다. 정답 요구 시험에서 점수는 AI가 더 잘 받을 것이기에 사람에게 그런 시험을 통해 점수를 줄 이유가 없습니다. 그리고 모든 것을 경험하게 하고 스스로, 또는 팀워크로 문제를 해결하게 합니다. 우리는 문제를 해결하는 공동체이지 문제를 푸는 공동체가 아닙니다.

김창경 교수님은 일론 머스크가 세운 뉴럴링크사의 고용에 대해 다음과 같이 말합니다.

'스마트폰만으로 어려운 문제를 푼 적이 있으면, 뉴럴링크머리에 칩을 심어 인공지능을 사람 머리 안에서 돌리겠다는 회사에 지원하세요'라는 내용이 인상적이었습니다. 뉴럴링크에서 다루는 것은 전기전자, 소프트웨어 문제지만 스마트폰으로 어려운 문제를 풀어본 경험이 있는 사람들도 우대하겠다는 것입니다. 이러한 창의성이 널려 있는 곳이 온라인이고 이제 아이들은 사방이 막힌 교실에서가 아니라 망망대해인 디지털의 바다에서 창의성을 키우고 문제를 해결해야 한다는 이야기입니다.'

우리의 교육은 스마트폰을 빼앗는 교육입니다. 그리고 우리 아이들이 몰래 스마트폰을 쓰면 이 새 시대의 도구를 음지의 도구로 받아들이게 됩니다. 스마트폰으로 문제해결 하는 것을 배워야 하는데 그저 몰래하는 게임이나 몰래 보는 도구로 전락하게 되면 슬픈 일입니다. 이는 마치 철기 시대에 철을 빼앗고 석기시대에 돌을 주지 않는 것과 비슷하고 철과 돌을 몰래 나쁜 곳에 쓰게 하는 것과 비슷하다고 할 수 있습니다.

우리의 교육은 싹 다 바뀌어야 합니다. 삼성의 이건희 회장이 "마누라와 자식 빼곤 다 바꿔라"라고 했던 것처럼 다 바꿔야 할 때가 되었습니다. 싹 다 갈아엎어주세요~ 이 노래가 생각납니다. 그 갈아엎는데 뉴저널리스트 아카데미, 아우라 유니브, 뉴저널리스트 투데이가 앞장서 있습니다.

머리 터지게 나를 찾아가는 것의 즐거움?

안녕하세요. 오늘 출근시간에 메시지하나 남기고 하루 종일 회의 그리고 여러 가지 일들을 끊임없이 하다가 여러분들의 메시지를 듣게 되었습니다. 또한, 많은 글들을 보게 되었는데요, 저도 다른 분들이 올린 음성 메시지와 텍스트 메시지를 보면서 마음이 따뜻해지고 신이 납니다.

'금요일 밤 11시까지 일을 해도 참 신이 난다'라는 생각이 다시 들었습니다. 저는 한양대 에리카 캠퍼스에 있는 사무실에서 일을 마치고 집으로 가고 있는 중입니다. 이렇게 여러분과 오디오 메시지로 소통할 수 있다는 게 너무나 감사한 일이고요, 방금 홍송은 님의 인스타그램을 보게 되었는데요.

'내가 이 미래저널을 다 쓸 때 쯤 되면 나 다움을 찾을 수 있을까?'라는 질문을 하셨습니다. 나 다움을 찾는 것은 너무나 중요한 일이죠. 그것이 교육의 목표이기도 하고요. 우리가 어머니 태중에 있었을 그때의 나, 그 나를 찾아가는 것은 굉장히 중요한 일입니다. 신께서 우리 안에 심어준 재능을 찾아가는 것이 중요합니다.

우리는 평생 '나 다움'을 찾을 수 없는 삶을 살았던 것 같습니다. 이유는 부모님이 정해준 나, 주변 사람들이 정해준 나, 또 사회가 정해준 나만 생각했기 때문입니다. 그러니 나는 나를 찾을 이유가 없었고 마음의 여유도 없었고 그럴 필요성도 찾지 못했던 것입니다.

그런데 미래저널은 '나는 누구인가'라고 계속 매일매일 물어봅니다.

어제 메타버스 강좌에서 그 질문이 나오더라고요. 왜 매일매일 써야 하는지. 왜 매일매일 써야 할까요?

이유는 매일매일 부모님이 정해준 나, 주변 사람의 정해준 나, 사회가 정해진 나가 나를 따라다니기 때문입니다. 30, 40, 50, 60년 동안 나를 따라다녔기 때문입니다. 매일매일 본질적인 나, '참나True-self'를 찾으려면 매일, 매순간 따라다니는 기존 프레임에서 벗어나는 것이 필요합니다. 그래서 미래저널을 매일 쓰라고 강조하고 있습니다. 그러다 보면 '참나'가 찾아지고 주변 사람이 정해준 나가 조금씩 떠나기 시작합니다. 특별히 사회가 정해준 '나'는 자취를 감추게 됩니다.

사회는 나에게 공부 점수의 높낮이에 따라 등급을 매깁니다. 우리는 소도 아닌데 등급이 매겨집니다. 그리고 내가 나온 학교, 내가 다니는 직장, 내가 버는 돈, 내가 사는 아파트 평수 또 내가 타고 다니는 자동차에 의해서 내가 결정나는 그러한 사회에 살고 있다는 것은 정말 안타까운 현실입니다. 그래서 그런 나에서 벗어나고자 매일매일 나는 누구인가에 대해 질문하고 답을 하도록 합니다.

매일 진지하게 고민하시면 '참나'를 찾을 수 있습니다. 하루 종일 생각해도 '내가 누구인지' 생각이 안 난다는 분도 있습니다. 저는 참 좋은 일이라고 생각합니다. 그러한 고민을 한다는 것 자체가. 이전에는 그저 남이 정해준 나를 나로 인식하고 살았는데 머리 터지게 나를 찾아가는 것, 그것이 너무나 중요하다고 생각합니다. 출근시간에 메시지 그리고 퇴근시간에 메시지 이렇게 두 번 오늘 남기는데요, 내일 대부분의 과제에 대해서 코멘트를 하도록 하겠습니다. 감사합니다.

사람과의 경쟁? 이제 끝났다!

저는 지금 퇴근하는 중입니다. 옛날 얘기를 좀 하도록 하겠습니다. '라떼'는 인데요. 제가 옛날에 신문사에서 일을 했을 때 원고지를 마지막으로 쓴 세대입니다. 원고지에 글을 쓰면 타이핑하시는 분이 그것을 디지털로 입력을 해서 신문으로 내는 시스템에서 일한 마지막 세대입니다. 그때 타이핑했던 분들이 모두 자신이 하던 일자리를 잃게 되었습니다. 그래서 어떤 분은 퇴직을 하고 어떤 분은 편집자로 옮겨 가게 되었습니다.

그것을 회상하면서 새 시대에도 비슷한 일이 벌어지겠다 하는 생각이 들었습니다. AI 시대가 본격화되면 글을 쓴다는 것, 그래픽 작업을 한다는 것, 영상을 만든다는 것, 이런 것들이 꽤 많이 AI에 의해서 대체될 것이라고 생각합니다. 자, 그럼 인간은 어떻게 해야 될까요? 인간 타이피스트가 편집자로 옮겨 가거나 또는 퇴직하거나 둘 중에 하나를 할 수밖에 없었던 것처럼 글을 쓰고 그래픽 디자인을 하고 영상을 만드는 분들은 이제 둘 중에 하나겠죠. 일을 중단하든지 변형해서 다른 일을 하든지 말이죠. 아니면 말보다 느린 인간이 말을 타고 지배하듯 인공지능을 타고 컨트롤을 하는 것도 좋은 방법입니다. 이전에는 직종을 바꾸거나 역할을 바꿨다면 AI 시대의 변형은 가장 인간다움으로의 변형입니다. 인간다움, 나 다움은 AI가 절대로 흉내낼 수 없습니다. 그래서 뉴저널리스트들은 나다움과 인간다움을 찾는 것 그리고 인간의 본질을 회복시키는 것에서 승부를 보고 거기서 경쟁력을 만들 수 있어야 합니다. 그런데 여기서 경쟁은 사람과 사람의 경쟁이 아닙니다. 더는 그런 거 없습니다. AI와 경쟁을 해야 합니다.

단순히 아는 것만으로는 AI에 절대로 승리할 수 없습니다. 팩트싸움에서 우리는 인간다움을 표출하면서 나 다움을 표현할 때 AI와의 경쟁에서 이길 수 있고 또는 동행할 수 있고 컨트롤 당하지 않을 수 있습니다. 타이피스트가 편집자가 된 것처럼 여러분도 이전 방식으로 글을 쓰거나 영상을 만들거나 그래픽 디자인하는 것이 아니라 가장 인간다움을 표출하며 가장 나 다움을 표현하며 새로운 일들을 하는 뉴저널리스트가 되면 좋겠습니다.

참고문헌

- Melnick, R. Hollywood's Embassies: How Movie Theaters Projected American Power around the World. Columbia University Press, 2022.
- Vinge, Vernor. "The Coming Technological Singularity." Whole Earth Review 81 (1993): 88-95.
- 김난도 외. 트렌드 코리아 2019: 서울대 소비트렌드분석센터의 2019 전망. 미래의 창, 2018.
- 가드너, 하워드. 다중지능. 웅진지식하우스, 2007.
- 겐이치로, 모기. 좋은 질문이 좋은 인생을 만든다 - 최고의 결과를 이끌어 내는 질문의 힘 : 아우름 23. (주)샘터사, 2017.
- 그린, 루시. 실리콘 제국. 예문아카이브, 2020.
- 김상균. 메타버스 새로운 기회. 베가북스, 2021.
- 김성곤. 영화로 보는 미국: 헐리우드 영화의 문화적 의미. 살림, 2003.
- 맥루한, 마샬. 미디어의 이해(양장본 Hardcover). 민음사, 2019.
- 박병기 편저. 미래저널과 미래리딩(Ai시대에 꼭 필요한). 거꾸로미디어, 2021.
- 박병기 외. 언택트 시대의 마음택트 리더십: 4차 산업혁명시대의 서번트 리더십. 거꾸로미디어, 2020.
- 박병기, 김미영, & 나미현. 하버드에도 없는 Ai시대 최고의 학습법: 지정의 학습. 거

꾸로미디어, 2020.

• 박병기 & 박혜안. 내 인생 노답인데? 싶을 때 펼칠 책. 거꾸로미디어, 2020.

• 박영숙. 세계미래보고서 2050. Kyobo Publisher, 2016.

• 박창규. 콘텐츠가 왕이라면 컨텍스트는 신이다(4차 산업혁명 시대). 클라우드나인, 2018.

• 벤야민, 발터. 기술복제시대의 예술작품 사진의 작은 역사 외(발터 벤야민 선집 2). 길, 2011.

• 생활과학연구소, 소비트렌드분석센터서울대학교. 트렌드 코리아 2021: 서울대 소비 트렌드 분석센터의 2021 전망. Mirae ŭi Ch'ang, 2020.

• 손리사. 메타인지 학습법. 21세기북스, 2019.

• 스탠딩, 가이. 프레카리아트: 새로운 위험한 계급. 박종철출판사, 2014.

• 심혜련. 아우라의 진화. 이학사, 2017.

• 아난드, 바라트. 콘텐츠의 미래. 리더스북, 2017.

• 박병기 외. 언택트 시대의 마음택트 리더십: 4차 산업혁명시대의 서번트 리더십. 거꾸로미디어, 2020.

• 유기윤, 김정옥, & 김지영. 미래 사회 보고서 – 당신의 미래를 지배할 것들. 라온북, 2017.

• 유영만. 생각사전(지식생태학자 유영만 교수의). 토트, 2014.

• 이광형. 우리는 모두 각자의 별에서 빛난다. Influential, 2022.

• 이소윤, 이진주. 9번째 지능. 청림출판, 2015.

• 이수진 & 하얏트 보스탄. 미래 교육 협동 수업이 답이다. 비비투(VIVI2), 2022.

• 이임복. Nft, 디지털 자산의 미래. Cheongeurusoop, 2022.

• 이지성. 에이트 씽크. Thinking Garden, 2020.

• 장동선. "장동선의 궁금한 뇌". 2022. https://www.youtube.com/c/CuriousBrainLab.

- 차제순 & 이재현. "자유교육의 전통과 하버드 교육." 한국콘텐츠학회논문지 14 (2014): 385-92. http://www.dbpia.co.kr/journal/articleDetail?nodeId=NODE02492231.

- 커즈와일, 레이. 특이점이 온다 : 기술이 인간을 초월하는 순간. 김영사, 2016.

- 코바치, 빌 & 톰 로젠스틸. 저널리즘의 기본 원칙(개정 4판). CommunicationBooks, 2021.

- 토인비, A.J. 역사의 연구(월드북 46)(양장본 Hardcover). 동서문화사, 2007.

- 박병기 편저. 미래저널과 미래리딩(Ai시대에 꼭 필요한). 거꾸로미디어, 2021.

- 포트나우, 맷. Nft 사용설명서. 여의도책방, 2021.

- 하라리, 유발. 호모 데우스: 미래의 역사. 김영사, 2017.

- 홉스, 르네. 디지털·미디어 리터러시 수업. 학이시습, 2021.

- 히로나카, 헤이스케. 학문의 즐거움(4판)(양장본 Hardcover). 김영사, 2013.